职教教师科研工作实例操作丛书

U0750053

浙江省社科联社科普及资助项目（编号：21KPWT01ZD-4YB）

职教科研常用方法与应用实例分析

浙江省中华职业教育社 组织编写

史秋衡 主审　　陈　衍 主编

浙江工商大学出版社
ZHEJIANG GONGSHANG UNIVERSITY PRESS
·杭州·

图书在版编目（CIP）数据

职教科研常用方法与应用实例分析 / 陈衍主编. —
杭州 ：浙江工商大学出版社，2021.6
　（职教教师科研工作实例操作丛书 / 朱国锋主编）
　ISBN 978-7-5178-4340-5

　Ⅰ．①职… Ⅱ．①陈… Ⅲ．①职业教育－教育研究－
案例 Ⅳ．①G712

中国版本图书馆CIP数据核字(2021)第031834号

职教科研常用方法与应用实例分析
ZHIJIAO KEYAN CHANGYONG FANGFA YU YINGYONG SHILI FENXI

史秋衡 主审　陈 衍 主编

责任编辑	范玉芳　谭娟娟	
封面设计	林朦朦	
责任印制	包建辉	
出版发行	浙江工商大学出版社	
	（杭州市教工路198号　邮政编码310012）	
	（E-mail：zjgsupress@163.com）	
	（网址：http://www.zjgsupress.com）	
	电话：0571-88904980，88831806（传真）	
排　　版	杭州彩地电脑图文有限公司	
印　　刷	杭州杭新印务有限公司	
开　　本	710mm×1000mm　1/16	
印　　张	18	
字　　数	222千	
版 印 次	2021年6月第1版　2021年6月第1次印刷	
书　　号	ISBN 978-7-5178-4340-5	
定　　价	50.00元	

本丛书获浙江省社科联社科普及项目资助

立项编号：21KPWT01ZD

立项名称：职教教师科研工作实例操作丛书

组织单位：浙江省中华职业教育社

丛书总主审：

仇贻泓（浙江省中华职业教育社副主任、宣传教育委员会主任，省人力
        社保厅原副厅长）

丛书总主编：

朱国锋（浙江省中华职业教育社宣传教育委员会副主任、浙江交通职业
        技术学院教授）

/ 指导委员会 /

主　任：

仇贻泓（浙江省中华职业教育社副主任、宣传教育委员会主任，省人力
　　　社保厅原副厅长）

委　员：

于永明（浙江省中华职业教育社副主任，省教育厅党委委员、副厅长）

邢自霞（浙江省中华职业教育社副主任，省财政厅党组成员、副厅长）

郑亚莉（浙江省中华职业教育社副主任、交流合作委员会主任，浙江金
　　　融职业学院院长、教授）

潘云峰（浙江省中华职业教育社副主任、浙江荣盛建设有限公司总裁）

胡方亚（浙江省中华职业教育社副秘书长）

王志泉（浙江省中华职业教育社宣传教育委员会副主任、省教育厅二级
　　　巡视员）

洪在有（浙江省中华职业教育社宣传教育委员会副主任、省人力社保厅
　　　职业能力建设处副处长）

朱国锋（浙江省中华职业教育社宣传教育委员会副主任、浙江交通职业
　　　技术学院教授）

汪传魁（浙江省中华职业教育社社会服务委员会副主任、天成职业技术

学校董事长）

郑卫东（浙江省中华职业教育社社会服务委员会副主任，浙江纺织服装
　　　职业技术学院院长、教授）

高志刚（浙江省中华职业教育社社会服务委员会副主任、杭州市中策职
　　　业学校校长）

谢利根（浙江省社会科学界联合会党组成员、副主席）

程江平（浙江省教育科学研究院副院长）

周银波（浙江省人事教育指导服务中心主任、省职业技能教学研究所
　　　所长）

陆海深（浙江省人力资源和社会保障科学研究院副院长、副研究员）

陈　衍（中华职业教育社专家委员会委员，浙江工业大学职业技术教育
　　　研究所所长、教授）

胡新根（浙江东方职业技术学院院长、教授）

杜兰晓（浙江旅游职业学院院长、教授）

汤有祥（浙江宇翔职业技术学院院长、上墅教育集团董事长）

毛建卫（浙江工业职业技术学院校长）

胡晓杭（金华教育学院院长）

杨国强（杭州第一技师学院党委书记、院长、正高级讲师）

许红平（杭州萧山技师学院院长、教授）

阮强志（长兴技师学院院长、副书记、高级讲师）

施学斌（桐乡技师学院院长）

盛锡红（绍兴技师学院（筹）校长）

王钟宝（永康五金技师学院院长、永康市职业技术学校校长）

郑效其（杭州市开元商贸职业学校校长）

却　旦（杭州市乔司职业高级中学校长）

杨琼飞（杭州市旅游职业学校校长）

俞浩奇（宁波外事学校校长）

陈　列（宁波建设工程学校校长）

赵百源（柯桥区职业教育中心校长）

毛　芳（龙游县职业技术学校校长）

谢卫民（三门县职业中等专业学校校长、党委书记）

曾国健（丽水市龙泉市中等职业学校校长）

程新杰（杭州市计算机学校校长、"一技成"天赋教育联盟秘书长）

周燕波（衢州市南孔职业培训学校董事长）

张　旻（中国亚厦控股集团副总裁）

毛英俊（锦绣江山外国语学校董事长、浙江金和龙房地产公司董事长）

/ 总　序 /

王利月

（浙江省委统战部副部长、省中华职业教育社常务副主任）

　　职业教育与普通教育是两种不同的教育类型，但具有同等重要地位。随着我国经济社会发展，职业教育在社会主义现代化建设中的地位和作用更加突出，上升到"没有职业教育现代化就没有教育现代化"的高度。作为职业教育先进地区，浙江省一贯重视推进职业教育现代化建设，积极把职业教育融入"两个高水平"建设大局，致力于打造职业教育的"浙江样板"，并向"成为新时代全面展示中国特色社会主义制度优越性的重要窗口"的新定位、新目标积极努力。

　　拥有一支优秀的职业教育教师队伍，是推动职业教育进一步改革发展的关键。浙江省中华职业教育社作为省委省政府团结、联系职业教育界和民办教育界人士的桥梁和纽带，积极开展服务职业教育改革发展的各项工作。为助力职业教育教师队伍的培养，我们设立了"浙江省中华职业教育科研项目"，推动职业教育工作者积极开展科研活动，得到了广大职业教育工作者的热烈拥护和广泛好评。

　　职教科研是职业教育工作者的一种创造性认识活动。这种创造性认识活动的顺利开展，需要职业教育工作者特别是教师具备三方面的条件：

一是强烈的科研愿望，二是一定的科学研究能力，三是掌握一定的科研方法。当前，大部分职教教师能够深刻认识开展科研工作的意义，具有强烈的开展科研工作的愿望。但由于科研经验和能力的不足，许多教师在起步阶段不得要领，不知从何下手，一旦遇到挫折，比如申报浙江省中华职业教育科研项目未能成功，便渐渐失去开展科研工作的热情和耐心。这对于自身的进一步成长是不利的，也是非常可惜的。

为切实解答当前一线职教教师在科研工作中的实际困惑，更好地提高广大职教教师的科研能力，帮助职教教师成长成才，浙江省中华职业教育社邀请省内一些长期从事职教工作的专家和老师，编著了"职教教师科研工作实例操作丛书"。本套丛书不追求艰深的科学研究理论，而是力求让职教理论联系工作实际，以职业教育科研实践中遇到的实际问题为突破口，收集大量案例，注重示范性和操作性，致力于为一线职教教师开展科研工作提供有力指导，有很强的可读性。

这套丛书的作者们基于对职业教育的热爱，对职教科研的热爱，希望为职教教师们做一件有意义的事情。我深深感到，像这样致力于职教科研的老师再多一些，科研型教师的队伍再庞大一些，职教科研的前景一定会更加美好。我更加期望，职教教师在做好教学工作的同时，能够更加热爱职教科学研究，那么，我们的职业教育前景也一定会更加美好！

是为序。

/ 目　录 /

第三章

量化研究类型的方法

第四章

质性研究类型的方法

第一章
绪　论

方法是科研的工具和手段，也是科研的依凭和保证。随着我国职业教育事业的不断推进，职业教育的科学研究作为其重要组成部分，也在不断深入，研究领域逐步扩大，研究质量也有所提升，但是职教科研也是讲究方法的。对职教科研方法的内涵、特点、功能、原则及分类进行系统概述，有利于研究者更加科学客观地推动职教科研的现代化发展。

第一节 职业教育科研方法的内涵

一、职业教育科学研究的内涵

科学研究是在一定的世界观和方法论指导下进行的科学领域中的探索和应用活动。[1] 因此，职业教育科学研究是有目的、有计划地探索职业教育规律的认识活动。它是通过观测、了解和分析教育问题，进而发现职业教育现象之间本质联系与规律的认识过程。[2] 它对促进职教事业发展具有先导性、基础性的作用，承担着提供职教决策依据、探索破解难题方法、发现运用教学规律、提升学校办学质量等重要职能。[3] 而职业教育科研要与区域经济建设和社会发展及行业的技术进步紧密结合，进而推动地方和行业的经济建设和社会发展。[4] 我国部分学者也提出，做好职业教育科研，需要加强现代职业教育体系以及宏观政策和发展战略的研究。[5]

另外，作为职业教育事业的重要组成部分之一，职业教育科学研究能够帮助研究者深入把握时代脉搏和职业教育的内在规律，进而实现职业教育决策科学化，职业教育治理体系化和治理能力现代化，最终实现职业教育的飞跃发展。同时，在教育界、产业界、科技界等多方力量的共同支持下，职业教育科学研究对把握职业教育改革方向，探索技能人才培养规律，摆脱职业教育现实困境，加强职业教育科学研究体系建设，完善科研协同创新机制，构建中国特色职业教育理论体系起到重要作用，也对职业教育现代化起到支撑、驱动和引领作用。[6]

目前，中国特色职业教育科研体系已初具规模。首先，于 1990 年成立的教育部职业技术教育中心研究所，是我国唯一一所国家级职业教育科研专门机构，发挥着组织协调全国职业教育科学研究体系的功能。全国 31 个省区市（不包括港澳台）中有 29 个省区市均设有省级职教科研机构，一般分为以下三类：第一类是省教育厅或教委下设职业教育研究室或中心等直属事业单位；第二类是在省教科院下设职教研究所；第三类则是省教育厅成立的职业教育研究所，并挂靠大学，实施双重管理机制。其次，在中国职业技术教育学会、中华职业教育社等机构的带领下，形成了参与最为广泛的群众性学术研究网络。中国职业技术教育学会作为全国一级群众性学术组织，其内共有 34 个省级和计划单列市职教学会，15 个行业教育协会和 30 多个学会内设机构，汇聚着教育界、产业界和科研界等多方力量，共同助力职业教育科研发展；中华职业教育社作为一个具有教育性和民间性的群众组织，积极宣传着有关职业教育的政策方针，开展相关调查研究，积极建言献策，是开展职业教育科学研究的重要力量；中国职工教育和职业培训协会、中国成人教育协会等组织也积极发挥着职业教育研究功能，进而形成了参与范围广、积极性高、组成结构丰富的职业教育科研网络。再次，普通高校与职业院校逐渐成为职教科研主力军。高水平大学作为职业教育学科建设的主要承担者，从 20 世纪 80 年代开始陆续进行职业技术教育学科建设和技能人才培养工作，逐步形成了"学士—硕士—博士—博士后"的培养体系。职业院校作为职业教育科学研究的主力军，在内部设立专门的职业教育科研机构，在职业教育科研立项、论文成果及专业技术研究等方面均取得重大进展。最后，行业企业积极参与。在国家政策的推动下，由行业主管部门或行业组织牵头的行业职业教育教学指导委员会应运而生，成为行业企业参与职业教育科研的桥梁和纽带，代表行业企业对本行业的职业教育科研进行指导、服务和质量监控。

二、职教科研方法的内涵

教育科学研究是指用教育理论去研究教育对象，探索新的、未知的规律，并用以解决新问题、新情况。[7]加强教育科研工作是学校改革创新和实现教师专业化发展的需要。而教育科研方法就是探索、发现、揭示教育科学规律性知识以解决教育（学）问题，有目的、有计划、系统地构建教育科学理论的一整套思维方式和行为规则的总和。[8]梁永平、张奎明等学者也提出教育研究方法是按照某种途径，有组织、有计划、系统地进行教育研究和构建教育理论的方式，是以教育现象为对象、以科学方法为手段，遵循一定的研究程序，以获得教育科学规律性知识为目标的一整套系统研究过程。它同样是一个认识过程，其结果是解释或预测、发现或发展一定的教育原理、原则和理论。它既是一种知识体系（思维方式），又是一种行为规则（行动方式）。[9]故职教科研方法是指有目的、有计划、系统地运用科学的方法去研究职业教育领域相关问题，力图发掘出职业教育问题的本质，致力于推动职业教育改革创新。近年来，部分学者也通过跨学科、多视角的审视把职业教育科研方法创新推到了一个新高度与新境界。

第二节　职业教育科研方法的特点

职业教育利益相关主体复杂多元，研究层次丰富。职业教育科学研究又属于教育科学研究的范畴，具有教育科学研究的一般特点。但与其他领域科学研究相比，又具有自己的特点，其主要特点如下。

一、探索性与创新性

职业教育科研是一项探索性活动。探究职业教育现象，揭示职业教育规律，指导职业教育教学工作，是职业教育科研的重要任务。从社会发展历史来看，世界各国的经济竞争、军事竞争和科技竞争的关键是人才，而人才培养的关键在教育，所以世界各国都十分重视教育和教育的研究工作。德国率先提出"工业4.0"，实质是以互联网为核心的新经济的迅速发展和新一轮科技及产业革命。随着区块链、大数据、云计算、物联网、VR等新事物层出不穷，我们难以准确预测由科技不断发展进步带来的生产方式转变、产业结构调整等对未来人才需求的变化。而职业教育如何面向新一轮的产业革命，如何为社会主义现代化建设培养数以亿计的高素质劳动者和数以千万计的复合型技能人才，需要广大教育科学研究者和全体教育工作者去探索。所以，探索性是职业教育科研的一大特点。

同其他科学研究一样，职业教育科研是一项开拓性的活动，研究的意义在于发现和创新。只停留在前人研究的水平上，没有发现和创新的研究，是缺乏价值的，也是没有生命力的。创新是多形式、多层次的，可以反映在课题的选择、研究的内容、研究的方式方法、研究的成果等多方面。这就要求研究者一方面要了解有关领域的已有成果，把握研究动态，使自己站在研究领域的前沿，不重复别人的劳动；另一方面要注意从新视角，运用新方法、新手段去研究问题。现在我国职业教育科研存在大量重复研究的现象，这不仅使有限的教育科研条件没有得到充分利用，造成浪费，而且也影响了我国职业教育科研成果的质量和教育改革的发展。创新性是职业教育科研的又一重要特点。同时，创新性是衡量研究成果价值大小和水平高低的重要标准之一。职业教育科研十分重视研究教育改革和发展中出现的新情况、新问题及教育的新思路、新方法，从而揭示新的教育规律，创建和发展新的教育理论。

二、综合性与复杂性

职业教育科研的对象是职业教育领域的现象，同时与经济、文化、社会、科学技术等有着十分广泛的联系，教育现象与社会环境中各种因素处在复杂关系中。所以研究职业教育现象，往往需要教育学、心理学、伦理学、社会学、经济学、生理学等多学科的知识。同时，职业教育内在结构也是复杂的、多层次的，有宏观的教育研究，也有中观和微观的教育研究，不同层面的研究也互相联系、互相影响，只有综合考虑，才能使我们的研究推动职业教育改革发展。所以，对教育教学过程中所出现的现象必须从多方面、多维度、多层次加以研究，应充分考虑到各种因素之间的相互交叉、相互渗透、相互影响，采用多种研究方法来做系统、综合、整体的研究。研究不但会采用教育科学研究中专门的实验法、测验法、调查法、统计法等方法，还会涉及哲学、社会学、人类学、伦理学、经济学等社会科学及生物学、数学、科学学、控制论、信息论、系统论等自然科学。我们在职业教育研究工作中要从整体出发，综合考虑各种因素的影响，并从多种因素的相互关系中去设计方案、选择方法、分析结果，从多角度采用多种方法综合进行研究。

教育科学研究的课题离不开人，而影响人的因素不但复杂，而且多变，不易控制。尤其在职业教育中，企业、学校和政府多方利益联系更为密切，在进行教育研究设计时考虑的因素也更为复杂。比如进行教育测验，要经过大量的前期工作（如筛选测验项目、进行预备性测验、检验测验的信度和效度、建立标准测验程序和常模等），稍有不慎，即会导致测验无效；进行教育实验，要对各种变量（实验变量、无关变量）进行控制，而影响教育实验的变量与影响物理、化学实验的变量截然不同，具有多变性及不易控制性，因此教育研究的设计极为复杂。研究过程中将会遇到各种各样的困难，需要我们去克服，比如艰巨的脑力劳动和较长的研究周期。有时甚至会在进行了大量的研究后，发现设计不合理而须重新开始，有时甚至会得不到结果或达不到预期的效果或目标。科学研究从来就不可能一蹴而就，因此把职业教育科学研究看作简单、轻松的想法是不切实际的。

三、长周期性与滞后性

职业教育科研的又一特点是研究的周期比较长，而成果的显示又相对滞后。这是因为教育对象是自然属性和社会属性的统一体，可塑性大，而且培养的周期长。教育效果的显示具有滞后性，决定了职业教育研究具有周期长的特点。其研究的成果不但要求对本地、本校有价值，而且在一段时间和一定范围里有推广指导意义，所以需要有一段重复检验的过程。例如，我们研究职业教育精准扶贫的作用，往往要对研究对象追踪研究几十年，才能看出我们教育的效果是否能起到减贫、扶贫的作用。职业教育本身的复杂性，教育对象的差异性、活动性、能动性，在研究过程中条件难以控制，等等，导致职业教育科研往往需要多次研究、多次实践。另外，职业教育科研往往是建立在教育经验的基础上，而教育经验的积累是个长期过程，不是一蹴而就的，这些都决定了职业教育科研的周期较长，所以从事职业教育科研不能急于求成，需要锲而不舍的研究精神。当然，不同类型的研究课题研究周期长短也是不一样的。

职业教育科学研究的滞后性是相对于其所具有的超前性特征而言的，指职业教育科学研究在时间上落后于教育现象的实际发生。在这里，落后或滞后并不是一个价值评价概念，也不是对职业教育科学研究的一种否定，而是一种描述，是对人文社会科学研究的时间特性的一种概括，它有其产生和存在的必然性和必要性。在社会历史运动过程中，由于社会时间的不可逆性，既不存在自然科学意义上的实验室，也不存在两次完全相同的社会事件。严格意义上来说，人文社会现象或事件，不具有像自然现象或事件那样的重复性，也很难通过形式化的数学语言来加以精确的描述。因而，社会的发展，既包括被严格决定的过程，又包括概率和偶然的过程。职业教育发展规律本身，其表现比按时间顺序发生的自然事物的发展规律有更多的趋势性特点。因此，对教育现象及其本质和规律的认识和把握，并不能完全照搬自然科学研究的那一套模式和标准，而必须有与之相区分的、适合教育现象研究的特殊思路和方法。

四、专业性与群众性

从科研队伍上看，我国的职业教育科研队伍有两支，一支是专业的职业教育科研队伍，另一支是由广大职业教育工作者参加的群众性研究队伍。这两支队伍有机地结合，是我国职业教育科研事业的一大特点，也是一大优势。因为广大职业院校教师都具有相当的文化水平和研究能力，他们热爱教育事业，有丰富的教育、教学经验；他们熟悉教育对象，同时对提高教育质量、科学育人有迫切的愿望；他们是教育改革的主力军，所以我国的职业教育科研有着广泛的群众基础。教科兴教、教科兴校，职业教育科研要有质量，要有效益，已成为职业教育战线的共识和广大教师的自觉要求。同时，中央、省、市都成立了职业教育科研机构，配备了一批职业教育科研理论工作者，专门从事职业教育理论和实践问题的研究。这样，我国的职业教育科研既有坚实的群众实践基础，又有专业人员的理论指导。理论和实践的紧密结合，使我国的职业教育科研工作得到健康的发展。

第三节 职业教育科研方法的功能

职业教育研究的功能是多方面的，概括而言，主要体现在思想上的反思功能、理论上的澄清功能、价值上的创造功能及方法上的示范功能。研究以问题的解决为最终的归宿，在这个过程中，形成思想并上升至理论，从而产生了描述事实、解释原因、预测趋势及改进实践等功能。

一、描述事实

着手进行一项研究，首先需要对所要研究的问题有基本、客观的了解，清楚地明白自己面对的问题或研究现象"是什么"及"还是什么"。为此，职业教育研究在研究之初就需要对职业教育实践过程中的各种现象进行最为贴近事实的描述。通常，描述大体会涉及现象的表现形式、特点、相关现象之间的关系等各个方面。描述的基本原则是要尽可能做到客观、准确、全面、细致。根据具体研究问题的不同，研究者在描述时所采用的视角和关注的内容与范围会有所不同，但无论如何都必须遵守其基本原则。例如，在探究高职院校学生职业核心能力培养的思考与实践这一课题时，研究者不仅要对高职学生职业核心能力的发展现状进行详细描述，还必须对当前社会必备的职业核心技能做出阐释。此外，为了准确地把握高职学生的发展现状，研究者还需要对教师与学生之间的互动行为，企业与学校的交流合作程度及教师的教学策略进行描述。

描述是展开职业教育研究的开端，也是推进研究工作并最终解决研究问题的基础。

二、解释原因

在对研究问题、研究现象进行充分描述的基础上，需要进行忠实于事实的合理解释，回答"是什么""为什么是什么"和"为什么不是什么"的问题。依据科学研究的视角，每种现象的背后都有其固有的原因。同时，一系列纷繁复杂的现象背后也会存在着相对稳定的规律性特征。探究这些原因、根源、规律，是帮助我们进一步认识现象、把握问题的重要步骤。因为选取的研究视角与方法不同，所以不同研究者在尝试对研究问题进行解释时所选择的立足点和所采取的手段也会存在很大的差异。比如，采用量化研究方法的研究者往往借助于统计分析软件对研究问题进行概率分布方面的解释，而采用质化研究方法的研究者则倾向对研究问题自身的意义进行解释。前者似乎是针对问题而开启的探照灯，辐射面广但强度偏弱；后者则像聚光灯，强度高但辐射面小。在职业教育研究过程中，针对不同的研究问题，研究者会选择不同的解释方式。但是无论采用何种解释方式，都必须以贴近事实、摒弃主观臆断为原则，否则难以真正认清研究问题本身。

三、预测趋势

预测是一项立足当下而指向未来的实践活动。就逻辑推导来说，预测在一定程度上是解释的延伸与拓展。在回答了"是什么""为什么是什么"和"为什么不是什么"之类的问题之后，研究者不可避免地会关注到"如果是这样，那么会怎样"的问题。对事物的发展走向进行预测，既是我们认知活动过程中的一种心理需要，也是人类从事生产、生活活动过程中的实践需要。无论就活动目标来说，还是针对人类社会行为的自然发展而言，人们从不会把目光与思考停留在纷繁复杂的现象层面，而是要竭尽所能去探寻现象背后相对稳定的规律性特征。比如，人们通过对蝴蝶幼虫在一段时间内对光亮极为敏感而在另一段时间内又毫无反应这一现象的研究，预测出了敏感期在生物个体发展过程中的独特价值，进而迁移到教育领域，认为在敏感期内促进人类个体发展、实施某种教育具有特殊意义。需要特别说明的是，合理的预测绝不是研究者随意的猜测，而是基于对事物自身特征及事物之间关联的准确而充分的认识。

四、改进实践

改进是职业教育研究四项功能中最为趋近研究目的的一项。职业教育研究是研究者们力求发现在职业教育领域中存在的问题并最终解决问题的过程，而改进恰恰是解决现实问题的另一种表述方式。经过对问题客观准确的描述、对问题贴近事实的解释、对问题发展变化的合理预测之后，人们必然要采取实质性的行动，解决所面对的问题，以更为适宜的教育理念或行动来改变不适宜的现状。改进的过程可能是急风骤雨式的，也可能是循序渐进式的。总体而言，人类在教育研究领域所做的改进方式以后者居多。比如，研究者在充分意识到职业教育阶段采取传统的课程模式不适应学习者和社会发展之后，便尝试推进项目课程，使课程设置更具职业教育的特色。为了实施这项改进，研究者首先会选择在某所职业院校中的某个班级进行试点，尝试从课程设置理念到具体实施与评估这几个环节进行整体的改进工作。在多次摸索、反复磨合之后，研究者确认自己真正解决了如何实施综合性课程问题之后，便可以逐步将改进的范围扩展，以确保更多的受教育者可以接受研究者心目中更为理想的职业教育。

第四节　职业教育科研方法的原则

一、理论联系实际原则

职业教育是一个不断变革、发展的领域，职业教育的理念、观点与方法必须随着外部社会环境的改变而做出相应的变革与调整。在职业教育研究过程中应该坚持理论与实际相结合的原则，它包含两个方面：一是职业教育科研立足于职业教育的实际情况；二是职业教育科研必须以理论为指导。研究只有在正确的理论指导下才能取得成效，而研究的结果必须经过理性分析，上升到理论才有普遍指导意义。[10]如果研究内容缺乏理论的充实，会导致研究层次结构松散，内容方面缺乏深度。

职业教育科研是一种理性活动，理性既指人的行为能力，即形成概念，进行判断、分析、综合比较、推理等能力，也是思维主体对外部存在观念的掌握，它对人的行为具有指导作用。理性分为理论理性和实践理性，职业教育科研是理论理性和实践理性的统一。[11]因此，在理性层面，职业教育科研在建构"真"的知识的同时，也应该在观念的指引下，合理地建构教育活动，并预设其结果。

二、继承与创新相结合原则

继承性作为职业教育的属性，是指继承和发扬不同时代赋予职业教育的内涵。优秀的历史经验是职业教育实践和智慧的结晶，反映教育过程存在的某些客观规律，具有超时代意义。

历史经验，是当下教育不可缺少的源泉。[12] 创新性指的是职业教育科研要有新意，能够发现别人没有发现的问题，探索出前人从未实践的具有创造性的教育内容、方法、手段等，这主要体现在对前人没有研究或研究较少的领域，从深化或相悖的方向来开展研究。[13] 创新并不意味着全盘否定一切。所谓创新，既是对教育传统最有力的打击和最深刻的批判，也是对教育传统最好的继承。没有创新，教育就会停滞不前，在继承和创新中，教育才能更新发展。因此，我们应批判历史虚无主义，在继承和弘扬我国优秀的文化教育传统的基础上，从更深的理论层次、更宽的视角广度实现对文化教育传统创造性的转化、突破和超越。这是我们进行教育研究，处理继承和创新关系时应确立的基本思路。[14]

职业教育经验总结的过程也需要有创新精神，职业教育在一段时间内停滞不前，这启示我们需要不断发现新的教育问题，摆脱原有经验的束缚，"要站在河对岸去看问题"。

职业教育科研必须有全面的历史观点。职业教育科研着眼于研究现状的同时，也要以历史的眼光回顾过去、发展现在和展望未来。不仅立足于中国，还要放眼世界。发展教育科学，在批判继承历史传统的同时，要善于吸取人类社会一切优秀的文化教育成果，并在新的历史条件下加以发扬光大。

三、定量与定性相结合原则

职业教育科研中，定性研究与定量研究都是非常重要的研究方法。定性研究是根据研究者的认识和经验判断研究对象是否具有某种性质进行研究某一现象变化过程和变化原因，是侧重于研究对象的质的方面的分析与评价；定量研究是对事物属性进行数量上的分析，从而判定事物的性质和变化。定量研究一般是把被研究对象目标分解为多项因素，并将其数量化，引用一定的数学方法，通过变换来判断诸因素的关联，最后用数值来表示分析研究的结果。[15]定量研究回答的是数量上的多少问题，而定性研究重点在于回答"是什么""属于什么"的问题。[16]定性研究常常是定量研究的前提，定量研究则是定性研究的精确化。这就要求教育研究者要深入实际，了解事物的真相。

同时，要在了解事物的质量时，注意事物的数量，依据统计学的方法进行整理和简化，找出其分布特征（如趋势、相关程度等），计算出一些具有概括性的统计数据（如标准差、平均数等）。[17]借助这些概括性的数据，研究者能够获取有意义的信息，以便进行比较，得出结论。

四、伦理原则

所谓伦理原则主要是指研究者在教育研究过程中应尊重受试者权利，消除或避免产生不良后果。伦理原则具有以下四个特点：一是自愿性，即研究对象能够自由地对实验做出决定，不管本人是否参与研究，研究对象不会受到不恰当的引导；二是匿名性，即在研究调查中保护研究对象的身份，研究对象有不署名的权利；三是保密性，即研究对象有权利要求研究者对实验测得的与自己有关的数据结果保密，研究者应该将了解研究对象相关资料的人数降到最小限度；四是知情性，即研究对象有权获悉研究的目的和意图。这四个特点是相互联系、缺一不可的整体，对维护研究对象基本权利，保证研究顺利进行，是必不可少的。

总的来说，职业教育科研属于教育研究的一个分支，在研究中难免会涉及各种各样的伦理问题，不同的研究阶段涉及的问题层次也会有不同的偏重。例如，在正式研究之前，应取得研究对象的同意；在资料搜集阶段，采用观察法、访谈法时，要与研究者建立互信的关系；在撰写报告阶段，要保护研究对象的隐私。[18]

第五节 职业教育科研方法的分类

一、职业教育研究的基本类型

职业教育研究的类型丰富多样，可以从不同的角度分类，形成不同的分类体系，对其进行分类研究，对于研究者把握职业教育研究的目的、范围、性质和方法等具有重要意义。

1.按研究目的划分，可分为基础研究和应用研究

基础研究又称基础理论研究，主要回答"为什么"的问题，其目的在于发展和完善理论。根据发展和完善理论的程度，又可以将其分为三个层次：第一，修正性基础研究，即对职业教育理论中的个别原理或概念做出修正；第二，拓展性基础研究，即对职业教育理论中的某一原理或概念进一步探究、丰富和拓展；第三，建构性基础研究，即在核心概念、基本范畴和基本原理方面有新的突破，建立某种新的理论体系。

应用研究是运用职业教育基本理论知识，解决职业教育实际问题的研究。其目的直接指向解决某些特定的实际问题或提供直接有用的知识，最大的特点是具体性和特殊性。根据应用研究的目的，又可将其具体分为四类：第一，验证性应用研究，即将基础研究的成果直接运用于职业教育实践，以验证基础研究的理论成果；第二，推广性应用研究，即在小范围内验证了理论成果的有效性之后，将其广泛运用于职业教育实践当中，以改进职业教育实践，促进职业教育发展；第三，普适性应用研

究，即直接解决职业教育实践中典型的、具有普遍意义且涉及面广的实际问题，从而提出具有普遍意义的解决方案；第四，具体性应用研究，即直接解决职业教育实践中的某个实际问题，从而提出解决这一实际问题的具体方案。

2. 按研究范围划分，可分为宏观研究、中观研究和微观研究

宏观研究是指对宏观层面的职业教育活动进行的研究。在宏观层面，职业教育活动作为国家或社会的事业，是社会这个大系统中的一个子系统，就像社会的经济系统、政治系统一样。对这一层面上的教育活动的研究就是宏观研究。宏观研究重在研究职业教育系统与社会其他系统之间的联系，比如，职业教育与文化、职业经济教育及人口之间的关系。

中观研究是指对中观层面的职业教育活动进行的研究。在中观层面，职业教育作为一种机构的活动，在各级各类学校或其他社会教育机构中进行着。对这一层面的职业教育活动的研究就是中观研究。中观研究重在研究教育机构内，尤其是学校内部有关职业教育、教学、管理方面的活动。

微观研究是指对微观层面的职业教育活动进行的研究。在微观层面，职业教育作为人与人之间的一种特殊交往形式存在着。交往的一方为教育者，另一方为受教育者，他们借助一定的信息媒介进行交往，这一活动的直接结果就是受教育者身心的变化和发展。对这一层面的职业教育活动的研究就是微观研究。

3. 按研究性质划分，可分为定量研究和定性研究

定量研究是指研究者事先建立假设并确定具有因果关系的各种变量，然后使用某些经过检测的工具对这些变量进行测量和分析，从而验证研究者预定假设的一种活动。实验研究就是一种典型的定量研究。

定性研究主要是指在自然环境中，从当事人的视角理解他们行为的

意义和对事物的看法，从中提取出研究假设，并对假设进行检验的一种活动。个案研究就是典型的定性研究。

4.按研究方法划分，可分为理论研究、实验研究、追因研究和调查研究

理论研究是指在搜集大量文献资料的基础上，通过思辨的方法，从哲学和科学方法论的高度去分析职业教育诸因素之间的关系，揭示职业教育现象的本质和规律。

实验研究是在一定职业教育理论或假设的指导下，通过实验探究职业教育规律的活动。

追因研究是不直接控制自变量而追溯某些职业教育现象产生的原因，它是从结果探求原因的一种研究方法。如学生学习态度、教师的教学方式对学生学业成绩的影响等，都需要进行追因研究。

调查研究是通过各种方法与手段，有目的、有计划地搜集职业教育现象或研究对象的材料，以发现其规律的研究。

国外学者一般从三个维度对职业教育科研类型进行划分。一是按研究性质划分，主要有基础性研究、应用性研究、开发性研究等；二是按研究方法划分，主要有科学实验法、谈话研究法等；三是按研究范围划分，主要有学区性研究、地区性研究和国家性研究等。[19]

二、职教科研方法的基本类型

对职教科研方法的分类，我国学术界还没有形成统一的认识，但一般等同于教育科研方法。教育研究方法的分类可以有多种不同的视角和标准，从而衍生出不同类别的方法体系。

1. 按操作的层次对教育科学研究方法进行分类

第一层次：作为方法论的认识论及逻辑学，比如归纳法、演绎法、类比推理法。第二层次：独立应用于教育科学研究的具体方法，如调查法、实验法、经验总结法。第三层次：为第二层次方法服务的辅助性的具体方法和技术，如统计法。[20]

2. 按不同的研究阶段对教育科学研究方法进行分类

按研究的不同阶段划分，可以将研究方法分为以下几类：确定课题的方法，研究设计的方法，形成事实的方法，形成理论的方法，成果评定的方法。确定课题的方法有观察、反思、文献分析等；研究设计的方法有文献参考等；形成事实的方法即收集资料的方法，有实验法、观察法、调查法、问卷法、文献法、测量法等；形成理论的方法有归纳、分析、概括等；成果评定的方法有研究报告和论文等。这种划分方法直接与现实的研究情境相结合，与研究者最为贴切，对从事教育科学研究的广大中小学教师来说，有很强的指导意义。[21]

3. 按研究分析方法对教育科学研究方法进行分类

从研究分析方法的层次进行划分，可以分为质的研究和量的研究。质的研究一般可在自然情景中进行，强调过程的作用，注重整体探究，其研究过程强调归纳，从特殊情境中归纳出一般性结论。相对于质的研究，量的研究更关注研究对象的数量变化，其研究过程强调演绎，即从一般原理推广到特殊情境，强调事实和价值分离，关注研究的结果，研究者不介入研究过程。[22]

4. 按具体的研究实际对教育科学研究方法进行分类

在实际的研究过程中，不同的学者根据具体的研究实际，对研究方法进行了划分。郑日昌、崔丽霞在对我国 20 年（1981—2001 年）教育研究方法的分析中，按照定量研究和定性研究两种类型进行划分。[23] 姚计海、王喜雪在研究 2001—2011 年我国教育研究方法的发展情况的过程中，将教育研究方法分为思辨研究、量化研究、质性研究和混合研究。[24]高耀明、范围则采用两级编码的形式，一级类别为思辨研究、定量研究和质性研究，每一类研究方法又划分四种具体研究方法。[25]陆根书、刘萍、陈晨等在《中外教育研究方法比较研究》中，将研究方法分为思辨研究和实证研究，其中，实证研究包括质性研究、定量研究和混合研究。[26]

此外，国外学者提出职教科研方法的选择要与研究问题相对应。常用的科研方法有科研型研究法、对比性研究法、实际行动研究法。在实际研究中，采用多种研究方式并用。选题与课题论证（设计）采用的方法有文献法、调查法；研究过程中最常采用行动研究法；科研成果展示及结论总结一般采用总结法、展示法、研究法。

本书将研究方法分为思辨研究方法、量化研究方法、质性研究方法及混合研究方法四大类，对每一大类下的具体研究方法进行阐释及案例运用分析，进而促进职教科研方法的推广与应用。

随着时代的发展与研究的深入，学术界关于混合研究法出现了多种定义。初期的定义出现在评估领域的文章中。这一阶段的学者强调方法的混合并且力图摆脱方法和哲学的困境，他们在文章中将混合方法设计界定为至少包含一个定量方法（收集数量的设计）和一个定性方法（收集文本的设计）的设计，而且这两种方法与具体的研究范式没有必然联系。若干年之后，混合方法的定义从两种方法的混合转变为贯穿所有研究过程的、方法论取向的混合。后者包含了哲学视角（如世界观）、推断及结果解释的混合。因此，有研究将混合方法界定为"方法论的定性和定量路径"的结合。这些学者在《SAGE 社会和行为研究的混合方法指导手册》（*SAGE Handbook of Mixed Methods in Social & Behavioral*

Research）前言里，强调了这一方法论取向，"混合方法研究已经发展到具有独立方法论导向的地步，它有了自己的世界观、术语和相关的技术"。[27] 有学者认为混合方法研究是一种研究者或研究团队整合定性和定量研究方法要素（如使用定性和定量的研究视角，数据收集、分析和推断技巧）的研究类型，旨在拓展理解和证实的广度与深度。在这个定义里，学者们没有将混合方法简单地视为一种方法，而将其看作一种方法论，这种方法论不仅包含多种推论的视角，也包含定性和定量研究的结合。他们整合了各类视角，但没有具体地提及、说明范式。这类学者将混合方法的定义与使用该方法的理由联系在一起。可能更为重要的是，他们认为我们应该使用一种更为一般化的定义。[28] 有学者从方法和哲学的角度提出混合研究方法的定义。他们认为混合方法研究是一种包含了哲学假设和调查方法的研究设计。作为方法论，它包含一些哲学前提假设，这些前提假设在多个研究阶段引导着数据收集和分析、定性定量方法整合。作为一种方法，它关注单个或系列研究中定性和定量数据的收集、分析与整合。它的核心前提是：比起单独使用定性或定量方法，结合使用两种方法，能够更好地解答研究问题。[29]

总的来说，混合研究法作为一种新的研究范式，其体系还在不断发展与完善中，故本书不做具体描述。

延伸阅读

[1] 威廉·维尔斯马，斯蒂芬·G, 于尔斯. 教育研究方法导论 [M]. 袁振国，译. 北京：教育科学出版社, 2010.

[2] 温忠麟. 教育研究方法基础 [M]. 北京：高等教育出版社, 2004.

[3] 徐红. 现代教育研究方法 [M]. 北京：科学出版社, 2018.

[4] 袁振国. 教育研究方法 [M]. 北京：高等教育出版社, 2010.

第二章

思辨研究类型的方法

思辨研究类型的方法是以个体的理性认识能力为基础，以研究者的直观经验为出发点对概念、命题进行逻辑演绎推理，以达到认识事物本质属性目的的研究方法。它具有独特的本体论价值和突出的认识论价值，这使得其在人文社会科学领域和自然科学领域始终占据重要地位，并为职业教育科研发展提供重要的方法依据。随着社会的发展与研究的深入，方法类型呈现多元化和现代化的态势，成为研究过程中不可或缺的一种研究范式。本章将主要介绍文献研究法、话语分析法及比较研究法这三种常见的方法。

第一节　文献研究法

　　研究者无论在进行何种类型的课题研究时，都需要进行相关文献资料的收集与分析。文献研究法是史学、哲学和社会学最常使用的研究方法之一，也是教育研究方法中最为基础的研究方法。本节阐述文献研究法的定义、内涵，文献的种类，文献研究法的具体实施步骤，并在此基础上，分析如何将文献研究法运用至职业教育领域。

一、文献研究法概述

1. 文献的定义

　　文献是指记录已有知识的一切载体，是把人类知识用文字、图形、符号、音频和视频等各种手段记录下来的各种形式的资料。[30] 从广义的角度来看，发表过的或被整理和报道过的有记录的任何形式的资料，都属于文献的范畴。具体来说，包括图书、期刊、学位论文、科学报告、档案等常见的纸面印刷品，还包括以实物形态存在的各种资料。狭义上是指以某种具体形式存在的参考资料。

2. 文献的种类

　　文献的形式多种多样，根据不同的分类标准可以划分为不同的种类。

　　（1）根据文献内容加工层次的不同，分为一级文献、二级文献和三级文献。一级文献也称原始文献，如报刊文章、会议文献、档案材料。

无论是手稿还是印刷品，只要是使用中的第一手资料，都是一级文献；二级文献也称二次文献，是将分散的一级文献加以整理组织，使之成为系统的文献，以便查找利用，如书目、索引、文摘等都属于这一类，它是第二手材料；三级文献也称三次文献，是在利用二级文献的基础上，通过对一级文献内容的整理分析编写出来的成果，如专题综述、评述、年度总结、动态综述、进程报告，它是第三手材料。

从一级文献、二级文献到三级文献，是一个由分散到集中、由无序到有序地对知识进行加工的过程。不同级别的文献所含信息的质和量是不同的，对于改善人们的知识结构所起到的作用也不同。一级文献是最基本的信息源，是文献信息检索和利用的主要对象；二级文献是一级文献的集中提炼和有序化，是文献信息检索的工具；三级文献是把分散的一级文献、二级文献，按照专题或知识门类进行综合分析加工而成的成果，是高度浓缩的文献信息，它既是文献信息检索和利用的对象，又可作为检索文献信息的工具。

（2）根据信息的储存方式和载体的不同，分为文字文献和非文字文献。文字文献是用文字形式来记载资料的文献，是最广泛的文献形式。文字文献包括各种书籍、档案资料、报刊、个人文献等。书籍是指古今中外出版的各种各样的著述，它包括专著、教材、文集、史书、丛书、地方志、辑佚书、工具书等。档案资料是指具有查考使用价值、经过立卷归档集中保管起来的各种文件资料。报刊是指定期出版的报纸杂志，是教育研究中十分丰富的情报来源。个人文献是指个人主动编写的文献，如书信、自传、回忆录、日记、讲稿等。非文字文献不以文字的形式而存在，主要包括两大部分：一部分指造型艺术品，如绘画、版画、雕塑等；另一部分是电影、电视、录像、幻灯片、图片、照片、唱片、录音磁带等文献。非文字文献是物质、精神生活的反映，通过收集整理和分析一定时代的非文字文献，可以对该时代的物质生活和精神生活做出判断。

3. 文献研究法的内涵

文献研究法就是运用一定的技术手段，针对所研究的对象，进行文献的查阅、比照、分析、判断和整理，从而掌握新论据，找到新视角，发现新问题，提出新观点，形成新认识，总结出教育对象的本质属性或教育规律的一种科学方法。掌握充分的研究资料，时刻跟进最新的科研动态及前沿进展，了解已有的研究基础，是进行科学研究的前提，而文献研究法都能满足这些要求。毫无疑问，研究问题的选择在一定程度上依赖于文献。如果研究问题在专业文献中从来没有出现过，其重要性就需要质疑和重新审视。[31]

二、文献研究法的实施

对于文献研究法，不管是对哪一类型的文献进行研究，它的研究过程大体上是相似的，都遵循必要的准则和程序。一般而言，文献研究的过程分以下阶段。

1. 确定研究目的和问题

毫无疑问，研究目的和问题不同，文献收集、描述的范围也会不同，文献分析的重点必定会不同。所以文献研究法的首要工作就是确定自己研究的目的和问题。同时还要明确文献研究法在这项研究中是作为辅助性的研究方法，还是作为一种独立的研究方法。因为这会直接影响文献收集、整理、解读及分析的侧重点和方法。

2. 文献检索和收集

首先，要确定文献检索的关键词，了解收集和描述的范围。所谓文献范围涉及文献的内容范围、时间范围和文献的类别三个方面。其次，做好收集文献和描述文献的预备工作，即取得与掌握有关文献的单位或个人的联系，描述文献涉及文献的类别、名称及描述大纲。最后，依照已拟定的研究方案和目的，进行文献收集。

文献收集有两个途径：一是向文献持有者索取，二是到特别的收藏地或档案馆取得。不管使用哪种方法，在收集文献时都要注意鉴别文献的真伪，深入考察文献的来源和可靠程度。同时要注意记录文献的来源，以便保证引用文献的规范性，预防发生侵犯他人知识产权的情况。此外，还要在时间和经费充足的情况下，适当扩大文献收集的范围，确保收集的文献具有完整性和系统性。

3. 文献整理

文献整理是在文献收集的基础上，根据调查课题的需要，从所搜集的文献中选出可用部分，对其进行加工细化处理。收集到的文献资料内容庞杂，研究者需要对资料进行编码整理，从而使资料有利于研究工作的开展。资料整理确实能够将搜集到的大量粗糙、杂乱的原始资料系统化，继而揭示事物或现象的本质及内在规律。在社会科学研究中，资料整理首先是对所获资料进行检查、核实，并对错误和遗漏加以修正、补充，然后将其分类编码，再进一步综合简化。文献的整理需要遵循以下原则：一是条理化原则，即整理文献和整理后的文献要有一定的时序，整理后的文献不能是散乱的和无规律可循的；二是系统化原则，即文献整理要有一定的逻辑，整理后的文献之间要有一定的相关关系，成为一个有机的整体；三是简明化原则，即要保证整理后的文献是最能够表达出研究要旨的。此外，在整理时应该注意以下几点：一是必须注重文献的质量，换言之就是文献的信度和效度，即文献的可靠性和有用性；二是要注重所选文献的代表性；三是在筛选时，应该从应用的角度区分文献的层次，可以把全部文献分为必用、应用、备用、不用等不同层次。[32]

4. 文献解读

文献的解读一般包括两个阶段：第一个阶段是浏览，即在相对较短的时间内对整理的文献有简单的了解，其中包括资料自身的内容和特点，不需要掌握、理解其具体内容。浏览的目的一方面是要了解具有阅读价值文献的全貌，确定这些文献对研究的价值和意义，另一方面是分辨出文献哪些部分的研究价值和意义最大，为第二阶段的精读做好预备。因此，浏览的速度要快。通过阅读内容摘要、文献的开头和结尾部分及每段的主题句来提高阅读的速度。第二个阶段是精读，即理解性阅读。文献精读就是对筛选出的可用文献要认真、仔细地阅读，同时将理解、联想、评价等方面囊括到重点方面来考量。只凭篇名、导言和结论所提供的信息是不够的，研究者必须在浏览的基础上，对那些非常有价值的篇、章或节、段进行详尽的阅读和研究。[33]

通过大量信息的获取，研究者可以选择自己所需，提炼自己的观点。在精读时，研究者要反复思考，秉持批判性眼光和前瞻性思想对待需要的资料。同时，对难度层次不同的内容适当控制阅读的速度，重点内容要反复推敲、商榷，从而在阅读的过程中，形成独到的见解。

5. 文献分析

文献分析包括统计分析与理论分析。前者主要是定量分析，采用的主要方法是统计法、数理法和模拟法；后者则是定性分析，包括逻辑分析、历史分析、比较分析、系统分析等，主要采用一般分析方法和构造类型法。所谓构造类型法是指依据经验或思辨从资料中抽象出概念，然后利用这种概念将所研究的社会现象划分为各种类型，如权威类型、角色类型。社会科学研究还使用各种特别的定性分析方法，如结构分析、功能分析、社区分析、阶级分析、角色分析等。任何研究都离不开定性分析，但具体采纳哪些分析方法是由研究目的和理论假设决定的。

从本质上来说，任何研究方法都没有固定的、唯一不变的步骤。这是由于不同研究对象所需要的材料、信息不一样。例如，在分析文献的过程中，可能会出现收集文献内容不够充分的情况。基于此，研究者就需要重新查找文献、阅读文献和整理文献。在不断重复的过程中，概括和明晰自己研究的问题，最终形成研究报告。

三、文献研究法的应用

下面以《高职院校专业设置与调整的文献研究》和《国内外现代学徒制文献研究综述》两个实例对文献研究法在职业教育领域的应用进行分析，以帮助我们对文献研究法有更具体的理解。

【实例 2-1】高职院校专业设置与调整的文献研究 [34]

（1）确定研究目的和问题

专业设置是高职院校人才培养的关键环节，专业的设置与调整是否合理直接关系到高职院校的人才培养质量。教育部于 2004 年颁布了《普通高等学校高职高专教育专业设置管理办法（试行）》（教高〔2004〕4号）。10 年来，我国的高等教育已经进入大众化的阶段，高职院校办学规模已占全国高等教育的半壁江山。随着高职院校规模的不断扩张，其生源素质、办学水平、学生就业质量一直为社会所关注。影响高职院校人才培养质量的因素很多，就业质量是关键因素，与之相关联的专业设置是一个不容忽视的问题。这个领域吸引了众多业内学者的关注，产生了许多研究成果，但是存在的问题也不容忽视。

研究者从已有相关政策及高职院校专业设置现状出发，了解到专业设置是人才培养的一个重要环节，专业设置与调整一直是业内学者研究的热门课题。随着经济社会的发展及高职院校生源的多元化，这方面的研究也越来越受到关注。故进行高职院校专业设置与调整研究很有价值，将其作为此次研究的问题，力图为同类院校开展专业设置与调整工作提供参考。

（2）文献检索

研究者通过中国知网（CNKI）以"专业设置"为主题词进行高级检索，发现从2000年至2015年这15年间共收录52979篇论文，最终选取契合"高职院校专业设置与调整"这一主题的418篇文献作为研究对象。

（3）文献整理

研究者将关于高等职业教育的文献418篇确定为本文的研究对象之后，将所检索到的论文按年份排列分布，其分布见表1-1。

表1-1　各年份发表论文篇数（截至2015年10月26日）

年份	2000	2001	2002	2003	2004	2005	2006	2007
篇数	1	3	1	7	8	11	16	14
年份	2008	2009	2010	2011	2012	2013	2014	2015
篇数	14	31	30	39	53	73	74	43

确定研究对象为418篇关于高等职业教育的文献后，将文献按照年份顺序排列，找寻不同时间段高职院校专业设置和调整之间的关系，以便为第三部分文献的分析做准备。

（4）文献解读

据表1-1，2004年之前全国关于"高职院校专业设置与调整"的研究较少。随着"教高〔2004〕4号"文件的颁布，研究呈逐年上升的趋势，自2009年开始大幅上升，在2013—2014年达到一个巅峰。这阶段随着生源总量的下降、生源结构的多元化，招生越来越困难，加上经济下行压力增加，学生们的就业质量下降，如何保持学校的现有办学规模成为高职教育管理者及研究者需要面对的重要问题。此阶段，学者们开始认真思考与研究专业设置。但在418篇期刊文献中，仅有111篇被核心期刊收入，说明这个领域的研究还需进一步深入，还需学术界对这个问题给予更多的关注与探究。

研究者先从宏观层面阐述学术界对高职院校专业设置的关注及建议，接着在微观层面上从高职院校专业设置的原则和高职院校专业设置与调整的方法角度阐述具体做法。

在高职院校专业设置的原则层面，研究者通过阐述方光罗、谢勇旗、卢贵和郑宝仁等学者的意见，得出结论：高职院校的专业设置与调整要考虑市场需求、服务地方经济发展，并要有一定的前瞻性。

相比而言，教育行政部门要求高职院校在专业设置与调整时还要注重自身的办学优势与办学实际，要从内外两个维度综合考虑。

在专业设置与调整的方法层面，徐伟提出主干派生法、组合出新法、滚动拓展法、异质设置法。李成飞等四位研究者以盐城技师学院为例，采取主干专业结构设计法、需求导向法对专业进行设置与调整。

陈旭东、樊登柱从专业设置与区域经济吻合的角度以南通地区为例，提出以下观点：以区域产业需求为依据，打造品牌专业群；以沿海发展战略需求为依据，建设骨干专业；以新兴产业建设为依据，培育新专业；以加强校企合作为契机，优化专业设置。汤晓青、蔡燕生、谢沁岑等以电力类高职院校为例，建议从职业工种的角度，依据《中华人民共和国职业分类大典》，在摸清学院服务行业职业（工种）情况的基础上，划分职业小类，以职业小类为切入点，重新进行专业设置。这既是一种新的研究视角，也是一种比较新的专业设置方法。

（5）文献分析

①上述论述提到我国目前专业布点不合理，专业设置雷同，部分专业过时，不能服务于地方产业经济发展。在学生培养目标方面过分强调"订单式培养"，导致培养规格结构不合理，学生自身难以达到全面可持续发展。

②我国高职院校专业设置是一个动态的、发展的过程。它的设置需要结合区域特色，优化专业设置针对专业建设同质化现象，教育主管部门要把学校办学是否符合地方产业经济的需要作为衡量学校办学是否成功的要素。明确自身定位，建设特色专业，集中有限资源，办好优势专业。高职院校要根据自身的师资条件、办学经费等情况控制规模扩张，合理控制专业数量，要避免盲目设置专业和扩大专业规模。

③基于以上研究的思考，通过对高职院校专业设置与调整的文献研究可以得出以下建议：一是在当前比较和实证研究的基础上，通过多专业、多视角、多维度强化定性与定量相结合的方法，为高职院校专业设置调整提供可操作的建议；二是在"中国制造2025战略"的大背景下，学校的专业设置要有前瞻性，结合行业企业的发展趋势开展研究，引导专业交叉融合，培养复合型应用人才；三是推动高校建立专业审查制度和市场适应机制的研究，建设专业的动态调整机制；四是加强政府宏观调控机制研究，避免专业设置"过剩"。

最后研究者在已有的内容上进行总结，并提出自己的观点，做到有"综"有"述"。此外，将上述环节的内容组合起来，就形成了高职院校专业设置与调整的文献研究的研究报告。

【实例2-2】国内外现代学徒制文献研究综述[35]

（1）确定研究目的和问题

现代学徒制（或新学徒制）是相对于传统学徒制（或旧学徒制）

而言的，是在批判和继承传统学徒制的基础上，由政府、行业、企业和学校共同推进的一种新型现代职业教育人才培养模式。2014年《国务院关于加快发展现代职业教育的决定》和《教育部关于开展现代学徒制试点工作的意见》两份重要文件先后发布，2015年165家单位作为首批现代学徒制试点单位和行业试点牵头单位正式开展现代学徒制试点，由此引发社会各界对"现代学徒制"的高度关注及广泛讨论。研究者查询、梳理国内外有关现代学徒制的相关文献，探寻学者对现代学徒制的研究概况，以期从中得到启示。

国家关于现代学徒制的两份重要文件出台后，引发了社会各界对现代学徒制的关注和讨论，研究者希望通过梳理相关文献，进而概述现代学徒制研究现状，归纳国内外学者关于学徒制发展史、本质属性和基本特征、"导学关系"、实证调查、国别等研究成果，并在简要评述近年来国内外现代学徒制文献主要特点的基础上，为以后研究提出一些建议。

（2）文献检索

关于国内现代学徒制文献研究成果，研究者主要通过网络数据库、当地图书馆馆藏图书等资源查询相关研究文献。截至2016年6月30日，研究者以"学徒制"为主题词在知网进行检索，找到相关文献3615条，其中2001年之前的文献119条，2001—2016年的文献3496条。研究者以"现代学徒制"为主题进行二次检索，可得到2001—2016年文献1973条。关于国外现代学徒制的文献研究成果，研究者以"apprenticeship"为主题查询SSCI数据库，找到相关记录1715条；若以"modern apprenticeship"为主题进行二次检索，找到相关记录63条。此外，研究者还在国内找到与之关联度较高的译著数本。

研究者分别以"学徒制"和"现代学徒制"为主题在中文文献库中查找，又以"apprenticeship"和"modern apprenticeship"为主题在外文文献库查找。之所以两次都进行了二次查找，是因为一次查找的文献数目过多，内容相对冗杂，可能不利于接下来的文献分析，故需要二次查找。有时还可能出现多次查找的现象，这需要视情况而定。

（3）文献整理

从文献检索数据可以看出：2001 年以来，国内学者关于学徒制的研究成果越来越多；与现代学徒制有关的第一篇期刊论文发表于 2001 年；知网数据显示，从 2014 年开始，当年发表"现代学徒制"文献的比例超过"学徒制"文献总数的一半，且所占比例逐年上升。

这说明，从 2014 年前后开始国内学者越来越关注对"现代学徒制"的研究，这正好与 2014 年所发两份重要文件的时间点相对应。另外，研究者还查询到与之关联性较高的专著、报告十余本。在外文文献中可以发现：国外学者关于现代学徒制的不少观点、内容出现在有关"新学徒制""双元制""三元制"等方面的文献资料中。因此，作者将检索的文献按照内容进行整理，该部分基本内容包括学徒制发展史研究、现代学徒制本质属性和基本特征研究、现代学徒制"导学关系"研究、现代学徒制实证调查研究、现代学徒制国别研究、现代学徒制在各行业的应用研究和现代学徒制模式研究。

（4）文献解读

①学徒制发展史研究。关于学徒制发展史或现代学徒制历史渊源研究，国内外学者都在追溯现代学徒制起源，甚至在把握人类社会整个学徒制历史发展脉络的基础上，对已有史料及相关文献资料开展了问题研究，但学者们的研究角度有所区别。

例如，Field JF 通过查阅 17 世纪从英格兰东北部迁移到伦敦的学徒档案资料，了解当时学徒的家庭背景及社会发展变迁；贺国庆、刘向荣概述西欧学徒训练经历了制度的建构、解构与重构过程，指出其形态演变、制度变迁与生产方式的变革紧密相关。

②现代学徒制本质属性和基本特征研究。因为学徒制历史文化背景和社会发展程度不一致，同时世界各国对现代学徒制的称谓也不尽相同，所以"学徒制"术语的本质属性和基本特征在不同的国家有着不同的定义。

例如，Ryan P 等指出学徒制优于照本宣科的工作培训，是结合职业教育以工作实践为基础而进行的职业技能学习；关晶将"'二战'以后出现的以德国双元制为典型、适应经济和社会的现代性要求、以校企合作为基础、纳入国家人力资源开发战略的学徒制形态"统称为现代学徒制，并指出其主要特征是组织制度不断复杂化，教学组织方式不断变化，功能不断演变。

③现代学徒制"导学关系"研究。现代学徒制"导学关系"一般是指在现代学徒制运行过程中导师（职业院校教师和顶岗实习企业师傅）与学生（学徒）之间的所有社会关系的总和，它主要包括教育教学、学习生活、工作就业等关系。

例如，Monk-house S 通过案例阐述了学徒制在医学教学和训练中已经受到广泛的认可，并指出现代学徒制的教学基础是老师和学员之间的关系，是多年来形成的密切合作；陈红、罗雯在对湖北宜昌中高职学生的实习情况进行调查与分析后发现师徒关系存在一些问题，并提出应加强礼仪规范。

④现代学徒制实证调查研究。国内外学者都通过采集大量数据从不同角度对现代学徒制开展实证调查与统计分析，但国内学者一般只关注对大数据的综合运用，而国外学者的研究则更加细化，他们既运用大数据进行比较分析，同时也关注调查数据所带来的经济效益并对样本进行持续跟踪研究。

例如，Wallis P 等运用大量样本研究早期伦敦时代的学徒状况，为现代学徒制的发展提供思路；陈俊兰采用内容分析、个案研究、网络数据统计和价值分析等方法，考察在职业教育中现代学徒制运行的质量、成本与收益等问题。

⑤关于现代学徒制国别研究，国外学者的研究相对比较深入，国内学者一般是在介绍西方某国现代学徒制发展的基础上，为国内学徒制建设提供一些思路。

例如，Canning R 和 Lang I 全方位考察了苏格兰现代学徒制的历史与发展；Chen JJ 和 Shen MM 基于扬弃和创新职业教育的理念，介绍了加拿大行之有效的现代学徒制校企合作模式。

⑥现代学徒制在各行业的应用研究。国内学者目前主要研究的是现代学徒制在职业院校和顶岗实习企业中的应用，而现代学徒制在各行业的应用研究才刚刚起步；由于现代学徒制覆盖行业甚广，国外学者对现代学徒制研究范围涉及各个领域，对其在各行业的具体应用及实践开展了一系列研究。

在医学领域，如 Patel VM 试图通过建立现代师徒关系指导未来医生职业培训的可持续发展，O'Connor SJ 从社会学的视角分析了现代护士学徒制的专业实践。

⑦现代学徒制模式研究。与国外学者比较，国内学者相对热衷于研究现代学徒制模式。

例如，陈利重点阐述了瑞士特有的"三元"学徒制（传统学徒制、职业学校和入门培训）职业教育模式。关晶基于国内外现代学徒制模式研究，并以德国、瑞士、英国、澳大利亚和法国为例，试图回答现代学徒制中哪种模式适合我国这一重大问题。

（4）文献分析

世界各国对现代学徒制的称谓有所不同。如中国称"现代学徒制"，其他称谓如德国"双元制"，瑞士"三元制"，美国"注册学徒制"，澳大利亚"新学徒制"，英国则由"现代学徒制"再重新改为"学徒制"；在研究时间上，无论在传统学徒制还是在现代学徒制研究方面，国外研究都要早于国内研究；在研究成果上，现代学徒制的研究文献大量涌现，对传统学徒制的研究主要侧重于学徒制发展历史的研究，而对学徒制发展历史的研究主要是强调学徒制度的继承性或"以史为鉴"；在研究视角上，国外学者一般基于工作本位、成本效益、学徒与雇主双赢的视角开展现代学徒制深入研究，而国内学者更多的是从职业院校或企业对学生（学徒）由上到下进行教育管理的方式来讨论现代学徒制；在研究方法上，国外学者试图用某种理论框架搭建现代学徒制实证研究模型，而国内学者近年来的研究主要是经验总结和事实归纳，很少运用实证研究方法；在研究内容上，国内外学者对现代学徒制研究的关注点有所区别，即使关注点相同，但研究侧重点也有所不同；在研究的深度和广度上，由于现代学徒制发展程度不同和系统研究学徒制的基础不一致，国内研究与国外研究相比尚有一定差距。

国内外现代学徒制研究的基本内容为学徒制发展史研究、现代学徒制本质属性和基本特征研究、现代学徒制"导学关系"研究、现代学徒制实证调查研究、现代学徒制国别研究、现代学徒制在各行业的应用研究和现代学徒制模式研究。

研究者经过对国内外学徒制相关文献的梳理分析，尝试在简要评述近年来国内外现代学徒制文献主要特点的基础上，为以后研究提出一些建议。将上述四个环节的内容组合在一起，就形成了高职院校专业设置与调整的文献研究报告。

延伸阅读

[1] 卞新荣 . 用文献研究法研究数学原则与方法 [J]. 湖南教育（下），2009(9):
56–58.

[2] 魏顺平 . 基于文献文本的概念图构建方法——以协作学习领域概念图
构建为例 [J]. 中国远程教育 ,2008(2):47–52.

[3] 姚计海 ."文献法"是研究方法吗——兼谈研究整合法 [J]. 国家教育
行政学院学报 ,2017(7):89–94.

[4] 马学立 . 关于一次文献内涵与外延的界定 [J]. 图书馆工作与研
究 ,2000(5):42–44.

[5] 王琪 . 撰写文献综述的意义、步骤与常见问题 [J]. 学位与研究生教
育 ,2010(11):49–52.

[6] 王知津 , 王乐 . 文献演化及其级别划分——从知识组织的角度进行探
讨 [J]. 图书情报工作 ,1998(1):5–8.

[7] 杜红平 , 王元地 . 学术论文参考文献引用的科学化范式研究 [J]. 中国
科技期刊研究 ,2017(1):18–23.

[8] 陆珺 , 鲍建生 . 职前数学教师教育研究的回顾与展望——基于《数学
教育学报》1992—2017 年的文献分析 [J]. 数学教育学报 ,2019(1):61–68.

第二节 话语分析法

话语分析是许多人文和社会科学学科（包括语言学、社会学、人类学、心理学和文化研究）中常见的一种研究方法。话语分析是一种研究书面或口头语言与其社会背景相关的研究方法，它旨在了解人们在现实生活中如何使用语言。本节阐述话语和职业教育话语的相关概念，话语分析法的内涵，话语分析法的向度、要素、优缺点及具体实施步骤，在此基础上，分析如何将话语分析法运用至职业教育领域。

一、话语分析法概述

1. 话语分析法的内涵

话语分析是指借助符号理论和话语理论，致力于对社会活动的各种符号、象征、文本及话语进行解剖，从表象中发现其中隐含的深层寓意与真实用意；是对长句单位结构的静态描写和交际过程意义传递的动态分析。话语分析法以社会建构主义和语言学为理论基础，探讨了语言使用和交流所产生的含义，这些含义和实践所产生的上下文和过程密切相关，典型的话语分析将微观层面的语言使用分析与宏观层面的情况分析结合起来。它既是一种应用理论，又是一种研究方法，广泛应用于当代许多科学领域，如哲学、政治学、社会学、心理学、传播学、教育学等。

2. 话语分析法的向度

费尔克拉夫（Fairclough）认为任何"话语事件"都可以被同时看作一个文本。[36] 因此，话语分析可以在文本向度（关注文本的语言学分析）、话语实践向度（关注文本生产过程和解释过程的性质）、社会实践向度（关注社会分析方面的问题）三个向度上进行。

作为一种特殊的话语形式，职业教育话语与社会变迁之间呈现出相互影响、相互建构的关系。不同的时代背景产生不同的"主流"话语形态有助于我们思考、揭示特定职业教育文本背后错综复杂的关系，根据费尔克拉夫的话语分析方法，笔者构建了职业教育话语分析框架。其中，文本分析主要侧重职业教育政策文本、历史文献、关键词、职业教育新闻的分析，并结合其语法、连贯性和文本结构来进行。话语实践作为中间向度，将文本分析和社会实践联系起来，侧重职业教育文本生产、分配和消费的过程，所有这些过程都涉及经济、政治和制度背景，文本的生产和解释都建立在内化的社会结构和社会习俗的基础上。社会实践的话语分析则将话语置于意识形态和权力关系中，揭示意识形态和霸权以各种方式对职业教育话语的介入和职业教育话语对意识形态和霸权的维护、批判和重构作用。通过三个向度的分析，讨论话语秩序的变化，揭示职业教育话语中隐含的意识形态、职业教育理念及职业教育话语流变的规律等。在三个层面的分析中，文本分析是基础，话语实践和社会实践层面则深入解释具体文本分析得出的结果。

3. 话语分析法的要素

话语分析是对话语的分析，重视宏观结构的语义分析，即对大于句子的意义连贯的整体进行分析，研究的是具体的语言运用——人们用语言做什么、怎样做。话语分析必定是对使用中的语言的分析，既重视语言的系统性、规则性结构，又重视语言的独特性，对话语生产、理解的规则性和应用技巧。Beaugrande 认为话语是一种"交际活动"，必须具有七个因素：衔接性、连贯性、意向性、可接受性、信息性、语境性和互文性。[37]

这七个因素成为话语分析重点要考虑的问题，不同的研究目的使研究者可能针对一个或几个因素进行分析。"衔接性"是话语的重要特征，体现话语的表层结构，照应、替代、省略等语法手段及复现关系等词汇手段都可以体现结构上的衔接，它是话语的有形网络；而"连贯性"是指语言要素如何连接为语义关联的整体，它是通过话语规则进行推理达到的，是话语的无形网络；"意向性"主要指认知和理解的主观性；"可接受性"指的是话语的可理解性；"信息性"主要说明话语传播者将新信息与已知信息交集表达语义的结构，也说明语调、音调等基础语言要素对话语信息的影响；"语境性"是指话语同其语境的关联特征，分为直接语境、文化语境、社会语境；"互文性"指的是话语在与别的话语的联系中得到表达的状况，话语分析是一个运动过程的记录（文本），在这个过程中，话语是被说者或写者用来在语境中表达意思和目的（话语）的传播工具。进行话语分析的目的就是"检视人类怎样使用语言去传播，尤其是演说者针对听者如何构成语言信息及听者如何处理语言信息以便理解它们"[38]，但实际应用中的话语分析远非以上几个因素和特征可以概括。

职业教育的话语分析也不是孤立的，它必然立足于多学科的融合，借鉴相关理论和方法从而对职业教育现象进行观察与分析。职业教育实践具有高度的情景性、动态性和社会性，这决定了"话语分析"与"职业教育研究"具有密切相关性。

4. 话语分析法的优缺点

（1）话语分析法的优点。它具有多学科视角的优势，意味着话语分析可以产生新的见解。话语分析的最大优势在于它挑战了"语言的必然性质"。[39]一方面，它可以探究组织语言，显示出隐含的价值观和发生细微变化的方式，揭示文本可能呈现给读者的方式，它使研究人员能够分析制订变革的关键话语；另一方面，它显示出整体背景的重要性，揭示不同类型语言的目的和效果，厘清交流中的文化规则和习俗，以及如何传达价值观、信念和假设，解释语言使用如何与社会、政治和历史背景相关。

（2）话语分析法的缺点。话语分析为分析语言交流提供了一个强大的工具，但也有其缺陷。一方面，话语分析不能完全显示一部分人或整个社会的信念。它不是分析媒体对受众成员影响的工具，大量的话语分析也无法完全反映人们的想法。另一方面，话语分析的工作量很大，需要收集大量的数据，且收集到的资料比较凌乱、缺乏条理。还需要注意的是，一个方法是永远不足以解答所有问题的，要注意研究方法的适切性，我们要避免成为"方法学家"，即认准一套方法并将其应用于所有的研究，应做到始终对自己的研究保持批判性。

二、话语分析法的实施

话语分析是一种分析文本定性和解释性的方法，是基于材料本身的细节和上下文知识进行解释。不管是对哪一类型的话语进行研究，使用多种不同的方法和技术来进行话语分析，都要遵循必要的准则和程序。话语分析法的基本实施步骤如图 2-1 所示。

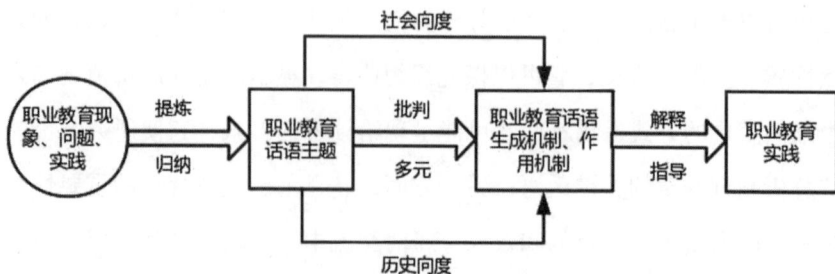

图 2-1　职业教育话语分析程序模型图

1. 定义研究问题并选择分析内容

要进行话语分析，首先要明确定义研究问题。职业教育话语分析是从职业教育现象、教育实践或者社会现象中提取出来作为教育研究对象的，也就是"从一块较大的语料中取出一小块来处理"。[40]话语分析是一种既可以应用于大量材料也可以应用于较小样本的方法，具体取决于研究的目的、时间和范围。比如你想研究从改革开放时期到当前的职业教育政策变化如何影响我国职业教育的公共关系言论，就应尽可能收集这段时间内的所有官方政策文件、新闻报道及各类官方或非官方平台关于职业教育的讨论，尽量保证资料的全面性。

2. 收集与主题相关的信息和理论，构建理论框架

接下来，你需要对收集到的资料进行提炼和归纳，明确研究主题。通过对职业教育现象的观察和思考，形成对某一问题的基本认识。在此基础上对收集到的话语材料进行整理，针对该话语进行主题分析与提炼，最终形成需要深入研究的职业教育研究问题。你必须确定材料的生产和接受的社会背景和历史背景，收集有关创建内容的时间、地点、作者、发布者及发布内容的详细信息。例如，如果你要分析新闻报道，就必须查看新闻报道的报纸类型，思考：作者和编辑人员是谁？报纸的一般政治立场是什么？它与其他组织有什么隶属关系？参与制作过程的人是否以新闻风格或政治观点而闻名？文章的总体目标受众是谁？一般而言，新闻媒体机构会在其网站的"关于"部分提供某些此类信息。除了解话语的真实背景外，还可以对该主题进行文献综述，并构建理论框架来指导相关的分析。[41]

3. 分析话语内容和模式

在为材料的元素分配了特定的属性后，需要对结果进行反思，以检查所用语言的功能和含义。考虑与先前建立的更广泛的上下文相关的分析，得出可以回答研究问题的结论。以下是在话语内容分析时应该注意的一些事项。

词组：文本是否具有共同上下文背景的词组？例如，可以直接从政府语言、企业语言或学生语言中提取词汇。仔细研究文本中的名词、动词和形容词，看看是否有共同的特征，这种规律性可以阐明文本所暗示的逻辑。

语法功能：检查各种陈述中的主题和对象是什么或是谁。是否有规律性。例如"我们"和"他们"等常用代词具体指谁。能否确定谁是主角或支持者？查看形容词和副词可能会得到更多有关文本的信息。诸如"我们承受经济压力"之类的陈述与"×使我们承受经济压力"之类的陈述大不相同，在"×"是自我施加的情况下，被动短语和名词的非人称连接是掩盖文本与推卸责任的一种常用方法。

直接和间接语言：文本中是否包含引号？如果包括引号，他们是改写还是直接引用？无论哪种情况，都应跟踪原始短语以了解其上下文及它们在原始资料中发挥的作用。

表达方式：查看文本中是否包含关于"应该"或"可能"的陈述。这样的短语可能会产生紧迫感。

在主题明确的情况下，我们需要对职业教育话语的形成和作用机制进行深入分析，研究职业教育话语所属的更大的话语系统和话语背景，研究在特定语境下话语的生成与作用策略，了解在背后支配着言语行为的那套话语系统及相关的话语构成规则和机制。机制的分析需要一定的假设，假设可能需要更多的材料来进一步验证，还需要再搜集其他方面的材料来验证，我们必须始终对证据（即职业话语文本）持开放的态度，只有充足的话语文本，才能验证和解释清楚研究者的先前假设是否合理，才能形成正确的规律性认识。机制分析的研究过程在教育话语研究中具有举足轻重的作用和价值，是教育话语分析的核心过程，在此过程中要探讨和揭示教育话语系统及其话语构成规则是通过什么途径，以什么方式使得话语主体自觉或不自觉地按照这些规则去言说、去书写、去践行；探讨教育话语的形成和作用是在什么样的社会历史背景中完成的，通过什么样的渠道，经历哪些过程，具有什么样的规律；同时还要分析教育话语起什么样的作用，对社会和人的培养产生怎样的影响和效果；等等。

4. 分析结果得出结论

最后，陈述你的发现，并解释该发现的内容及其作用方式。这意味着要结合对结构特征和单个陈述的了解，然后将这些发现放入一开始所建立的更广泛的背景框架中。确保强调相关性，并根据要提出的问题进行分析。分析的角度可从语体特征、句子语气、情态系统、修辞特征、词汇选择等方面展开。

话语分析通常是一个从语境到语言，再从语言到语境的双向运动过程。通过对职业教育话语形成机制和作用机制的分析，我们可以较为顺利地对研究主题进行解释，并形成理论层面的研究规律；同时，通过对现实社会与历史现状的考察，分析职业教育发展过程中可能出现的教育现象和话语主题，并有针对性地指导现实的职业教育话语实践。解释与指导是职业教育话语研究的两个重要目的，有利于职业教育理论的形成与职业教育实践的有效开展，同时这两个过程通过"反作用"又会影响话语主题，从而形成或建构新的职业教育研究问题。

三、话语分析法的应用

下面以《我国产教融合政策的生产、分配与消费——话语分析的视角》和《中美教育信息化愿景、关注焦点与实现路径比较研究——基于我国〈教育信息化"十三五"规划〉和〈美国 2016 教育技术规划〉话语分析》为例对话语分析法在职业教育领域的应用进行分析，以帮助我们对话语分析法有更具体的理解。

【实例 2-3】我国产教融合政策的生产、分配与消费——话语分析的视角[42]

（1）定义研究问题并选择分析内容

教育政策是过程化的、动态化的，是一个不断解决在教育实践活动中出现问题的过程，一个不断对已运行的政策补充和修正的过程。《关于深化产教融合的若干意见》（以下简称《意见》）是在多年不断探索中取得的关于产教结合、校企合作的重要政策成果，对于解决新时期人才供需"两张皮"问题具有重要的现实意义。然而，改革开放以来，我国产教融合政策究竟是如何变迁的，经历了哪些阶段，又是如何与特定时期的社会因素互动的？《意见》任务是怎么在不同部门和各省级政府间分配的？自《意见》发布一年来的时间里，各中央部门和省级政府又是如何将其转化为自身行为进行消费的，即如何贯彻实施的？

国家政策对社会的发展具有宏观指导意义，作者以国家颁布的教育政策为资料分析来源，借助费尔克拉夫话语实践分析的理论框架，对《意见》生产、分配和消费过程进行分析，目的是探寻我国产教融合政策的生成和转化逻辑。

（2）收集与主题相关的信息和理论，建构理论框架

自从"产教融合"的概念于 2013 年在《中共中央关于全面深化改革若干重大问题的决定》中被提出后，相关学者开始涉足该领域的研究，随着 2017 年底《意见》的出台，关于产教融合政策的研究出现了一些标志性成果。如有学者基于政策文本解读的视域，分析了新时代产教融合政策的诸多亮点，包括强化企业的主体作用、解决产教系统错位问题、完善产教融合顶层设计等。这些研究既有纵向的对政策变迁的梳理，也有横向宏观的政策创新探索，还有微观的政策文本解析，但是尚未从话语分析的视角对产教融合的政策进行系统性研究，尤其对政策任务的分配与消费过程研究不足。

话语分析最早是由美国语言学家哈里斯（Harris Z.）于 1952 年正式提出的。这为教育政策的话语分析提供了重要启示。我国产教融合政策的变迁与实施过程涉及多方面的社会要素关系，话语分析的理论可作为一个分析产教融合政策的理想框架。费尔克拉夫将话语分析的理论框定为三个维度，即文本、话语实践和社会实践（见图 2-2）。其中，文本是话语分析的切入点和微观层面；社会实践是社会生活成分的一种构型，涉及社会中的诸多因素；而话语实践作为沟通文本和社会实践之间的桥梁，是微观分析和宏观分析的结合，话语实践的方向能够调节文本和社会实践之间的关系。本研究将主要从话语实践维度展开，进而分析文本与社会实践的互动关系。

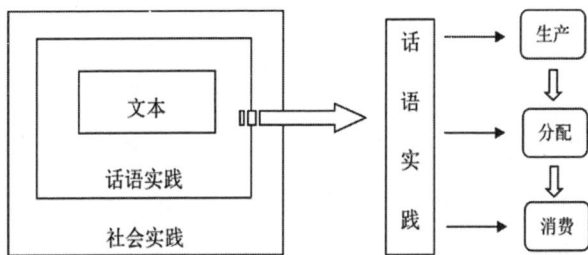

图 2-2 话语分析的理论框架

研究者通过文献综述的形式对"产教融合"和"话语分析"进行信息收集和整理,为要研究的主题"产教融合政策"建立背景分析框架。研究选取了广袤职业教育领域的"产教融合政策"为主题,且对关于"产教融合"提法的历史演进过程进行分析,找到研究的空白点,证实了选题具有较大研究价值和创新性。

（3）分析话语内容和模式

在话语实践中,一些文本之间往往具有矛盾,或者批判、吸收与融合的关系。在文本的生产方面,一个互文性的视野往往强调文本的历史性,即对于现存的、由以往文本构成的、新的文本所要回应的"言语传播链"而言,文本是如何构建新元素的。改革开放以来,随着社会实践的变化,我国产教融合政策的话语表述方式也在不断变化。制度变迁是创新主体基于一定目标而进行的重新安排和结构调整,是一种社会效益更高的制度对低效制度的替代。[43]从政府政策的话语表述来看,产教融合是一个发展的、持续性的概念。产教融合政策的历史演变诠释了作为"文本"的政策这一话语实践在不同时期的更迭和创新。

研究者以时间发展为线索,以国家颁布的政策为依据,分别从话语文本向度、话语实践向度和社会实践向度进行分析。从产教融合政策的生产过程来看,产教融合主要经历了"以学校为主导的内生式产教结合阶段—校企共同参与的外延互动式产教结合阶段—校企多要素衔接的内涵渗透式产教融合阶段"三个主要阶段。从产教融合政策的责任分配来看，分别分析了"各责任单位对于产教融合政策的任务分担"及"产教融合政策任务在各责任单位中的归属"。从产教融合政策的消费方式来看，分别分析了"产教融合政策在中央部门和省级政府的消费"。

（4）分析结果得出结论

基于话语实践的理论框架，通过对产教融合政策的生产、分配与消费过程的分析，得出以下结论：其一，产教融合政策的话语变迁受制于经济发展方式的转变。其二，产教融合政策的分配体现国家的主导性角色。其三，不同部门和省级政府对产教融合政策的消费程度不同。

研究建议：我国产教融合工作的推进是一个长期的系统工程，无论是政策文本的生产还是其分配与消费的方式都需要不断完善。为此，我们提出以下几点建议。第一，产教融合政策的生产应关注到个体的需求。第二，产教融合政策的分配应更加明确，且应强化行业协会的参与力度。第三，产教融合政策的消费需要多部门、地方政府的协同推进。

最后，依据建立好的背景框架，利用相关的软件对收集到的资料信息进行分析，得出最终的研究结论，解释产教融合政策话语的生成和转换逻辑，并结合已有研究提出相关建议，为之后职业教育实践的开展提供指导。

【实例2-4】中美教育信息化愿景、关注焦点与实现路径比较研究——基于我国《教育信息化"十三五"规划》和《美国2016教育技术规划》话语分析[44]

（1）定义研究问题并选择分析内容

面对信息技术打破学校围墙，革新学习方式的趋向，将信息科技与教育相融合，推动教育的变革，已经成为世界共识……政策文本体现了国家意志，《美国2016教育技术规划》和我国《教育信息化"十三五"

规划》两份五年规划描绘了同一时段内，教育信息化战略在不同国情下的愿景、关注焦点和实现路径，体现了不同社会情境下教育信息化发展道路、发展阶段及制度规训。教育信息化将科学、技术与教育融为一体，通过教育推动社会发展，既体现技术与教育结合的共性模式，又契合各自社会的历史特征，在相异的社会文化网络中，开拓丰富且多侧面的发展进程。

20世纪70年代以后，针对这类社会复杂现象的跨学科、多视角研究出现了"语言学"转向，"文本"与"话语"成了关键词，而"话语分析"常常始于"文本解读"。语言以"文本"为载体，体现"关注焦点"和篇章逻辑；"话语"又将"文本"置于社会历史情境中，作为一套符号系统，提供"意义和动机"，具有诠释功能；作为社会实践，具有建构功能。本文就规划的"文本"，从"话语"的角度比较两国教育信息化的愿景、关注焦点与实现路径存在的差异，再结合社会语境，分析各自信息化的发展路径、制度规训及产生源流，以期为我国教育信息化话语建构和实施策略提出可行性建议。

研究者通过三段文字描述，指明了话语分析对象，即美国和中国关于教育信息化发展的政策文本，简要讨论了不同的社会背景下两份政策文本的异同，以及话语分析对于政策文本解读的意义，揭示了研究背景与研究目的。研究者选择了两份具有代表性的文本作为研究分析对象，降低了分析的难度，更具有操作性，同时又具有实践意义，值得我们借鉴。

（2）收集有关主题的信息和理论，构建理论框架

研究者选取《美国2016教育技术规划》和我国《教育信息化"十三五"规划》两份五年规划作为话语分析对象，减小了资料搜集的工作量。两份文件展示了同一时期内，教育信息化战略在美国和中国不同国情下的"愿景、关注焦点和实现路径"，研究者以此分析了"不同社会情境下

教育信息化发展道路、发展阶段及制度规训"。本文就规划的"文本"向度，"从'话语'的角度比较两国教育信息化的愿景、关注焦点与实现路径存在的差异"，再结合"社会语境向度"，分析不同国家信息化的发展路径、制度规训及产生源流，以期为我国教育信息化话语建构和实施策略提出可行性建议。

（3）分析话语内容和模式

规划文本以静态方式呈现政策行为，其内容可分为"实是语句""评价语句""行动语句"和"后果语句"（杨正联，2007）。其中，"实是语句"关切现实问题，内在地联系政策愿景；"评价语句"关切价值判断，内在地联系"政策理念"；"行动语句"关切实施方案，"后果语句"关切实施结果，两者共同内在地联系规划措施。比较两份规划文本的这四类语句，可以分析中美两国教育信息规划的关注焦点、价值取向及内在逻辑的异同。

①基于"实是语句"的政策目标比较；

②基于"评价语句"的政策理念比较；

③基于"行动语句"与"后果语句"的规划措施比较；

④文本内容与表述对比。

研究者从"实是语句"分析了"现实如何"，即教育信息化规划的愿景与逻辑起点是什么；基于"评价语句"，分析了教育信息化应该是什么；基于"行动语句"与"后果语句"回答了如何做的问题，对两国的规划措施进行比较；最后就内容和文本维度分析了两国规划文本的表述特点。

（4）分析结果并得出结论

话语将"文本"置于情景中，其意义的展现呈现多样性，因此对话语的分析始于对其语境的理解。对中美两国教育信息化规划文本从话语的角度进行分析，应该基于这样两个基本预设：第一，相同的概念在不同的社会环境中呈现不同的意义；第二，话语在特定的社会文化网络中被塑造，同时建构实践，"话语述说着世界"（Strauss、Feiz，2014）。

①话语向度下的不同发展路径；

②话语参照下全球坐标体系中的不同生态位；

③话语姿态下的不同制度规训；

④构建我国教育信息化体系的建议。

话语不仅仅诠释意义，根植于实践，而且推动实践。建构我国教育信息化话语体系，事关教育信息化建设的实践路径和发展道路。基于以上分析，本文针对建构我国教育信息化话语体系，提出如下建议：

第一，关注"本土问题"，树立未来愿景；

第二，立足多元互动，建构价值认同；

第三，基于科研论证，谋划面向公众的实施路径。

教育信息化是世界教育发展的大趋势，也是各国实施人才战略，推动社会变革的重要力量。将政策话语视为镜子，我国《教育信息化"十三五"规划》及《美国2016国家教育技术规划》文本体现了教育信息化战略在中美两国不同社会情境下的展开逻辑；将政策话语视为实践，中美两国建构了教育信息化未来五年的宏伟蓝图。美国作为发达国家，通过教育信息化变革学习模式，开拓未来的生存空间，引领世界；我国教育信息化定位于"当下"，实现"硬技术"与"软环境"深度整合，开辟中国道路。对两国教育信息化五年规划从文本到话语的比较，一方面有利于进入他者的语境理解差异，推动科学、技术与教育相融合的本土实践；另一方面有利于通过构建中国教育信息化的规划话语，实现异质实践模式间的沟通和理解，推动教育信息化全球发展的多元进程。

研究者基于话语分析的三个维度，分析了规划文本下不同国家的教育信息化发展路径和不同的生态位,即美国立足于"世界第一经济强国",而我国立足于"发展中国家"的全球生态位,以及不同社会的制度规训和权力关系。最后针对我国国情,提出了关于构建我国未来教育信息化话语体系的建议:首先关注"本土问题",树立未来愿景;其次立足多元互动,建构价值认同;最后基于科研论证,谋划面向公众的实施路径。

延伸阅读

[1] 诺曼·费尔克拉夫. 话语与社会变迁 [M]. 殷晓蓉,译,北京:华夏出版社,2003.

[2] 詹姆斯·保罗·吉. 话语分析导论:理论与方法 [M]. 杨炳钧,译,重庆:重庆大学出版社,2011.

[3] 文雯. 中国教育政策的形成与变迁:1978—2007 年的教育政策话语分析 [M]. 武汉:湖北教育出版社,2013.

[4] 张灵芝. 话语分析与中国高等教育变迁 [M]. 北京:清华大学出版社,2015.

[5] 钱毓芳,田海龙. 话语与中国社会变迁:以政府工作报告为例 [J]. 外语与外语教学,2011(3):40-43.

[6] CHILTON P.Analysing Political Discourse:Theory and Practice[M]. Routledge,2004.

第三节　比较研究法

比较是一种观察、分析、判断、综合等活动交织在一起的复杂智力活动。比较法是人们认识世界不可或缺的手段，学者们普遍认为比较法既是一种思维方法，也是一种具体的研究方法。比较法最早运用于社会学领域，20世纪60年代以后，比较研究法广泛地运用于教育研究的各个领域。教育科学研究方法强调对经验事实材料进行比较分析研究，进而通过分析综合、归纳演绎、分类类比，揭示出教育的本质规律。比较研究在职业教育研究中作为一种重要方法，越来越受到人们的关注。本节阐述教育比较研究法的历史阶段、比较研究法和职业教育比较研究法的内涵，以及其类型、特点、作用和实施步骤等，在此基础上，分析如何将比较研究法运用至职业教育领域。

一、比较研究法概述

1.比较研究法的内涵

（1）比较研究法。《牛津高阶英汉双解辞典》中指出：比较研究法就是对物与物之间和人与人之间的相似性或相异程度的研究与判断的方法。比较研究法的最早运用可追溯到古希腊亚里士多德所著的《雅典政制》，该书对158个城邦政制宪法进行了比较。由此我们可以看出，比较研究法最早是研究政治学的方法，并且主要是服务于政策的制定。

从词源的角度进行考察可发现，比较研究法是确定对象间异同的一种逻辑思维方法，也是一种具体的研究方法。从联系的角度来看，比较研究法是人们根据一定的标准或以往的经验、教训，把彼此有某种联系的事物加以对照，从而确定其相同与相异之点，对事物进行分类，并对各个事物内部矛盾的各个方面进行比较后，得出事物的内在联系，从而认清事物本质的一种研究方法。概括得出比较研究法的三个基本内涵，即研究标准的同一性、研究内容的广泛性、研究目的的具体性。

（2）职业教育比较研究法。职业教育比较研究法是根据一定的标准，通过对某类职业教育领域的教育现象进行比较分析研究，从中找出职业教育的普遍规律及其特殊表现和本质，得出符合客观实际之结论的一种研究方法。总而言之，职业教育比较研究法是比较研究法在职业教育领域的具体应用。

2. 比较研究法的作用

已有不少学者从不同角度对比较研究法的作用进行了讨论，研究者将从个人认知、教育研究、国家发展三个维度对职业教育比较研究法的价值与作用进行探讨。

（1）有利于丰富我们的认知，更好地认识事物的本质。通过比较研究，将个别事物的属性纳入事物整体的广阔背景，可以开阔研究者的视野，帮助人们认识和发现职业教育的本质特征，深化对职业教育的认识。我们常说："不怕不识货，只怕货比货。"我们认识一个事物要借助于与其他事物的比较来实现。因为只有比较，才有鉴别；只有鉴别，才有认识。在实际生活与工作中，比较是认识事物本质最基本的也是最重要的方法之一。职业教育科学研究是一个复杂的认识过程，比较研究可以帮助我们更好地认识职业教育的客观规律。就职业教育改革而言，由于社会经济发展迅速，出现了许多新兴产业和新职业，市场劳动力存在技能短缺、技能失配等问题，必须重视职业教育的发展，明确职业教育类型教育的地位。通过比较，我们不难发现进行职业教育改革，并不是人的主观愿望，而是生产力与科技进一步发展提出的客观要求。

（2）深化职业教育科学理论研究，认识职业教育现象的本质属性和发展普遍规律。职业教育是一种广泛而复杂的社会现象。每一个国家、地区、民族都有其自身的职业教育特点和存在的问题。在职业教育发展的过程中，仅仅靠本国、本地区、本民族是很难做好真正的优质职业教育的，而职业教育比较研究法可以通过对比不同的国家、地区、民族的职业教育现象，帮助教育者掌握各国职业教育发展的普遍规律和特殊规律，摸到职业教育的脉搏，认清职业教育现象的本质属性。职业教育比较研究要求我们接触大量的文献资料，对国内外的相关教育资料和信息进行收集、整理和分析，其成果也都是从一定角度为人们提供职业教育信息、评价和建议，提供各种丰富的知识，扩大人们的教育视野，克服职业教育教学研究中的狭隘性。

（3）可以帮助认识我国的教育状况，提高我国的教育质量。"不识庐山真面目，只缘身在此山中"，不借助他人我们很难真正地认清自己。在职业教育研究中，我们可以通过跨国比较、跨文化比较、跨地区比较、跨学科比较，找到一些共同问题，也可以发现本国和本地区所存在的特殊问题，更好地认清本国的教育状况，取长补短，查漏补缺，更有针对性地解决问题，从而推动国家教育的发展。任何一个国家或者地区，要想有效地发展自己的教育，都必须制定适合自己且符合当代潮流的发展规划和战略。通过对我国目前学校中一些亟待解决的教育现象或者问题的比较研究，可以为教育教学改革措施提供科学依据，提高教育教学质量。在职业教育中，尤其是中职的教育过程中，学生的心理问题一直是学校关注的重点，要想找到问题的解决方法，只有对不同地区学校、不同性别的中小学生心理健康状况和教育规律进行比较研究，才能找到最有效的教育和训练措施。如果我们要实行创客教育，那么怎么构建创客课堂，怎么设计创客空间，如何进行创客教育的评估都需要我们对多种类型的中职学校的情况进行比较，以寻找适合的解决方案，让创客课堂的实施达到效益最大化，提高教育质量。

3. 比较研究法的类型

比较是一种多层次、多形式的认识活动，而且职业教育现象十分复杂，因此，教育比较研究法具有多种类型。通过归纳，我们将职业教育比较研究法分为以下三种类型：

（1）同类比较研究与异类比较研究。根据事物之间存在的统一性和差异性，我们将职业教育比较研究法划分为同类比较研究和异类比较研究。

①同类比较研究。同类比较法是以两种或两种以上性质相同的教育现象为研究对象，将其所具有的特征进行比较，寻找共性特点，达到揭示本质的效果。其目的在于"同中求同""同中求异"。"同中求同"即比较同类相同点，可揭示事物发展的共同的本质规律。而"同中求异"是比较同类不同点，可揭示事物发展的特殊性。一般来说，同类比较的结论带有或然性，但它能使人触类旁通，由此及彼。比如有学者曾经做过的关于职业教育教师专业能力标准的比较研究，该研究对美国、澳大利亚、欧洲等国教师的专业核心能力框架从专业能力标准开发、标准框架、标准要素等方面进行了调查和比较分析，这对我国职业教育教师专业能力标准开发提供了借鉴意义。[45] 职业教育的同类比较研究还可用于由已知现象推知与其特征相同的其他现象的研究。当然，这种由推理得出的结论具有一定的或然性，应注意保证结论的科学性。

②异类比较研究。异类比较法是对两种或两种以上性质相反的教育

现象之间的差异性，或同一教育现象正反两方面的特征进行比较，以探讨其共性，揭示其规律的研究方法。异类比较研究的对象反差明显，往往容易发现新的问题，探索出新的规律，如男女学生青春期心理特征的比较研究，我国城市和农村职业教育课程实施的比较研究，中西方文化差异对职业教育的影响的比较研究，等等。异类比较法还有一种形式，即对一个性质的事物的正反两个方面的表现进行对比研究，如关于教师批改作业和不完全批改作业对学生学习效果影响的比较研究。在教育研究过程中，研究对象之间的同一性和差异性是同时存在的。因而，对其共同点和差异进行的比较往往难以划定明确的界限，即对其共同性的比较联系着差异性，而对其差异性的比较又牵动着共同性，"同中求异"和"异中求同"常常相伴而生。所以，在研究实践中，往往同时使用两类比较法。

（2）纵向比较研究与横向比较研究。根据比较对象涉及的时空角度不同，我们将职业教育比较研究法划分为纵向比较研究和横向比较研究。

①纵向比较研究。纵向比较研究是指从时间上展开，对某一现象在不同时期的发展状况进行观察、追踪、测量，从而对其在不同时期内所发生的变化做比较的研究。纵向研究强调的是事物在一定时期内所发生的变化过程，通过对这一过程的观测、记录和归纳，能较为系统和详细地了解这一现象变化的连续性，从而能较为全面地分析导致这种变化的原因。纵向比较研究是按时间顺序展开的，它强调的是从事物的发展变化过程来研究教育发展变化的规律，是以动态观点来开展教育研究活动，揭示其历史演化性，从而弄清其发展的来龙去脉。纵向研究尤其适应于教育问题的宏观研究，例如，研究者要想了解中国职业教育的发展，就可以采用纵向比较的研究方式。

②横向比较研究。横向比较是指通过对某一时期内不同国家、地区、民族的教育理论或实践中发现的问题进行对比，分析形成这种结果的原因，从而对教育问题的发展趋势和一般规律做出比较和评价，对当前发生的教育问题或现象提出建议和策略。横向比较研究是从空间上建立联系，对同时存在的教育现象和事物进行对比，从而全面把握教育现象的本质和规律。每一个事物都不是孤立存在的，必定存在某种必然的联系。横向比较研究是从空间角度展开，强调的是从事物的相对静止状态中研究事物的异同，分析其原因。例如，我们要进行职业教育课程改革，在改革启动之前，就对美国、欧洲、日本等许多职业教育相对领先国家和地区的职业教育课程标准、课程理念等进行了比较研究，归纳了这些国家和地区在职业教育课程改革方面的成功之处和差异性。正是在比较和借鉴这些国家和地区的职业教育课程改革的经验教训基础上，我们提出了我国职业教育课程改革的理念和改革的思路。

不管是横向研究还是纵向研究，都存在一定的不足之处，因此，在教育科学的研究过程中，对于一些比较复杂的教育问题，既需要纵向比较，也需要横向比较，这样才能全面地把握事物的本质和发展规律。

（3）定性分析比较与定量分析比较。在哲学的观点里，任何事物都是质与量的统一。从这个角度出发，我们将职业教育比较研究法分为定性比较研究和定量比较研究两类。

①定性比较研究。质是事物内部固有的一种本质特征，有特殊的规定性，是其他事物与之区别的关键。定性比较是通过对事物间本质属性的比较来鉴定事物的特点、性质、归属和发展趋势的研究方法，研究者需要对事物的质的界限进行确定。教育现象和问题的复杂性，往往要求人们在进行比较研究中将定性和定量研究相结合，这样既可以满足研究的严谨性，又可以用数据说话，增加研究的信度和效度，真正触及教育

的本质。

②定量比较研究。事物既有质的规定性，也有量的差异。量是事物存在的表现形式之一，在职业教育研究中，数量的变化常常能有力地解释和说明事物的性质。定量研究是对两种或两种以上的事物进行数量上的分析，从而把握事物的特点，判断事物的变化，预测事物的发展趋势。它是一种用数据来表现事物特征的研究方式，是使教育研究科学化的有效方法。在职业教育科研中，我们要树立量的观念，重视收集、整理和分析数据，用数据说话。[46]在职业教育科研中，运用数据的收集、整理、分析和对比，能更为清晰地看出事物发展变化的情况，使研究的结论更有说服力。例如，我们想对我国高水平高职院校建设地方政策进行分析，首先应确定研究对象是我国 31 个省（自治区、直辖市）颁发的涉及高等职业教育建设的政策。利用统计分析、政策分析及数据可视化分析的方法，对 31 个省（自治区、直辖市）政策的数量、区域、主体及目标策略进行剖析，力求通过定量与定性研究相结合的方式揭示我国各地高等职业院校建设政策之间的相互关系、变化规律和发展趋势。[47]

教育问题的复杂性和教育影响因素的多元性与多层次性，决定了教育研究的复杂性。尽管学者们对教育比较研究方法进行了分类，但在实际运用中研究者往往打破上述分类方式，将各种类型的比较方法综合运用，并结合其他研究方法，使教育比较研究的形式更为灵活，逻辑更为严密，从而使研究结论更具科学性和说服力。例如，通过横向比较研究和纵向比较研究的结合运用，既可以纵向探究研究对象的历史发展过程及影响因素，掌握事物的发展变化趋势，又可以横向分析其在不同条件下的状况及原因，了解研究对象的现实状况；在纵、横结合的基础上，形成立体的、多维度的研究视角和对研究对象的全方位的认识，更好地把握教育现象的本质，揭示教育规律。[48]

二、比较研究法的实施

运用比较研究法虽然没有一种固定的模式，但一般来说，要明确比较什么、如何比较、比较的目的是什么等问题。从比较研究法的定义和特点来看，笔者认为职业教育比较研究法应分为以下几个步骤。

1. 明确比较的目的，选定比较的主题

比较研究首先要明确比较什么，这是开展研究的前提。其基本含义是：第一，根据研究课题确定比较的内容，限定比较的范围，从而使比较目标明确而集中。第二，按比较主题统一比较标准。比较标准既有可比性，又有稳定性。这是比较的依据和基础。如果没有明确的比较主题，就会增加比较的难度，使我们的研究失去方向。在这个阶段，我们需要选定比较的主题、内容和范围。

2. 确定比较的标准

没有标准就无法进行比较，比较的标准可根据实际情况制定，但是必须要有可操作性且要具体化，这一点至关重要。由于教育比较研究的范围和对象较为广阔，比较标准的确定和统一对教育比较研究来说至关重要。建立比较的标准就是确定教育比较研究从哪几个方面或角度来进行，找到切入点，以指导后续的资料收集和分析的方向。无论是同中求异还是异中求同，在进行比较之前都必须建立统一的标准，才能保证我们的研究有序进行。

3. 广泛收集和整理资料

资料对于一项研究来讲，就像是水之于鱼，是教育比较研究顺利开展的保障。通过查阅文献、调查、实验等多种方法，尽可能客观地收集所要研究的教育现象的有关资料。收集的材料尽量是第一手材料，使依据更真实、更准确。同时，需要对资料进行鉴别，保证资料来源的权威性和内容的可靠性。

4. 对比较的内容进行解释和分析

这是比较研究的重要环节，也是中心环节。从初步分析到深入分析，要对收集的资料进行解释、分析和评价，分析时要注意事物间的顺序性、因果性和全面性。我们既要做到纵向比较，主要是时间上的比较，又要做到横向比较，主要是在空间和范围上的比较。在比较中，我们要在同一中找差别，也要在差别中找同一。不仅要说明教育现象是怎样的，而且还要说明为什么是这样的，分析其形成的原因、影响因素及发展过程。比较时，应以客观事实为基础，对所有的材料进行全面客观分析。

5. 得出比较的结论

得出比较结论就是对研究对象的材料、情节进行全面的分析研究后，通过理论概括、实践证明、逻辑推理等手段，得出比较结论，或从中得到借鉴和启示。这是运用比较的目的，也是应用比较法的最后一个环节。

比较的每一步都要围绕一个明确的目的，即探索教育的规律，找出合乎客观实际的结论。这样，从明确比较的主题、提出比较方法的标准，到对材料进行比较分析，最后得出结论，就形成了一个完整的比较研究的过程。这个过程之中的环节又是相互联系、不可分割的。明确比较的主题是比较的前提，确定比较标准是关键，收集材料是准备阶段，对材料内容进行比较是中心环节，结论是从中得到借鉴或启示。

三、比较研究法的应用

下面以《新时期产业工人技能形成体系的国际比较研究》和《职业教育产教融合的国际比较分析——以中国、德国和英国为例》两个实例对比较研究法在职业教育领域的应用进行分析，以帮助我们对比较研究法有更具体的理解。

【实例2-5】新时期产业工人技能形成体系的国际比较研究[49]

（1）明确比较的目的，选定比较的主题

自18世纪中叶开启工业文明以来，世界强国的兴衰史和中华民族的奋斗史一再证明，没有强大的制造业，就没有国家和民族的强盛。而制造业借助新技术实现转型升级离不开人的因素，需要造就一支强大的、有理想、守信念、懂技术、会创新、敢担当、讲奉献的产业工人队伍。当前，全球新一轮科技革命和产业变革蓄势待发，以网络信息、智能制造、新能源和新材料为代表的新一轮技术创新浪潮不仅推动产业变革，也对产业工人的技能结构及技能提升提出了新要求。为此，通过国际比较研究，梳理西方发达国家产业工人培养模式及技术技能开发体系，总结其成功经验与教训，可以为新时期产业工人队伍的技能开发及终身学习提供借鉴与参考。

研究者通过研究背景描述，论述了产业发展与国家强盛的关系，提出当前社会对"产业工人的技能结构及技能提升提出了新要求"。为此，通过国际比较研究，确定"西方发达国家产业工人培养模式及技术技能开发体系"为比较主题，比较的目的是"总结其成功经验与教训，为新时期产业工人队伍的技能开发及终身学习提供借鉴与参考"。

（2）确定比较的标准

本文采用的主要研究方法是国际比较研究，通过对具体研究对象（典型样本国）在不同时期、不同地点、不同条件下的历史及现状进行比较分析，揭示其中所蕴含的普遍规律及特殊表现。但由于不同国家间不仅存在制度差异，各自制度领域与制度话语并不完全相同，而且政治、经济、文化也不尽相同，因而必须构建一个统一的分析框架，将各国不同的做法纳入同一框架加以比较分析。为此，本文在研究过程中借鉴了贝雷迪（Bereday G.Z.）的经典比较教育研究模型，[50] 并结合奥斯特罗姆（Ostrom E.）的制度分析与发展框架，重新构建了产业工人技能形成体系的国际比较分析模型。因此，贝雷迪的比较教育思想和奥斯特罗姆的制度分析与发展框架理论就成为本文方法论的基础。其中，贝雷迪的比较教育理论为本文提供了研究框架及路径，而奥斯特罗姆的制度分析与发展理论则为研究内容及研究维度提供了指导。

研究者采用纵向比较与横向比较相结合的方式，以贝雷迪的比较教育思想和奥斯特罗姆的制度分析与发展框架理论作为本文方法论的基础，构建了统一的"制度分析与发展框架"，为后文的比较分析框定标准。

（3）广泛收集和整理资料

本文在研究过程中主要借用了贝雷迪的"比较四步法"框架和奥斯特罗姆的制度分析与发展理论，构建了一个跨文化比较分析的模型。该模型主要包含：两个环节，即在具体比较分析时，分为区域研究与比较研究；三个层次，即将资料分为操作层比较、集体层比较及立宪层比较；四个阶段，即描述、解释、并置与比较；多项要素，即制度所包含的内外生变量。

在样本选择上，论文最终选取了美国、英国和德国作为研究样本。选择依据主要基于以下三点：一是美、英、德三国经济发展迅速，产业发达，产业工人技能形成及开发体系较为完善，具有借鉴和参考的价值；二是三国在经济制度方面具有一定的共性，在技能人才的开发、教育及培训方面也互有借鉴，为比较研究提供了统一性的基础；三是三国在技能人才的开发、教育及培训方面各具特色，符合作为典型样本的标准。

研究者在依据"制度分析和发展框架"及"产业工人技能形成体系的国际比较分析框架"的基础上，达到比较的标准的统一，比较的范围、项目的一致，以及比较的客观条件相同的要求。以美国、英国和德国为研究样本，广泛收集对应的资料和信息，分别描述对象国的制度和实践，并从多角度进行解释和分析。

（4）对比较的内容进行解释和分析

凯瑟琳·西伦（Kathleen Thelen）认为技能形成体系可被视为一组制度的集合，并受国家教育体系结构变化的影响。[51] 因而，基于广泛的文献研究并结合西方发达国家的实践案例，本文拟定从技能投资制度、技能供给制度、技能认证制度、技能使用制度及社会合作制度等五个方面进行比较研究。其中技能投资制度包含投资的分担机制与投资的补偿机制等；技能供给制度包含职业教育、职业培训制度与人才培养模式等；技能认证制度包含技能评价制度与资格认证制度等；技能使用制度包含技能工资、薪酬的集体协商及劳动力市场制度等；社会合作制度包含多元主体的参与制度、不同组织的角色构成及分工制度等。

研究者基于广泛的文献研究并结合西方发达国家的实践案例，制定了分析的框架，从技能投资制度、技能供给制度、技能认证制度、技能使用制度及社会合作制度等五个方面进行比较研究。例如，分别从投资主体、投资主要形式、责任主体、政策效果、文化特色等角度分析了对象国技能投资制度的差异；从制度供给、运行体制、参与主体、技能供给等角度分析了对象国技能供给制度上的差异；从内部劳动力市场、集体协商制度、技能工资制度等角度分析了对象国技能使用制度的差异。

（5）得出比较的结论

职业教育与培训在欧美制造业发展过程中起着举足轻重的作用，而技能形成体系对当代资本主义国家政治经济制度多样性的形成也起着关键作用。本文通过构建比较分析理论框架，剖析了美、英、德三国产业工人技能形成的五个领域及在多方利益冲突下所形成的基本制度框架，该制度框架具体可分为公平可信的技能使用制度、多方参与的社会合作制度、责任分担的技能投资制度、标准化的技能供给制度和科学公正的技能评价与资格认证制度五大模块。

研究者通过对样本进行全面比较和分析，最后得出结论，并构建了产业工人技能形成体系的制度框架，提出了可供我国借鉴的建议和启示：建立公平可信的技能使用制度，建立多方参与的社会合作制度，建立责任分担的技能投资制度，建立标准化（可迁移）与专业化相结合的技能供给制度，建立科学公正的技能评价和资格认证制度。

【实例2-6】职业教育产教融合的国际比较分析——以中国、德国和英国为例 [52]

（1）明确比较的目的，选定比较的主题

产教融合对职业教育发展至关重要。《国务院办公厅关于深化产教融合的若干意见》（以下简称《国务院意见》）明确指出，深化产教融合"对新形势下全面提高教育质量、扩大就业创业、推进经济转型升级、培育经济发展新动能具有重要意义"。目前国内学者对职业教育产教融合已有了较为丰富而系统的论述。然而，对产教融合的国际比较研究却十分罕见。与现存的关注单一国家的分析相比，缺少在同一框架下的多国产教融合横向比较研究。

本文在国内外已有相关研究的基础上，搭建新的分析框架，分析中、德、英三国产教融合内部丰富的现实情况，更好地理解产教融合的内部差异，以求通过国际比较的视野，对产教融合主导方、资金来源、融合形式、政府职能作用等困扰中国职业教育产教融合的核心问题做出回答。

研究者首先以国家颁布的"深化产教融合"政策为依托，指明产教融合对于职业教育发展的重要性，随后分析了当前我国学者对"产教融合"研究的现状：具有丰富而系统的论述，较多关注单一国家的分析，但对产教融合的国际比较研究十分罕见，缺少在同一框架下的多国产教融合横向比较研究。在已有研究基础上，本文选择以中、德、英三国为比较对象，建立统一的分析框架，从国际比较的视野探究新发现，为我国职业教育产教融合的发展提供建议。

（2）确定比较的标准

在以中国的职业教育实践为分析对象时，如果将其放在 Greinert 及 OECD 的框架中，则既能看到学校职业教育模式，又能见到学徒制／双元模式的丰富实践，甚至更多以其他各种形式存在的产教融合模式。即使是在维度较丰富的政治经济学框架中，中国的职业教育实践不仅能看到顶端政策设计层面的国家主义倾向，而且又能在其中找到分割主义和自由主义的许多例证。概括来说，在很大程度上，国外学者勾勒出的职业教育／技能形成的不同模式在中国现实中是以复合的形式出现的。因此，当对包括中国在内的职业教育进行国际比较时，应该考虑建构一个不同于上述模型的新的比较框架，更多地考虑中国现实的复杂性，以匹配中国产教融合的实际问题，从而在分析比较中国与西方国家的差异时具有更强的解释力。从这一角度出发，在建构新的分析框架时，应更多地从中国现实出发，在中国职业教育产教融合核心困境的基础上搭建分析框架。基于已有相关研究和中国职业教育现状，研究发现我国产教融合的核心困境在于以下几个方面：首先，在市场主导的运行机制中，由于企业以营利为目标，参与职业教育的动力和意愿不足；其次，职业院校在教育教学标准制定、课程内容实施、考试考核等方面存在难以适应产业需要的状况；再次，产教融合成本分担困难；最后，政府角色定位不清，政府作用错位，权力边界模糊，与市场之间存在失衡。[53][54][55] 面对上述困境，可以将中国产教融合的核心问题归纳为以下几点：行业企业参与的形式、学校适应产业界需求的方式、产教融合的成本分担机制、产教融合的形式与内容、政府的角色。进一步可以抽象为：谁主动、谁付钱、怎样融合、政府做什么。综上，本文将从以下几个方面构建新的职业教育产教融合国际比较的分析框架，以描述不同国家产教融合的现状和融合深度：①行业企业参与的主动性及程度；②学校适应产业界需求的主动性及程度；③产教融合的形式与内容；④产教融合成本分担机制；⑤政府的角色。

研究者结合国情，考虑到中国现实的复杂性，立足中国产教融合的实际问题，从而在分析比较中国与西方国家的差异时具有更强的说服力。研究在建构新的分析框架时，更多地从中国现实出发，在分析了中国职业教育产教融合核心困境的基础上搭建了职业教育产教融合国际比较的分析框架。从"行业企业参与层面、学校适应需求层面、融合层面、成本分担机制、政府角色"等不同层面加以描述，以分析不同国家产教融合的现状和融合深度。

（3）广泛收集和整理资料

一般来讲，我们可以通过查阅文献、调查、实验等多种方法，尽可能客观地收集所要研究的教育现象的有关资料。虽然在写作时不一定完全呈现资料收集的过程和方式，但要尽量保证收集的材料是第一手材料。同时，需要对资料进行鉴别，保证资料来源的权威性和内容的可靠性。

（4）对比较的内容进行解释和分析

概括来说，德国行业企业参与职业教育的主动性较高；学校传统上适应产业需求的主动性并不高，但在过去20年间有所提高；企业界承担了产教融合大部分的成本，政府承担了较小的部分；产教融合更多以宏观制度层面的教育标准协调一致的方式实现，而实际上中微观层面的校企合作则较为松散；政府的角色主要体现在搭建职业教育标准开发平台及向职业学校提供经费支持等方面。

在英国职业教育产教融合中，行业企业参与职业教育较为主动、积极，但更多体现在标准制定和需求表达层面；学校较为积极地适应行业企业需求；融合的形式则主要体现在标准和考核层面；政府承担了较多成本，同时搭建了制度平台。

中国职业教育产教融合具有以下几方面的特点：主动性方面，学校较为主动，行业企业较为被动，但这一情况在近几年有所改变；产教融合的形式方面，课程教学环节的融合较多，但教育标准层面的融合还较为欠缺；成本承担方面，在过去若干年中，大部分地区政府的公共财政在产教融合中都承担着大部分成本；政府角色方面，中国政府发挥着全面的主导性作用。

研究者依据构建的比较框架，分别从行业端、学校端、政府端、产教融合形式、经费分担等几方面对对象国分别进行了详细的介绍和描述，最后分别总结了每个国家的产教融合现状和特点。

（5）得出比较的结论

综上所述，中国、英国和德国在职业教育产教融合方面有着鲜明的国别差异（见表 2-2）。在行业企业参与的主动性方面，德国和英国均较为主动积极，但英国的行业企业主要局限于表达人才诉求和参与标准制定，而德国行业企业则深度参与培养的过程。相比之下，中国的行业企业则主要参与职业教育的人才培养过程，对标准制定参与较少。在学校适应产业界需求的主动性和形式方面，中国和英国职业院校主动适应性较强，在一定程度上，这可以被理解为是为了弥补产业参与有限所导致的缺陷，而德国的职业学校在过去则并不积极适应产业需求，但在近几年则有所变化。在成本分担上，三个国家的政府都承担了一定的比例，其中中国政府承担的比例最高，而德国是企业界承担的比例最高，在英国学习者自己也承担了一定的比例。在产教融合的形式上，英国和德国都更多地通过教育标准的协调一致来实现产业和教育系统之间的融合，而中国则更多地在课程和教学层面实现融合，教育标准层面缺乏融合。在政府角色方面，三国政府都在一定程度上发挥了作用，而中国政府发挥的主导作用最显著，但制度和平台的建设有所缺乏，在这方面德国和英国政府的作用更加明显。

表 2-2　中、德、英三国比较

国别	行业企业需求	学校适应需求	成本分担机制	融合层面	政府角色
中国	参与培养过程，较少参与标准制定	依据产业需求设定课程，引入企业资源	目前政府承担比例较大	课程教学教育标准层面缺乏	主导产业界与学校合作，制度和平台建设欠缺
德国	参与标准制定，深入参与培养过程	过去主动性不强，目前调整课程以满足产业需求	企业最大，政府次之，学生承担部分费用	教育标准课程教学及考核	搭建平台为主，向学校提供支持
英国	充分表达需求，参与标准制定，较少参与培养过程	依据劳动力市场需要的能力进行培养	政府承担大部分，学生承担小部分	教育标准考核	搭建平台为主

　　本文从行业企业参与形式、学校适应产业界需求主动性、产教融合层面、产教融合成本分担机制、政府角色五个维度，构建了新的国际比较框架，为职业教育产教融合的国际比较提供了一个较新的分析视角，有助于在借鉴他国经验的基础上对我国目前产教融合的发展提出建议。

　　研究者通过分析对比，得出结论："我国政府在产教融合方面占据绝对主导作用，但行业企业主动参与程度较浅、参与范围受限"；以及"行业企业在教育标准层面上的参与和融合程度不高"等问题导致了"产教融合的质量和水平提升的瓶颈"。对此，分别从政府、职业院校、企业等多角度出发，从"制度设计和标准制定"的宏观层面出发，到"职业院校与行业企业的具体合作实践"的中观层面，再到"职业院校可继续发挥学校职业教育的优势"的微观层面分别提出对应具体建议措施，以促进我国产教融合的发展。

延伸阅读

[1] 艾尔·巴比. 社会研究方法 [M]. 北京：华夏出版社 ,2000.

[2] 黎成魁. 赵中建. 比较教育 [M]. 顾建民 , 译. 北京：人民教育出版社 ,1992.

[3] 顾明远 , 薛理银 . 比较教育导论——教育与国家发展 [M]. 北京：人民教育出版社 ,2002.

[4] 朱旭东 . 试论"教育的比较研究"和"比较教育研究"[J]. 比较教育研究 ,2008(2):27–33.

[5] BERG–SCHLOSSERD, DEMEURG.Comparative Research Design:Case and Variable Selection[J].Configurational Comparative Methods: Qualitative Comparative Analysis (QCA) and Related Techniques,2009:19–32.

[6] MILLSM, VANDE BUNTGG, DEBRUIJNJ.Comparative Research: Persistent Problems and Promising Solutions [J].International Sociology,2006(5):619–631.

第三章

量化研究类型的方法

　　量化研究类型的方法是在占有大量量化事实的基础上，描述、解释和预测研究对象，通过逻辑推论和相关分析，提出理论观点。要考察和研究事物的量，需要用数学的工具对事物进行量的分析。量化研究是社会科学领域的一种基本研究范式，也是科学研究的重要步骤和方法之一。本章将主要介绍实验研究法、调查研究法、相关研究法及文献计量法等四种方法。

第一节　实验研究法

实验研究法是人为地控制某种因素，运用所取得的数据进行逻辑推理的过程。如果说调查和观察是在自然的教育环境中考察教育现象的某些规律的话，那么，教育研究中的实验研究法更强调人为地控制某种教育因素，进而证实教育现象中的某种因果关系。这种人为的控制可以在实验室中进行，但更多的是在自然的教育环境中实现的。实验研究法有其特有的操作方式和实施规范，运用实验研究法进行教育科学研究需要按照实验所要求的方法和操作程序。

一、实验研究法概述

1. 实验研究法的定义

实验研究法的定义存在广义和狭义之分。广义的实验重在"变革"，而狭义的实验重在"控制"。广义的实验研究法是指"有目的、有计划、有组织地通过实验，以验证或实现某种主张和理念，进而推动现状发生变革，促进社会发展进步的实践活动"。[56]狭义的实验研究法是指研究者按照研究目的，运用科学实验的原理和方法，以一定的理论及假设作为指导，合理地控制或创设一定的条件，人为地影响研究对象，观察实验措施与实验效果之间的因果关系，它是一种特殊的科学实验活动。[57]

综上所述，可以将实验研究法定义为：通过对某些影响实验结果的无关因素加以控制，有系统地操纵某些实验条件，从而确定条件与现象间因果关系的一种研究方法。因此，在实验研究法的实施过程中需要注意以下三个方面：一是一定的理论和假设；二是人为控制某些因素；三是论证某种因果关系。

2. 实验研究法的效度

实验效度是指实验设计能够回答所要研究问题的程度，它是衡量教育实验成败优劣的关键性质量指标。实验效度有两种：内部效度和外部效度。[58]

（1）内部效度。内部效度是指实验者所操纵的实验变量对因变量所造成的影响的真正程度。[59] 内部效度是实验研究的基本条件，影响内部效度的有下列八项因素：

①历史。即实验处理持续一段时间，为除实验以外的其他情况提供发生的机会。在教育实验中出现一些未预料的偶然事件，可能对实验结果产生影响。一般而言，实验时间越长，出现偶然事件的概率越大。此外，在教育实验中，研究者绝不可能确信某组被试的结果完全与其他组一致。因此，他们应该警惕，在某个研究过程中，任何可能出现的影响。

②成熟。在干预研究中，被试对象的改变常常是由时间的流逝引起的，而不是干预本身的结果，这种现象被称为成熟因素的影响。时间在被试对象身上发生了作用。比如教学实验中，学生因为教学时间过长，出现饥饿、注意力分散等情况，这些都会影响实验结果。控制成熟因素最好的办法就是在研究中引入一个充分挑选过的比较组。

③测验。在干预研究中，当数据收集需要较长时间时，我们常常会在干预开始前对被试对象进行测验。如果发现后测（较前测）分数有明显的提高，那么研究者可以得出结论，这种提高是干预措施造成的。然而，我们还可以给出另一种解释，那就是后测成绩是由前测造成的，即测试

因素的影响。

④工具。当工具允许对结果做出不同解释（如作文考试），或者评分过程特别长或特别困难（如高考阅卷）时，可能导致评分者感到疲劳，从而影响结果。在测量过程中，因测量工具的不同，评量者身心会发生相应变化（起初评卷严格，往后逐渐放宽），这也可能改变实验的结果。[60]

⑤统计回归。我们只要研究一组在干预前成绩特别低或特别高的被试对象的变化，就可以出现回归效应。特殊教育中的研究特别容易出现这种效应，因为这类研究中的被试对象常常都是在以前低成绩的基础上挑选出来的，那么，在随后的测验中，测验成绩会接近均值。因此，我们可以预测，无论他们所接受的干预效果如何，能力明显很低的同学将在后测中得到更高的分数。

⑥差异性选择。因为没有对实验进行随机选择或分配，被试对象在未进行实验处理前，可能某方面（如能力）就有所偏差，实验结果虽然显示两组成绩不同，但不能说明差异单纯是由实验处理造成的。

⑦实验者的流失。实验组和控制组可能会失去一些研究项目参与者，因为他们不再上学，错过了前测或后测，或者有时上课缺席。在实验过程中失去研究项目参与者的现象称为实验者流失（消耗）。流失可能来自外部因素，如：生病、参与者对于所处环境的不满或感觉实验具有威胁性。

⑧选择与成熟的交互作用。该外部变量类似差异性选择，唯一的不同就是，成熟是特定的抵消变量。例如，选择某一项课程研究在不同学区进行，实验组的平均年龄比控制组的平均年龄稍大，在这种情况下，他们对于这一课程的学习态度的差异可能来源于年龄，而非每组的学习效果。

上述八项影响实验内部效度的因素，必须加以适当的控制，才能正确解释实验结果单纯是由实验处理所造成的。

（2）外部效度。外部效度是指一项实验的发现能应用于被研究对象以外的个人和环境的程度。换言之，就是指实验结果是否达到可推论到实验对象以外的其他被试对象或实验情境以外的其他情境。一个实验能实现这个目的，就表示该实验有良好的外部效度。[61]

坎贝尔和斯坦利认为，下列是各个因素影响实验外部效度的无关变量：

①测验的反作用。测验的反作用是指前测对后测的作用，被试对象在有了前测实验经历后，在后测测验中结果会更好，这会导致前测的经验影响研究结果的推论性。

②选择偏差与实验变量的交互作用效果。当研究者选取一些具有独特心理特质的被试对象做实验时，选择偏差与实验变量的交互作用效果就容易产生。因为这些独特的心理特质，有利于对实验处理造成较佳的反应。

③实验安排的反作用效果。由于实验情境的安排，被试对象了解自己正在参与实验，他所表现出来的行为，自然而然地与他不知道自己正在被观察或不在参加实验时，有很大的不同。他可能改变正常的行为方式，努力表现出实验者所期望的行为。

④多重实验处理的干扰。当同样的被试对象重复接受两种或多种的实验处理时，由于前面的处理通常不宜完全消失，以致几项实验处理间会相互产生干扰的作用。因此，这种实验的结果，只能推论到类似这种重复实验处理的情况。

在实验设计的过程中，研究者试图获得充分有效的内、外在效度。鉴于一种效度的变化无形之中影响另一种效度，研究者需要设法保持其平衡，通过足够的控制获得足够的事实而使结果具有可解释性，从而使结果能够推广到适合的情境中去。[62]

3. 实验研究法的优缺点

（1）实验研究法的优点。教育实验法作为一种科学的研究方法，借鉴自然科学研究的规范，试图用逻辑推理的方法，设计和操作研究变量，论证变量之间的因果关系。实验研究法为揭示教育规律起着重要的作用，具体体现在以下三个方面。

一是有目的地控制变量。有目的地控制变量是实验研究法最本质的特点。人为地创设一定情境。通过操纵自变量，控制无关变量，以观察因变量的变化，这样就能够客观地分析变量与变量之间的关系。

二是能够主动创设实验情境。研究者不是被动地等待所要研究的被试对象的心理、行为现象的发生，而是创设一定的实验情境主动地引起被试对象的反应，以此来考察被试对象的反应与条件之间的关系，探讨事物的本质联系。这样，可以扩大研究的范围和深度，使研究者对在自然教育情境中难以观察到的现象进行研究。另外，还可以确定某种特定变量的效果。[63]

三是具有可重复性。由于实验研究法可以有目的地控制某些变量，这就为重复验证提供了可能。又由于对某一实验假设不能根据一两次实验就简单地肯定或否定，所以重复验证也是十分必要的。科学的结论一般都要经过重复验证。

（2）实验研究法的缺点。教育实验对因果关系的预见性、教育实验推理模式的完整性、对教育活动的主动干预性及在时间维度上对事物变化的洞察力等都是其优点。但我们应该看到，它同样存在诸多的缺点，主要体现在以下三个方面：

一是实验人员和实验过程带来的负效应。有关这种负效应的例子很多，如实验人员的期望导致"罗森塔尔效应"、被试对象知道自己参加实验而引起"霍桑效应"、由于教育实验过程较长而引起的"生成效应"等。

二是不可避免的样本不足和选择误差。教育实验属于社会科学实验，所进行的一般是关于群体的研究。群体越大，则控制的难度越大；样本较小，则不足以将结论推广到总体。而且由于各种社会因素的影响，实验往往只能在指定的学校或班级进行。这样，样本所来自的群体不能代表更大范围的总体，因此降低了研究结论的可推广性。

三是无法操作和控制的变量的影响。科学研究中的许多变量是无法操纵、控制的，不能通过实验法去研究。它需要花较多的人力，有时往往受到实验设置，以及其他实验条件的限制，控制现象和环境比较困难，因为教育实验对象是活生生的人，要像自然科学的实验那样严格控制是不可能的。[64]

4. 实验研究法的分类

实验研究方法中的教育实验存在多种类型，综合学者对其分类的方法，主要有以下几种基本类型。

（1）根据实验场地的不同，可分为实验室实验与自然实验。[65]

①实验室实验指教育研究者在人为设计的环境下，按照自然科学实验的标准严格控制外界条件，操作自变量，探索自变量与因变量之间的关系。[66]优点是能严格分离实验变量，给予恰当的操作与控制，提高结论的可靠性。局限是因为实验室控制条件过于严格，而教育本身又是一个极其复杂的、由多种因素组成的系统工程，所以可能忽视多因素的交互作用，反而影响了被试对象反应的真实性。[67]

②自然实验也叫现场实验，是在真实的教育背景与教育环境下，根据研究计划，有意识地引起或改变所要研究的现象，以对其进行观察和分析。[68]优点是以现实教育环境为条件，改变教育因素所产生的效果，

具有真实性。它的局限性在于易受各种无关变量的干扰而影响研究结果的有效性和精确性。[69]

（2）根据实验的目的和功能的不同，可分为探索性实验和验证性实验。

①探索性实验是以认识某种教育现象或探索受教育者个性发展规律为目标，通过揭示与研究对象有关的因果关系及问题的解决，尝试创建某种理论体系。探索性实验的特点在于求新，研究一个新的课题，验证一个新的假设。

②验证性实验是以验证已取得的实验成果为目标，对已经取得的认识成果通过再实践的方法重复性地检验、修正和完善。验证性研究并不是简单重复别人的研究，而是在不同时间、不同地域或不同研究对象中进行研究，以检验在新的条件下是否会取得同样的结果。[70]这是鉴于同一种理论、方法，在不同地区推广验证的过程中可能出现异质性的结果，因而需要使用重复性实验加以验证。

（3）根据实验变量的控制程度，可分为前实验、准实验与真实验。根据实验变量的控制程度，能否随机选择和分配被试对象及能否主动操纵实验变量，可以将实验设计分为前实验设计、准实验设计和真实验设计。[71]此外，在实验设计过程中需要考虑：研究被试对象的选择和安排、实验处理和因变量的测量的安排。为了叙述方便，用符号表示被试对象、实验处理和因变量测量等因素：

S：表示实验被试对象；

R：表示被试对象是经过随机选择和分配的；

X：表示一种实验处理，即实验的自变量；

O：表示一种测试或观察，即实验的因变量。

这几个因素的不同安排方式，就构成了不同的实验设计。

①前实验设计。它通常是一种自然描述，用来识别自然存在的临界变量及其关系。它虽然不能控制无关变量，但能操纵自变量。这类实验主要有三种形式：

一是单组后测验设计。单组后测验设计通常在一种完全自然的条件下，先对一组被试对象实施实验处理，然后进行因变量的测量，用测量的成绩来描述实验的效果。具体的设计模式是：$S(X-O)$。这种实验设计的特征是，只有一组被试对象且不是随机选择，没有控制组，实验中只进行一次实验处理，有一次后测验，用后测验的结果作为实验处理的效应。

二是单组前后测验设计。单组前后测验设计是先对一组被试对象进行前测，然后实施实验处理，最后实施后测。通过对比前后两次测验的结果，确定实验的效果。具体的设计模式是：$S(O_1-X-O_2)$。这种设计的特征是：只有一组被试对象且不是随机选择，没有控制组，仅有一次实验处理，有前测和后测，用前后测的差作为实验处理的效应。但是由于它只有一组被试对象，所以在研究中一些无关变量没有得到很好的控制。

三是固定组比较设计。固定组比较设计是确定两组被试对象，其中一组接受实验处理，另一组不接受，实验处理结束后，两组实施后测。具体的设计模式是：$S_1(X-O)$，$S_2(O)$。这种设计的特征是：通过控制组，可以将其与实验组进行比较。两组被试对象都是自然组，不是随机选择的，且都有后测。它的局限在于被试对象随机分组且没有前测，很难说明实施使用处理之前被试对象的情况是否相同。这样后测验成绩之间的差别就不一定来自实验处理，也有可能是被试对象之间的差别带来的。

②准实验设计。它适用于真实的教育情境，对无关变量的控制不能

用真实的实验设计，只能予以适当的条件控制。准实验一般以原自然教学班为实验单位，因此具有一定的外在效度。但只能对一部分无关变量进行控制。准实验的主要形式有两种：

一是不等控制组设计。不等控制组设计是有两个自然条件下的组，先进行前测，然后，一个组实施实验处理，另一个组不实施，经过一段时间后，给予两组后测。基本模式是：$S_1（O_1 - X - O_2）$，$S_2（O_3 - X - O_4）$。这种设计的特征是有一个实验组和一个控制组，都不是随机抽取的。对实验组和控制组都实施前后测验，可以消除被试对象成熟和统计回归等因素对实验内效度的影响，提高了实验的效度。其局限性在于被试是指定的，并不是随机抽取的，会导致被试对象的代表性大大降低，影响实验的外效度。

二是平衡设计。平衡设计也叫固定组的循环设计，或拉丁方格设计。这种实验设计是在实验处理有几个水平时，采用拉丁方格的形式对每一个组进行几种水平的处理，使由于被试对象的不同而带来的误差降到最小，以致相互抵消。基本模式是：$S（X_1 - O_1 - X_2 - O_2 - X_3 - O_3）$，$S（X_1 - O_4 - X_2 - O_5 - X_3 - O_6）$，$S（X_1 - O_7 - X_2 - O_8 - X_3 - O_9）$。这种设计的特点是每一组都接受各种实验处理，但实验处理安排的顺序不同。每个实验处理结束后，安排一次测验，将各个测验成绩的平均数进行比较，说明不同的实验处理之间的差别。但是局限性在于对一组被试实施不同的处理时，前后可能会产生干扰，几种处理之间可能会产生相互作用。

③真实验设计。即被试为随机抽样和随机分组，并且都有一个控制组的设计。这种设计不仅保证被试对象具有代表性，而且对无关变量进行有效的控制，因此，具有很好的内在效度和外在效度。真实验的主要形式有三种：

一是前后测验等组设计。这种实验设计是随机选取实验样本，并把样本随机地分为两个组，对两个组都进行前测，在实验组实施实验处理，在控制组用普通的方法，两个组都进行后测。基本模式是：$RS_1(O_1 - X - O_2)$，$RS_2(O_1 - X - O_2)$。运用这种设计在操作时要求对两个组进行前后测验的时间和内容都应该相同，被试对象确实做到随机选择和随机分配。

二是只有后测验的等组设计。这种实验设计的方法和前后测验的等组设计类似，只是缺少前测。其特点是：随机选择实验对象，并分成实验组和对比组，对实验组实施实验处理，而在控制组运用普通的方法，对两个组进行后测。其基本模式是：$RS_1(X - O_1)$，$RS_2(X - O_2)$。这种设计的优点在于没有前测，可以避免前测和后测之间的交互作用，进而提高实验的内在效度，也可以节省实验的人力和物力；而局限性在于不能对被试的缺失加以控制。

三是多重处理设计。多重处理设计是等组设计的扩展，有三个或三个以上实验处理时的实验设计。在研究具体问题时，实验处理可能不止一个或两个，为了在几种不同方法之间进行比较研究就需要运用多重处理的实验设计。其基本模式是：$RS_1(O_1 - X_1 - O_2)$，$RS_2(O_3 - X_2 - O_4)$，$RS_3(O_5 - X_3 - O_6)$，$RS_4(O_7 - X_4 - O_8)$……多重设计可以同时比较几种不同的实验处理，可以提高实验研究的效率。由于被试为随机抽样和随机分配，因此，也具有较高的实验内在效度和外在效度。其局限性在于可能产生前后测验的交互作用。

四是所罗门四组设计。所罗门四组设计是针对前后测验设计和只有后测验设计的局限性而设计的。为了检验前后测验之间是否有交互作用，按照是否有前后测验，设计成四个组。其基本模式是：$RS_1(O_1 - X - O_2)$，$RS_2(O_3 - X - O_4)$，$RS_3(O_4 - X - O_5)$，$RS_4(O_5 - X -$

O_6）。所罗门四组设计的特点是每个组都有后测，其中两组有前测，两组有实验处理。对后测结果的比较分析便可排除前测产生的作用，综合前测和后测的结果，可以区分前测是否影响后测。局限性在于实验组较多，由被试对象产生的影响增加，对统计分析的要求也比较高。

除了这些单因素实验设计外，还存在多因素实验设计，如 2×2 实验设计等。每种实验设计都有其各自的特点和优势，在实验设计时要考虑不同因素的影响。

二、实验研究法的实施

在教育研究中，实验研究法是有目的、有计划地探索教育规律的过程，必须运用科学的方法，按照严格的程序进行。实验研究法运用在教育研究中基本遵循以下五个步骤：

1. 确定研究问题，提出理论假设

发现问题是教育实验研究的起点。教育实验研究的问题来源很多，可分为以下两类：第一，教育改革实践。教育正处在大变革的时代。社会政治、经济、文化、科技的变革，整个教育的变革，都在冲击着教育实践，对教育实践提出了各种新的要求。这就与教育现状发生了矛盾。这些矛盾引出一系列需要研究的问题。从我国教育改革实验来看，近些年出现的蓬勃发展的新局面，都与教育改革直接相关。大量的整体改革实验，正是应整体改革之需而生的。第二，教育研究的文献。在教育研究的文献中，有的理论可能已经落后于教育改革实践，需要进一步发展；有的理论可能与另外的有关理论发生了矛盾、冲突，需要重新检验和发展；等等。这些也是教育实验问题产生的来源。

选择教育实验的研究问题时，除了符合选题的一般要求外，还必须对研究的问题有初步设想。不是所有问题都能用教育实验去研究，只有对某个问题的解决有了一个（或多个）初步设想的方案，而又不能确定的情况下，才考虑用实验法去证明。所以确定问题的关键，是提出具有科学假设的问题。所谓假设，就是对课题解决的预想答案，是猜想，是根据事实和已有理论做出的推测。如果提不出一个假设，那么这个实验设计也就无从谈起了，也就不能确定用实验法进行研究的课题。[72]

2. 制订研究计划

制订实验研究计划，可按以下各项逐一考虑：

（1）选择实验形式。根据研究课题的假说，结合主、客观条件，选择并确定采用哪种方式，以单组、等组、循环组三种方式进行实验。

（2）确定实验对象。被试从总体中选出实验样本。选择被试对象是很重要的一个环节，如果选得不好，就会影响实验工作的进行及实验结果的可信程度。选择时可结合实验的目的、任务来选出有代表性的被试对象。

（3）明确自变量及其操纵。自变量又称实验变量，它是实验假说中的原因变量，也就是研究者操纵的施加于被试对象的教育影响。具体来说，研究者可以用新教法和传统教法两种教法进行教学，实现对自变量的操纵。

（4）明确因变量及其测定。因变量又称效果变量。在实验计划中，先明确观测因变量的具体内容，再明确对因变量测定的方式及成绩的评定方法。

（5）明确无关变量及控制干扰变量。正如前面指出的，必要的合乎教育情况的控制是教育实验的本质特征。对于那些与实验目的无关的干扰变量，要采取适当的控制措施，以保证实验的顺利进行和实验结论的科学性。所以，教育实验过程中一个重要的环节是控制干扰变量。

此外，在教育实验中，常用的控制干扰变量的方法有以下五种：

一是排除法。即在实验设计时，预先将可能影响结果的变量，排除在实验条件之外，将自变量简化，包括对外在干扰变量的排除和内在干扰变量的排除。外在干扰变量如环境中的噪音、阴暗的光线、混乱的秩序等，对这些变量可以采用排除法，改变它们，或者避开它们。内在干扰变量如某些紧张、焦虑等心理因素，对这些变量可以用安慰、解释、转移等方法来排除。

二是纳入法。即把难以排除的干扰变量当作自变量来处理，将其纳入实验设计中，安排它们发生系统的变化，成为多因子实验设计，并且观测、记录、分析其影响结果。[73]

三是平衡法。即使用对比班组进行的实验所常用的控制法。在安排实验时，选择两个水平基本相等的班组，使两个班组所受到的干扰变量也相等，这样，所得出的两个班组实验效果的差异，便可归因于实验的自变量。

四是随机法。即采用有关的数学概率原理来控制干扰变量的方法，具体包括随机抽样和随机分派两种方法。随机抽样就是运用随机的方法，如抽签、编号等，选取实验群体的方法，它能保障选取水平相当的被试群体。随机分派指按照随机的方法，例如抽签、交叉排列等，决定实验个体或群体接受自变量的影响的顺序的方法，它能保障实验效果不受实验影响顺序的干扰。

五是实验设计控制法。即通过改进实验设计的模式，来控制干扰变量的方法。例如，采用等组后测实验设计模式，来控制测验内容对实验效果归因的干扰，因为这种模式不使用前测，所以，不存在对后测成绩产生影响的问题。

3. 按计划实施实验

在实施实验时，要严格按照原定的计划执行，不得随便改变计划中的内容。如果确实发现原计划存在重大问题需要改变，应该把问题分析清楚，与有关部门共同商榷后，才能改变，并要把改动的内容记录在案，以便总结时根据改变了的计划进行分析研究。

实验的可靠性和正确性，不仅取决于实验设计，还取决于实验过程的正确操作、正确观察和正确记录。操作、观察和记录是实施过程中的三件要素。忽略任何一件，都会影响研究的结果，实验者在全部实验过程中，自始至终都要严格进行实验操作，不得有半点草率，对每个实验环节都要按计划进行精心而准确的测试；要仔细全面地进行观察，不放过微小的变化；做好实验进程的记录，写好实验室日记。

4. 资料的收集与整理

教育实验过程究其实质而言是对理论假设的验证过程。"验证"就是用事实证明假设推测事物间的联系。因此，一定要注意收集那些与假设有密切联系的资料，这种资料是验证假设的基本依据，是从实践到理论的阶梯。

收集实验资料的常用方式有以下几种：

（1）调查。凡收集与教育实验课题相关的资料，都可以采用调查法。调查的具体方法有填写调查表、召开调查会、访谈、问卷等，采用哪种方法要根据调查内容的需要。不论采用哪种方法，都要注意留下文字资料。

（2）测查。测查是验证理论假设的重要手段，也是收集实验资料特别是数据资料的重要方法。教育实验测查方法主要有客观性测验和评定两种。客观性测验是指实验教师根据实验内容自己编制题目的考试，适用于各科知识技能的测查。测查成绩一般采用百分制记分。这类测查在编制试题时要有较强的针对性，即测查要为假设提供数据依据，提高测查的效度。

（3）实验日记。有些资料用上述方法难以手记，而实验日记可以作为补充。每天记下观察到的实验情况，日积月累，在实验完成后将会留下丰富的资料，这对于总结分析实验成果是极其宝贵的。

（4）个案资料。对于有研究价值的典型学生，可将其所有学业资料、观察资料收存，也可将其某一方面资料留存，建立个别档案。

整理资料的目的是使凌乱、繁杂的资料成为典型、有序的资料，给验证假设提供准确、可靠的依据。整理资料的工作主要包括对资料的审核、排除、补救、分类归档及对数据资料进行初步的整理。

5.分析实验材料、导出结论

在教育实验研究中，要经常运用逻辑方法和统计方法从质和量两个方面对材料进行分析。所谓逻辑分析，就是把实验中获得的大量丰富的感性材料，经过比较、分类、归纳、演绎、分析与综合等逻辑方法的加工，得到科学的结论。所谓统计分析，就是将实验中测试得到的各种数据，经过统计学的处理加工，从大量的随机现象中推断出科学的结论来。

逻辑分析侧重于质的研究，统计分析侧重于量的分析，二者配合使用，从质和量两个方面进行研究，就能得到较为可靠的实验结论。

三、实验研究法的应用

下面以《职业教育"项目主题式"课程与教学模式研究》和《校企深度合作教学改革的实验与思考》两个实例对实验研究法在职业教育领域的应用进行分析，以帮助我们对实验研究法有更具体的理解。

【实例 3-1】职业教育"项目主题式"课程与教学模式研究[74]

本文依据实验研究法应用于教育研究问题的实施步骤：确定研究问题，制订实施计划，按计划实施实验，整理与收集资料，分析实验材料并导出结论。"职业学校新课堂教育实验研究"这一案例的实验研究法将按照上述五个步骤依次进行。

（1）确定研究问题

随着我国职业教育改革步伐的不断推进，如何通过职业教育课程与教学模式的改革来提升职业教育的办学质量已成为重要的问题。然而，职业教育课程与教学改革之路依然困难重重，还存在着许多亟待解决的现实问题。项目情境导向的课程与教学模式由于缺乏一个能将各个工作任务结构化的媒介而饱受人们的质疑。正是基于对这一系列问题的思考，我们提出了"项目主题式"课程与教学模式，尝试通过立足于真实职业情境的"项目主题式"课程与教学模式的有效运作来解决职业院校课程与教学活动中所存在的突出问题或是为这些问题的有效解决提供思路，进而增加我国职业教育的市场竞争力和社会吸引力，最终在科学发展观的指引下，使中国的职业教育稳步走上以内涵式为表征的可持续性发展之路。

研究者在文章开头提出目前职业教育课程体系不能适应时代的发展，需要对职业教育课程与教学模式进行改革，那究竟什么类型的课程与教学模式契合职业教育的发展呢？研究者以此作为研究的问题。研究者基于先前职业教育课程改革的事例，不断总结经验，在此基础上，提出立足于真实职业情境的"项目主题式"课程与教学模式，作为课程改革的方式，之后研究者会通过实验研究法来验证自己的假设。

（2）制订实施计划

根据实验工作的现实需求和实验学校的实际情况及被试对象的发展

特征，我们决定采用"单因素等组后测"型的实验模式来展开我们的职业教育"项目主题式"课程与教学模式的实验工作，借以保证实验工作的真实性、严谨性和科学性。

根据先前的实验内容与研究假设的要求，本实验研究将本着自愿、经济、双赢的实验原则，从笔者熟悉的西部某市随机抽取了一所县级职业教育中心为研究对象，并采取随机抽样的方法，以该校级园林花卉专业、电子电工专业一班和二班的 80 名学生为实验样本，并且将一班的学生设定为实验组，二班的学生设置为控制组。

教育实验的过程中，往往会涉及许多诸如教学内容、教学手段、教学模式、教学情境、学生基础、教师能力、企业要求、行业标准、市场需求、职业规划等变化因素，我们把这些不停变化的、并会影响教育实验效果的"因素"称为"变量"。根据变量在实验研究过程中所扮演的角色及所发挥的作用的差异，我们可以将变量分为自变量、因变量和无关变量三种类型。

研究者研究选择单因素等组后测这一实验形式，是基于研究对象的随机性，缺少了在实验前对被试对象进行单组实验或等组前测工作等的现实依据。此外，这一阶段，研究者确定实验研究对象，将作为样本总量的 80 名学生，分为实验组和控制组。总的来说，样本数量对于这个实验来说，可能在外部推广方面不是特别好；而且，研究只选取了园林花卉和电子电工这两个专业，不能推广到所有专业，因此研究对象在代表性方面不是特别优良。作者将本实验的研究变量分为三种类型，依次是自变量、因变量和无关变量，并对这三种变量分别进行选择和操纵、分解和观测及确定与控制。

（3）按计划实施实验

为了保证实验研究的有效性和科学性，我们对研究所采用的"单因素等组后测"实验模式的"一个变量、两组被试和后测对象"等基本构成部分进行了认真的分析与设计。一是将实验研究之职业教育"项目主题式"课程与教学模式这个总变量具体设计为"教育理念与价值取向、教育内容与教学形式、教育方法与教学手段、评价内容与考核标准"四个子自变量,以突显变量之可操作性、可统计性、可分析性、可观测性等特征。二是对实验对象和后测情况进行了认真的分析设计。

根据研究实验中被试对象的实际情况,我们随机将实验校级园林花卉专业、电子电工专业一班和二班的总共80名学生作为实验样本,其中一班为实验组,二班为控制组。然后让一班的实验对象接受实验处理,二班的实验对象不接受任何实验处理;实验结束后,对一班和二班的实验教学效果进行测量,以找到两者实验教学效果之间的差异并仔细分析出这种差异在多大程度上是由实验变量因素所引起的,进而观测、判断和验证实验研究的效度和信度等实验指标。

在确定实验设计为单因素等组后测之后,研究者严格按照制订的计划执行,按实验研究设计确定研究内容。研究内容也主要围绕职业教育"项目主题式"课程与教学模式实验的信效度方面展开,从教学理念与价值的融合,到教学内容和形式项目化,再到"项目主题式"课程与教学模式教育方法与教学手段的任务化,最后到评价内容与考核标准的适切化。此外,将研究对象分为实验组和控制组,实验组接受实验处理,控制组不接受任何实验处理。实验结束之后,将两组进行后测对比,记录相关数据。

(4)整理与收集资料

实验数据是说明实验效果的佐证材料。为了增强实验效果的说服力和可证性,我们十分注重实验数据的收集。在课程开发与教学设计阶段,我们就留下了许多参培教师的学习、观摩、研讨等活动的影像与文字资料，并保留了许多专家与实验者交往和沟通的聊天记录及文档。在教学实施阶段，实验者不仅亲自参与到实验过程中，而且还坚持对每一节课堂教学实践活动进行了观摩，记录了许多师生共同参与学习活动的掠影和话语。与此同时，实验者还通过多种形式利用事前准备好的评价量表适时对教学实验过程中出现的情况进行了过程性评价，保存了大量来自教学一线的宝贵资料。另外，在教学实施阶段结束后，实验者又充分利用评价工具对实验的产品、表现、话语、动作、成绩等进行了记录或描述，这些文字、影像、产品、话语、动作、成绩等一线资料有效保证了实验效果的说服力和可证性。

在验证阶段，作者为了让实验数据更具有信效度和说服力，保留大量实验材料，如与教师沟通交流的影像和文字资料、与专家之间的聊天记录等。不仅如此，作者为了验证所开发的职业教育"项目主题式"课程的有效性，制作并保留大量课堂教学设计、问卷调查和测试试卷及结果。这些资料都是研究者从实践到理论的阶梯，验证所开发的职业教育"项目主题式"课程的假设更适合职业院校教学。

（5）分析实验材料并导出结论

虽然在我们的访谈结果中还有相当比例的受访对象持不同观点，但73.3%、85%和89%的访谈统计数据已基本能有效说明我们所开发的职业教育"项目主题式"课程案例和教学方案不但是具有一定科学依据和事实根据的，而且是切实可行和行之有效的，从而也就进一步佐证了我们所创设的职业教育"项目主题式"课程与教学模式的科学性和有效性。

研究者通过使用百分比、平均数等相关公式来对其进行统计与分析，得出73.3%、85%和89%这三个统计数值，从而验证通过这种模式的教学，实验组和控制组的差异，进而彰显出所开发的职业教育"项目主题式"课程与教学模式的科学性和有效性；也发现这种教学方式能在实际的课程与教学活动中真正起到提升职业院校学生实践操作能力、认知发展水平和职业道德修养等功效的作用。

【实例3-2】校企深度合作教学改革的实验与思考[75]

实验研究法应用于教育研究问题的实施步骤：确定研究问题，制订实施计划，按计划实施实验，整理与收集资料，分析实验材料并导出结论。《校企深度合作教学改革的实验与思考》这一案例的实验研究法将按照上述五个步骤依次进行。

（1）确定研究问题

近年来，我国职业教育已经具备了大规模培养高素质劳动者和技能型人才的基本能力，但还存在着教育观念相对落后、内容方法比较陈旧、教育教学模式陈旧、 学生适应社会和就业创业能力不强等质量问题。要实现规模和质量的统一，就必须深化教学领域校企合作、校企一体建设，推动学校与行业企业建立、完善教育教学指导组织机构，促进行业企业参与学校教育教学的各个环节，在专业设置、课程教材建设和教学实习中发挥更大作用。但是，在职业院校运用项目教学法开展教学活动时，普遍存在以下三个问题：一是我国职业院校普遍缺乏实训条件。 设备的落后和台套数不足，使项目教学无法实施。二是教师水平差异很大，多数教师缺乏对项目教学法的应用能力。 三是职业院校缺乏按照专业开发的成体系的项目教学设计和资源，没有形成项目教学的模式。

研究者开宗明义地指出当今职业教育在人才培养方面存在严重的滞后性。研究表明要想发展职业教育，在办学模式上需要加强校企合作、工学结合。虽然加大校企合作有利于职业教育的发展，但是在实施过程中，存在各种各样的问题。本研究致力于解决这些问题，它的意义在于探索如何发挥企业积极性，开展企业和职业院校的深度校企合作。与此同时，通过本案例探索企业深度参与职业院校教学改革的途径、方法和困难。

（2）制订实施计划

课题下的实验和研究活动大致分为 5 个步骤：①利用各种条件吸引企业和行业组织参与项目教学法的课程设计；②由课题组组织企业代表和院校代表一起开发项目教学的案例、教材和课件；③由课题组组织师资培训；④在院校真实环境下实施教学实验；⑤课题组完成研究和报告。

研究的具体内容有：电气自动化领域真实项目教学的内容、运用项目教学法的课程及教材、师资培训的方案及资源开发课题实验成果的可推广性。

课题的实验研究专业范围为电气自动化领域专业课教学，地点以山东省为主，共吸收 5 个企业和 7 个中等和高等职业院校参加实验研究。

研究者确定研究计划并且将研究计划分为 5 个步骤，在这 5 个步骤中首先让企业参与到课程设计中，接着由学校和企业共同开发课程，然后经过对教师培训之后实行教学，最后课题组经过这一流程完成研究和报告。在整个教学流程中统一使用项目教学法，以电气自动化专业为切入点，样本为 5 个企业和 7 个中等和高等职业院校。实验对象的样本容量大，具有科学性。

（3）按计划实施实验

课题组组织企业代表和职业院校代表共同开发了一大批电气自动化领域的项目教学资源，包括项目案例、教材和课件。具体有工学结合的电气自动化专业建设方案（1 个），专业技能实训项目教学案例（3 门课程 78 个项目案例），专业技能实训室设计方案（1 个），"电子技术应用""单片机技术应用""PLC 原理及应用"及配套开发的课程实训教材（14 本），教案生成平台和配套的素材库（20 余门），多媒体课件（3套课程80个课件），岗位实训设计方案（3套），虚拟负载设备1套，师资培训方案及资源（1套）。

课题组在中国职业技术教育学会、山东省教学研究室的帮助下，将西安、长春、海口等地二十几所中职学校作为研究试点，依托政府部门、企业等社会资源及技术资源力量，于2007年7月和2008年4月分两次开展教师培训，共有来自21所职业院校的36名教师完成了培训。

研究在将近10所中职学校或技工学校中进行试点，取得大量实验数据和反馈信息，及时对研究中存在问题进行调整和修改，最终形成了电工技术实训、电子技术实训和可编程逻辑技术与应用3门课程集教材、教案、课件、实训环境为一体的完整项目教学法体系成果。

研究者在实施实验时，严格按照上述5个步骤展开研究，在这5个步骤中，每一个环节都是严格按照实验设计执行的。因为篇幅的原因，这里不再展开。这样按照设计实施研究，从一定意义上来说确保了实验结果的可靠性和正确性。与此同时，实验过程中可能出现一些问题，研究者在这些试点学校进行实验时，对存在的问题不断修改和调整，形成了一体化的教学成果。

（4）整理与收集资料

课题研究试点得到了中国职业技术教育学会、山东省教学研究室等相关政府管理部门的肯定与大力支持。电子技术应用、单片机技术与应用这两门课程的应用，使这些院校的项目教学水平由第三类上升到第二类水平。特别是可编程逻辑技术与应用课程的应用，使项目教学水平几乎达到第一类水平。其专业技能实训室建设方案在多个院校的电气自动化专业应用中，特别是专业技能大赛的应用中，取得了良好的效果。

在这一验证阶段，研究者把重点放在质性阐述层面，这些实验研究的资料是通过企业家、教师和专家的反馈收集而来。不仅如此，研究者为了验证校企合作的重要性，通过这些项目教学水平的提高，侧面显示了校企合作对教学改革的重大作用。

（5）分析实验材料并导出结论

以信息化技术开发虚拟课件补充真实设备不足实验成功，是现阶段职业院校解决设备不足问题的有效方案之一。在课题实验中，教师培训是由企业主导、校企深度合作开展的，通过培训，教师增强了专业技能，增长了企业经验，提高了项目教学能力，向"双师型"教师迈进了一步，这也是我国职业教育发展中一直追求的目标。课题实验中，有企业内实训基地建设（厂中校）的内容。课题下企业和职业院校也努力尝试，实验的结果有成功之处，也有不成功之处。成功在于开发了可行的方案，进行了有效的试点并取得良好效果；不成功在于推广不开。

研究者在文章的最后部分，通过逻辑分析，也就是把这个校企合作的实验中一些感性的材料（例如得到专家认可），用分析和综合的方式，得出"企业深度参与的项目教学是成功的，对院校、教师和学生都产生了好的效果，并且改革的方法和模式是可以持续的、可以被复制的"的结论。但是，与此同时，研究者也提出实验的困境：这个实验难以被推广。之后，研究者从体制、机制层面提出相应的解决措施。

延伸阅读

[1] 王文槿. 校企深度合作教学改革的实验与思考 [J]. 中国职业技术教育,2010(32):47-52.

[2] 徐朔, 吴霏. 教育实验及其在职业教育中的运用 [J]. 职业技术教育,2012(35):40-43.

[3] 柳臻. 职业学校新课堂教育实验研究 [J]. 中国成人教育,2013(23):143-145.

[4] 宁静, 殷浩栋, 汪三贵, 等. 易地扶贫搬迁减少了贫困脆弱性吗？——

基于 8 省 16 县易地扶贫搬迁准实验研究的 PSM-DID 分析 [J]. 中国人口·资源与环境 ,2018(11):20-28.

[5] 王楠 , 田振清 . 教育实验中等级数据分析方法研究 [J]. 内蒙古师范大学学报 (自然科学汉文版),2016(5):667-670.

[6] 申云 , 彭小兵 . 链式融资模式与精准扶贫效果——基于准实验研究 [J]. 财经研究 ,2016(9):4-15.

[7] 蒋立兵 , 陈佑清 . 高校文科课程翻转课堂有效性的准实验研究 [J]. 中国电化教育 ,2016(7):107-113.

[8] 杨龙 , 张伟宾 . 基于准实验研究的互助资金益贫效果分析——来自 5 省 1349 户面板数据的证据 [J]. 中国农村经济 ,2015(7):82-92.

[9] 马惠霞 , 林琳 , 苏世将 . 不同教学方法激发与调节大学生学业情绪的教育实验 [J]. 心理发展与教育 ,2010(4):384-389.

[10] 贾霞萍 . 中小学教师怎样进行课题研究 (四)——教育科研方法之教育实验研究法 [J]. 教育理论与实践 ,2008(11):44-46.

[11] 周谷平 , 王剑 . 近代西方教育实验理论和方法在中国的传播 [J]. 浙江大学学报 (人文社会科学版),2000(3):82-91.

[12] 穆肃 . 准实验研究及其设计方法 [J]. 中国电化教育 ,2001(12):13-16.

[13] 余胜泉 , 徐刘杰 . 大数据时代的教育计算实验研究 [J]. 电化教育研究 ,2019 (1):17-24.

第二节 调查研究法

调查研究是教育科学研究中最常用的方法。通过调查可以了解教育现状，总结教育规律，获得经验和教训，预见教育发展的趋势。随着我国教育的发展和改革的不断深入，教育调查法显得尤为重要，频繁地被采用。通过调查，一方面，可以为教育科学研究收集事实；另一方面，可以为各级教育行政部门制定政策、法令和教育发展计划提供依据。[76]本节阐述调查研究法的内涵、作用、种类，并在此基础上，分析如何将调查研究法运用至职业教育领域。

一、调查研究法概述

1. 调查研究法的内涵

调查研究法，是在科学方法论和教育理论的指导下，通过问卷、访谈等方式，收集有关教育问题或现状的资料，从而获得科学事实，形成科学认识的一种研究方法。教育调查法一般是在自然过程中进行的间接观察，通过分析、综合等方式解释研究的问题。这里包含两层意思，一是调查，指运用感性的方式收集信息；二是研究，指以理性的方式处理信息。调查研究法是教育研究中运用最广泛的一种研究方法，需要进行相应的实验设计，所以不会受到时间因素的影响，而且它可以通过自然情境，收集数据，这样会提高数值的信度。另外，它不需要像实验研究法那样控制研究条件和被试对象，调查研究法的对象更多是处在自然情况下，而且它研究范围广泛，便于实施，尤其是用于描述。[77]

2. 调查研究法的作用

调查研究法运用相应的教学手段，研究具有价值的教育现象，用来揭示现象之间的本质属性，因此，它在教育事业发展与教育科学研究中发挥着不可替代的作用。

（1）为教育科学研究人员提供研究课题所需的第一手材料和数据。教育调查往往是研究教育问题不可缺省的起步阶段和基础阶段环节。进行某项科研课题的研究，首要的问题就是要弄清楚基础现状如何，否则下面的工作就会无的放矢。通过调查，可以获得大量关于教育研究课题的第一手材料和数据，在此基础上进行理论分析、概括，从而推动教育科学事业的发展。

（2）为各级教育行政部门制定政策条例、教育发展计划提供切实可行的依据。调查报告通过收集教育现象的事实材料，能够使研究者对教育现状有着清晰的了解。基于此，研究者发现有价值的研究课题，为各级教育行政部门制定教育政策、计划提供强有力的事实依据。

（3）教育调查的实际应用性。教育活动几乎涉及每一个人的成长，与各行各业有着千丝万缕的联系，这种广泛的联系产生了众多影响教育实践的因素，使教育研究的复杂性大大提高。所以教育调查通常是为实践应用服务的。教育系统的这一特征首先要求应用性的研究占较大比例，而实践活动本身受多重因素影响，各种因素都具有一定的不确定性，这使得活动过程复杂多变，因此需要声明获得某结论的条件和范围。

3. 调查研究法的分类

调查研究法主要有三种类型：横向研究法、纵向研究法和事件史研究法。

（1）横向研究法。其研究数据是由研究人员在单独的时间点或相对较短而单独的时间段内收集的（如在一个充足的时间内，从研究挑选的所有参与者那里收集数据）。也可以理解为个体在特定的时间点内产生一种"点滴印象"，同时是宏观概况的一个缩影，是在同一天访谈不同年龄，不同职业，不同教育背景，不同收入水平，以及居住在国家不同地区的对象所组成的代表性样本。[78] 在横向研究中，数据通常来自多样的群体或不同类型的人（研究对象），例如，横向研究中的数据可能来源于不同性别的人群、不同社会经济阶层的人群、不同的年龄群体及具有不同能力和成就的人群。

横向研究法主要的优点在于，可以在较短的时间内向许多不同类型的人采集数据。但横向研究也有一些缺点。第一，很难建立时间顺序（因果关系的第二个必备条件）。如果仅在单独的时间点上收集研究参与者的数据，那么无法直接测量参与者随时间的变化情况。通过理论，既有研究发现对自变量的理解（例如，研究者可以放心地推论成人的生理性别在教育之前就完成了，因为生理性别是在出生时就确定的），时间顺序在横向研究中也可以部分建立。这些建立时间顺序的技巧在实际观察面前相形见绌。一个相关的缺陷就是，使用横截面数据对发展趋势（人们衰老时的变化）进行预测时会具有误导性。

（2）纵向研究法。纵向研究是指随时间发生的研究。它涉及随着时间推移收集资料的调查和在特定时间内及时收集资料的调查。[79] 在纵向研究中，数据是在多个时间点或时间段收集的，研究者关注对不同时间点或时间段的数据进行比较。尽管纵向研究需要至少两个不同的时间段，但为了解决具体的研究问题也可以在多个时间段收集数据。趋势研究和专门小组研究是纵向研究的两个主要变式。拿纵向研究的例子来说，有一些仍是在不断进行的。

趋势研究是一种纵向研究形式，即独立样本（由不同人群构成样本）是从跨时间段的总体中抽取的，并且在不同的时间点上询问被试对象同一个问题。

专门小组研究是另一种纵向研究的类型，即在连续的时间点上对同样的研究对象进行研究。因为研究者是对同样的个体进行研究，因此能够看出这些个体的特征或者行为的变化。

群组研究的样本所对应的总体在调查过程中是不会随着时间的推移而发生变化的。

（3）事件史分析法。即对自身进行回顾性研究，让参与者回过头来确认在他们的生命中变化的瞬间和时间。事件史分析法区别于历史研究法的不同之处在于收集资料的特定时间点是不固定的。事件史分析法关注的是事件本身的时间节点，其运行不在资料收集的时间框架内。而历史研究法是在互不关联的给定的时间期限内分析问题（如每六个月），事件史分析法则是限定在事件发生的每一个瞬间。[80]

事件史分析法认为在一个特定的时间框架内，通过对因变量（如婚姻、职业变化冗余程度、继续高等教育、搬家、死亡等）的研究来预测个体行为是可能的。这个基本原理来自对人口统计资料中的生命表的分析，预测一个固定的总体随着时间变化的出生率和死亡率。

事件史分析法的主要任务是预测"风险率"——在一个特定的时间框架内个体因为因变量而发生改变的可能性。运用数学的方法，利用对数线性分析来估算整体因素（自变量）的每一个因素的相对比率。

事件史分析法同样解决了随着时间变化成员退出研究计划而产生的损耗问题。右受限发生在我们知道一个特定事件何时开始，但是不知道何时结束；左受限发生在我们知道一个特定事件或状态何时存在，但是不知道何时开始。事件史分析法在研究中是非常有用的，并且越来越多地被使用。

二、调查研究法的实施

对于调查研究法，不管使用哪一种类型的调查方法，它的研究过程大体上是相似的，都遵循必要的准则和程序。一般而言，调查研究的过程需要经过以下几个阶段。

1. 确定研究问题和目标总体

研究者必须明确地定义开展调查的目标。确定的研究问题都必须和调查目标有关。定义问题的策略是用层次方法，从最广泛、最一般的问题开始，然后再以最具体的问题结束。

几乎所有的事物都可以通过调查来描述。一项调查中所要研究的东西称为分析单元。虽然分析单元通常情况下指的是人，但有的时候也可以指物体、学校、政府机构等其他事物。[81]

与其他类型的研究一样，研究所关注的那个组（人、物体、大学等）称为目标总体。要想得到有关目标总体的可信的描述，就应该对它进行准确的定义。实际上，如果目标总体定义得好的话，研究者应该能够很确定地说出某个分析单元是否属于目标总体。

2. 确定数据收集的模式

在调查研究中，数据收集的模式主要有四种，分别是直接调查一个群体、邮寄调查、电话调查和个别访谈。

（1）直接调查一个群体。只要研究者可以在同一个地点接触到某个群体的绝大多数人，那么就可以用这种方式来进行调查。通常情况下，是在同一时间同一地点对群体中的所有成员进行调查。例如，让学生在课堂上完成调查问卷，或者让正在上班的工人填写调查问卷。这种方法的优点是可以得到很高的回答率——通常会达到100%（如果是单个环境）。其他的优点包括成本较低，以及答卷者在作答过程中碰到问题时，研究者可以当场解释。但是能够把样本集中在一个组中的研究类型太少。

（2）邮寄调查。用邮寄的方式来收集调查数据，是将问卷邮寄至样本中的每个成员，并要求在一定的时间内完成和寄回。这种方式的优点是成本相对较低，而且可以由研究者一个人（最多需要几名助手）来完成。此外，它能使研究者接触到很难亲自见到或者用电话联系上（例如老人）的样本；它还能使作答者有充分的时间去思考需要回答的问题。邮寄调查的缺点是鼓励作答者进行合作（如建立和谐的环境）的机会太少，同时作答者在回答问卷的过程中也很难得到一些帮助。

（3）电话调查。顾名思义，研究者通过电话来问研究对象问题。电话调查的优点是，与面对面的访谈相比，成本相对较低，可以很快完成，问题的程序也容易标准化。此外，研究者还可以对作答者提供一些帮助（如阐明问题，问一些跟踪性的问题，或者鼓励那些犹豫不决的回答者，等等）。电话调查的缺点是只能接触到某些样本（显然，那些没有电话或者电话号码没有列出的人就无法接受调查）。在电话访谈中，研究者也无法对回答者进行观察，因而在获取有关敏感性问题或个人问题的回答方面不太有效。

（4）个别访谈。在个别访谈中，研究者（或者经过培训的助手）对回答者进行面对面的访谈。因此，这种方式有很多优点，例如：可以营造和谐的气氛，可以对一些问题进行阐述，可以对不明确或者不完善的回答进行追问，等等。面对面访谈的最大缺点是其成本比邮寄调查或者电话调查高得多。另外，它需要对访谈者进行培训（培训成本较高，而且还需要花费时间）。数据收集的时间也比其他两种调查方式要长一些。再者，有可能因为无法达到匿名而使得一些敏感问题或个人问题的回答的效度下降。最后，某些样本的被试量常常难以达到足够数量（如高犯罪率地区居民、在大公司工作的员工、学生等）。[82]

3. 开展调查并收集资料

这是调查过程的关键环节。调查研究一般以问题的形式展开，问题的性质及它们被问及的方式在调查研究中是相当重要的。不同类型的问题可能带来不同的结果。问题主要分为两类：封闭式问题和开放性问题。大多数调查问卷都采用多项选择题或封闭式问题。多项选择题可以使作答者从一些回答中选择出他们认为对的选项。这样的问题可以用来了解人们的观点、态度或知识。封闭式问题一般是在电脑上进行评分、记录和分析，能够允许回答者有更大的自由度。

调查资料有两类，一类是书面资料，另一类是来自调查对象的口述资料及由调查者观察所得的教育现象的事实材料等。收集资料的真伪，做到实事求是。要力求全面、系统，注意资料的典型性、客观性和真实性。调查者要善于辨别材料的真伪，做到实事求是。

4. 整理资料并分析讨论

通过各种方法收集得来的资料，必须加以整理和分析。整理资料的方法，按资料的性质可分为两大类：一类为叙述的材料；另一类为数量的材料。叙述的材料，应用明白流畅的文字加以整理。数量的材料，则要用统计法、图表法等加以整理。调查材料整理完后，对于所调查的事实，应当加以分析和讨论，分析讨论要以事实为依据，以正确的理论观点为指导，要深入、具体、条理清楚。研究结果中应该给出总的样本规模，而且还要列出回答问题的具体百分比，在此基础上，得出结论。下结论要准确，富有概括性。

三、调查研究法的应用

下面以《高等职业教育国家精品课程建设与应用现状的调查研究》和《我国职业教育学生实习政策演变及现状调查研究》两个实例对调查研究法在职业教育领域的应用进行分析，以帮助我们对调查研究法有更具体的理解。

【实例3-3】高等职业教育国家精品课程建设与应用现状的调查研究[83]

本文依据调查研究法应用于教育研究问题的实施步骤：确定研究问题和目标总体、确定数据收集的模式、开展调查并收集资料、整理资料并分析讨论。"高职院校专业设置与调整研究"这一课题的文献法研究将按照上述四个步骤依次进行。

（1）确定研究问题和目标总体

自国家提出科教兴国战略以来，我国高等教育实现了跨越式发展，取得了举世瞩目的成就。目前全国独立设置的高职高专院校有1184所，约占所有院校总数的61%（去除独立学院）。高等职业教育已经成为我国高等教育名副其实的"半壁江山"。那么，如何保证高职院校人才培养质量，充分满足社会对技能型人才的需要？如此背景之下，全国很多高职高专院校都将重点放在精品课程建设项目上，把教学改革的重点聚焦于精品课程建设。

但是，正当精品课程建设如火如荼的时候，诸如"精品课不精""精品课只有三个'学习者'：主讲者、制作者和评委""精品课建设劳民伤财""精品课程评比搞配额"等说法也会出现。虽然这只是一些人的片面认识，但不得不引起人们对精品课程建设项目的思考：为什么精品课程建设会存在这样的认识"误区"？精品课程建设是否真的促进了技能人才的培养，产生了怎样的教学和社会效益？如何最大化地发挥精品课程的效益，保证精品课程建设的质量？

目前高职高专院校已经建成国家级精品课程 5907 门，而且呈逐年增加的趋势。从高职精品课程的分布情况来看，江苏、福建、内蒙古、重庆和河北情况比较好，发展速度快，而青海、西藏、陕西、宁夏和新疆等地的发展速度比较缓慢。高职高专类国家精品课程分 20 个专业大类。2003 年，仅评选出了 24 门精品课程，分布在 13 个大类。2006 年，各大类都有了自己的精品课程。从专业分布看，发展速度较快的是电子信息类、制造大类和财经类，发展缓慢的是法律类、环保气象与安全类、水利类和公共事业类。

在本案例中，研究者将研究的问题限定在课程建设与应用现状这两个方面。研究的目的是想了解高职院校在高等教育中占领"半壁江山"时（从 61% 这个数据可以看出），在育人方面，它如何发挥作用，以及怎样发挥作用，这些内容是研究者想要深度探讨和研究的，也是支撑本案例研究的源头。本案例的分析单元是精品课程建设，原因在于课程是能够体现教学质量的一个重要指标，而且它也是新课改的重要表现内容。研究的理由是现在精品课程的改革出现若干问题，这些问题都是教育者或是政策制定者亟须解决的。此外，研究者通过文献研究法，将高职高专的精品课程作为分析单元进行研究，从分析单元中收集调查数据再对这些单元进行描述，归纳得出共有 5907 门课程，且数量呈上升的趋势，这些课程在分布地域、课程种类的配置方面都有所不同。

（2）确定数据收集的模式

为了了解高等职业教育精品课程（国家级、省级和校级）建设与应用现状，本研究针对省级行政人员、学校主管领导和教师设计了三套问卷，旨在了解高职精品课程建设数量，精品课程的专业分布、区域分布情况和学校层次分布；省级教育行政部门、学校、教师对精品课程评估指标体系的意见；院校管理人员、教师对精品课程建设的态度和期望；高职精品课程建设和应用带来的效果；高职精品课程建设成本，建设中遇到的困难，希望得到的支持政策及今后的建设规划；高职精品课程应用状况；影响精品课程应用的因素；为促进应用所采取的措施；对精品课程遴选方式的意见。

在调查研究中，本案例采用问卷调查的方式，将省级行政人员、学校主管领导和教师这三类定义为调查群体，针对不同的调查群体，采用不同内容的调查问卷，有利于从不同的视角切入对精品课程的研究。但是本案例的不足是没有把问卷呈现出来以方便我们了解其内容。因此，问卷的信效度有待商榷。

（3）开展调查并收集资料

调研范围覆盖全国 31 个省（自治区、直辖市），每个省选取 5—10 所高职院校，每所学校至少选择 1 名主管领导和 5 名教师。共回收省级行政人员问卷 31 份，其中有效问卷 31 份；回收学校主管领导问卷 176 份，其中有效问卷 152 份；回收任课教师问卷 995 份，其中有效问卷 924 份。

本案例的调研范围非常广泛，而且每个省份都会选取 5—10 所高职院校，这种抽样调查的随机性有利于保证调查对象的代表性，使得研究结果更具有普遍意义。在问卷回收过程方面，3 种类型问卷的有效率都很高，其中行政人员的有效率最高，达到 100%，这可能和人数较少有关。

（4）整理资料并分析讨论

据统计，目前在高职院校主持过精品课程建设的教师达到了教师总人数的 25%，有 27% 的教师参加过精品课程的建设，有 24% 的教师在教学中使用过精品课程资源。

未参与建设但使用过精品课程的教师在被问及在使用精品课程的过

程中获得了哪些帮助时，有72.6%的教师认为其中的教学方法和设计思路值得借鉴；有63.6%的教师认为从中获得了许多资源；有42%的教师认为节省了备课时间；有41%的教师认为可以了解其他院校的教学情况。使用过精品课程的教师在被问及哪些资源对他们帮助较大时，认为是教学设计思路（49.2%），课堂讲义（47.0%），实验、实例和演示（30.5%），教案（26.9%），教学大纲（20.7%），教学视频（18.2%）。而未使用过精品课程的教师在被问及希望获得哪些类型的资源时，回答有教学设计思路、课堂讲义、实验、实例和演示等，与前面教师认为对他们帮助最大的资源完全相同。这说明精品课程资源的建设比较符合教师的需求，而且教师能够从中获得一定的帮助，因此可以称其为优质资源。

本案例中，经过数据统计得出76%的教师或多或少地参与了精品课程的建设。无论是未参与精品课程建设的老师，还是参与过精品建设课程的老师，他们大部分都认为精品课程有利于自身的教学。精品课程的确为广大教育者和学习者提供了优质的教学资源，并在网络环境中实现了信息层面的共享，但离实现真正意义上的知识共享还有一定的距离。研究者将此归结于三个方面：一是精品课程建设的成本高，应用效益低；二是高职精品课程比例低，后期课程改革、改造任务重；三是评估体系有待完善，评估过程有待改进。针对这三个方面，研究者提出相应的解决路径。

【实例3-4】我国职业教育学生实习政策演变及现状调查研究[84]

本文依据调查研究法应用于教育研究问题的实施步骤：确定研究问题和目标总体、确定数据收集的模式、开展调查并收集资料、整理资料并分析讨论。《我国职业教育学生实习政策演变及现状调查研究》这一课题的文献法研究将按照上述四个步骤依次进行。

（1）确定研究问题和目标总体

近年来，随着我国对职业教育重要性的认识越来越深刻，学生实习在我国职业院校教学过程中得到了广泛的推广，政府层面也出台了一系列的政策文件对职业教育进行了积极的扶持和引导。从国家和地方政府出台的各项政策对职业院校学生实习的导向来看，各项政策经历了由浅入深、逐步细化的过程，这表明国家层面和地方层面对职业院校学生实习都给予了高度的关注。

通过梳理国家层面出台的一系列与职业教育相关的政策法规，发现这些政策法规对我国职业教育的健康发展起到了积极的推动和引导作用。

除了国家层面出台的各项政策法规之外，许多地方政府也在国家政策法规的指引下，深入贯彻落实国家的政策方针，并结合各地的实际情况和特点，出台了多部地方性政策法规，并取得了一定的成绩。

在本案例中，研究者将研究的问题限定在职业教育学生实习政策演变这一方面。本研究通过文献研究法对我国职业教育学生实习相关的政策进行梳理和研究，发现了政策法规尚未健全、监管部门力度不够等问题，从而提出有力的措施解决这些问题。本案例的分析单元是实习政策，研究的目标是了解实习生与我国现行的职业政策之间的联系。此外，可能基于职业教育学生实习也是促进职业教育实现产、学、研三者结合的有效途径，国家层面上出台政策，既能提升学生操作技能，又能提升国家的综合实力和竞争力。各地方政府出台了一系列政策法规，结合地区产业发展，对实习学生的各项权益做出了规定，维护了他们的合法权益。

（2）确定数据收集的模式

本研究通过问卷调查的方式对职业教育学生实习的情况进行了深入的研究，共发放问卷688份。由于问卷中的每个问题都有未回答或错误填写的情况，通过梳理全部问卷的填写情况发现，如果将未回答或错误填写的问卷都做无效问卷处理的话，损失的信息量很大。基于此，为了保存最大的信息量，研究者针对每个问题的有效样本都进行了分析。虽然这种处理方式会导致问卷中各个问题的有效样本总数不一致，但根据每个问题的最大信息量来分析问卷，更有利于全面反映实习学生的真实情况。

在调查研究中，本案例采用问卷调查的方式。问卷调查内容涉及调查对象的区域情况、性别年龄与学历情况、实习期限及专业对口情况、加班情况、伙食费与加班费情况、工作环境与劳动保护情况、对政策法规的了解情况、实习学生的满意度情况、实习学生的困惑与诉求分析这九个方面。在问卷回收的过程中，研究者考虑到可能出现无效问卷，基于此，针对每份问卷，研究者都进行仔细分析，以确保问卷的信效度。

（3）开展调查并收集资料

根据以上分析可以得知，绝大多数实习学生选择在学校所在省份开展实习或兼职工作，剔除无效问卷后，重庆、湖南、江苏三省（市）被调查实习学生在本地实习的百分比分别为 94.52%、86.61% 和 78.13%。

此次调查中，实习学生男性人数远远多于女性，约为女性人数的 3 倍。

此次调查中，实习学生生源地类别，即"农村"与"城市"的人数比为 2.6：1。来自农村的学生可能因为家庭条件，更倾向从事实习工作，获得一些报酬。

另外，从学历看，本次调查中拥有中专与大专学历的实习学生人数最多，占比分别为 39.2% 与 41.5%。

46.66% 的实习学生的实习岗位与所学专业不完全对口，但有关联。实习岗位与专业完全对口的学生人数仅占 19.02%，与专业不对口但有部分联系的人数占比相当。

从不同工作岗位加班时间的分布看，普工每天工作 11—12 小时，远远超过了 8 小时的正常工作时间。这反映了普工的工作强度高于其他岗位。大多数实习学生的每小时加班工资集中在 20 元以下，这说明实习学生通常被企业作为廉价劳动力来使用，加班工资通常更接近最低小时加班费的标准。

没有伤害风险的工作占比仅有 17.69%，说明实习学生的工作环境大多处于比较恶劣的状态。其中，有 23.59% 的学生在噪声大的环境中工作，有 11.2% 的学生在工作中接触有毒有害物质，有 7.18% 的学生从事高空作业，有 8.12% 的学生在有粉尘的环境中工作，有 4.27% 的学生接触易燃易爆物，有 7.69% 的学生接触刀具冲床，有 4.36% 的学生从事高温作业，上述这些工作环境会严重影响学生的身体健康。

从实习学生对其实习工作是否满意的回答情况来看，结果如下：非常满意或比较满意的人数占到 50% 以上，10% 左右的实习学生不满意当前的实习工作，34.9% 的实习学生认为工作一般。

从调查结果看，实习学生选择"工作压力大、休息时间少"这一项占比最大，其次是"难以适应岗位要求""人际关系紧张"，这些问题应当引起企业、学校及相关管理部门的重视。

在本案例中，研究者依旧按照调查对象的区域情况、性别年龄与学历情况、实习期限与专业对口情况、加班情况、伙食费与加班费情况、工作环境与劳动保护情况、对政策法规的了解情况、实习学生的满意度情况、实习学生的困惑与诉求这样一个逻辑顺序收集资料。从上述数据可以大概了解到：实习生中农村人口偏多，且男生数量多于女生；虽然实习工作环境相对恶劣，但对工作基本满意；遇到问题时，他们的法律意识薄弱；等等。

（4）整理资料并分析讨论

本次调查共有 400 份问卷填写了对学校、实习单位或政府部门的要求和期望，其中，实习学生的要求和期望主要集中在以下四个方面。

一是关于实习待遇问题。调查显示约有47%的实习学生希望工资上涨。有学生提出，实习单位应该给予基本生活保障和最低工资，最好能提供住宿；义务劳动不利于调动学生实习的积极性，也违反公平原则。

二是关于专业对口问题。有学生提出，学校应该尽量安排组织学生去专业对口单位进行实习，专业对口才能更好地培养学生的专业技术能力。

三是知识扩展和技能提升的问题。有学生提出，希望能在实习过程中学到新的知识，提高自己的动手实践能力和技能水平。

四是希望得到更多的关心。35.75%的实习学生希望领导能够对实习生态度好一些。许多实习学生提出，企业应当多关心员工的工作和生活，增加员工的归属感。也有学生提出，希望学校对学生多加照顾与指导，学校应作为学生与企业之间沟通的桥梁。

本案例中，从调查结果看，实习学生选择"工作压力大、休息时间少"这一项占比最大，其次是"难以适应岗位要求""人际关系紧张"，这些问题应当引起企业、学校及相关管理部门的重视。企业对于实习学生的管理应区别于正式员工，学生年龄比正式工人小，面对任务繁重的工作要有适应期，学校应当做好心理疏导，帮助他们完成从学生到员工的角色转换，及时掌握他们的心理状况。

总而言之，政府在多个教育文件中，提出维护实习学生权利的措施，但针对实习学生的合法权益保障方面的政策文件相对较少。尽管一些政策文件对实习时间、实习报酬、实习劳动保护和职业安全等进行了规定，但对相关方的权利、责任和义务的规定仍然不足，需要制定相关的政策，实现学校、学生、企业和地方政府之间的良性互动。

延伸阅读

[1] 孙琳. 职业教育师资队伍建设改革的成就、问题与发展趋势 [J]. 职教论坛,2020 (05):87–96.

[2] 刘蔚. 中美职业教育改革新趋势解析及启示 [J]. 教育与职业,2020(09):101–106.

[3] 张亚中,袁璨. 中等职业教育发展趋势及问题分析研究 [J]. 职教论坛,2020(01):16–21.

[4] 蔡跃,祝孟琪,张建荣. 德国"双元制大学"模式发展现状及趋势研究 [J]. 高等工程教育研究,2019(06):180–185,200.

[5] 严红. 职业教育产教融合研究热点与趋势分析 [J]. 职教论坛,2019(10):155–159.

[6] 倪小敏. 美英两国高中普职融通政策发展的共同趋势——从制度融通到课程整合 [J]. 比较教育研究,2019(10):52–59.

[7] 杨建民,李顺利,汤永强,等. 陕西纺织类中职人才培养质量调查研究 [J]. 职业技术教育,2009(35):66–68.

[8] 李奇. 南宁市高职院校"双师型"教师队伍现状调查研究 [D]. 重庆:西南大学,2008.

[9] 王长粉. 南京市高职院校学生体育态度的调查研究 [D]. 南京:南京师范大学,2007.

[10] 李强. 中职生学习现状调查研究 [D]. 上海:华东师范大学,2007.

第三节 相关研究法

相关研究法属于非实验定量研究的一种方法，在教育研究领域中使用最广泛。它涵盖了一个相当广泛的研究范围，集中探讨在自然情境下所发生的各种变量之间的关系。[85] 本节阐述相关研究法的内涵、作用、优缺点、种类及具体实施步骤，并在此基础上，分析如何将相关研究法运用至职业教育领域。

一、相关研究法概述

1. 相关研究法的内涵

相关研究法是一种定量化的非实验研究的方法。相关研究法就是在自然条件下，针对所研究的对象，进行精心研究设计，分析研究数据，发现研究变量间的关系，得出相关结论，并且探寻产生这种相关关系之原因的方法。它可以通过探寻教育实践的某些关系，指导教育工作者更有效地开展教育工作。毫无疑问，教育工作的顺利开展一部分原因在于有必要的理论和实践作为支撑，相关研究法可以通过非实验定量研究的形式，通过一些实验数据得出相关结论，作为丰富教育研究的理论，指导教育工作的实践，使教育工作具有明确的方向。

2. 相关研究法的作用

相关研究法在教育研究中主要是探寻重要教育现象的原因和结果，如学业成绩、对学习的态度、教师的教学风格或特定教学方法的应用等。这种研究设计对于鲜为人知的领域的探索性研究特别有用。在教育和社会科学研究中，我们常常面临着几个变量影响一个特定行为方式的情景。相关研究法允许我们分析这些变量如何个别或综合地影响行为方式。相关研究法能够加强教育研究的深度，其作用主要体现在两个方面。

（1）探索变量之间的关系，使研究方向具有明确性。相关研究法使研究者易于掌握所研究变量之间的相关程度信息。例如，教学能力的因果 – 比较方法一开始可以区分出一组教学优秀的教师和一组教学水平不高的教师。在选定的因变量上比较这两组教师，以便找到教学能力差异的原因。然而把一组教师界定为优秀教师，另一组为不优秀教师，这显然是人为二分。所谓人为二分就是依据某个特征的有或无把个体分为两种类型，这会导致一种非此即彼的结果，而真正的"二"是基于天生的差别，就像个体分为男性和女性。此外，某一组中肯定存在一些教师教学能力都比其他老师强，然而在因果 – 比较法中，这些程度的差异被忽略了。所以相关研究法较因果 – 比较法而言，更能准确地表达变量间的相关程度，能够明确地找准自己的研究方向。

（2）研究不可操控的变量，使研究内容具有丰富性。教育研究中，存在一些不可操纵的定量变量，如智力、天赋、年龄、平均分数，以及其他稳定的人格特征（例如，性格外向性指数从低值 1 到高值 100 不等）等。这些在实验设计中都是难以控制的，因此需要研究者使用相关研究法将这些定量变量转化为类别变量进行处理。例如，将定量变量天赋分为高中低三类，从而方便研究变量之间的关系，丰富研究内容。

3. 相关研究法的优缺点

（1）相关研究法的优点。一是确定关系的程度。相关研究法让研究者不仅可以判断两个变量间是否存在关系，而且可以判断这种关系的程度。比如说，如果在一项研究中我们发现两个变量之间的关系接近 1.00（两个变量间可能的最高正相关），我们就可以确定所研究的样本中的两个变量是高度相关的。二是比较各种关系。我们可以用一个相关系数和另一个进行比较，从而很快地看出变量 A 和变量 B 之间是否比和变量 C 之间（或和变量 D 之间等）的关系更加紧密。例如，假设平均绩分点（GPA）和学习时间量之间的相关值是 0.45，而平均绩分点和父母收入之间的相关系数是 0.23。通过比较这些系数，我们可以很快推断出，学习时间与平均积分点之间的关系要比父母收入与平均积分点之间的关系更紧密。三是确定两个以上变量间的关系。相关研究使一次分析两个以上变量间的关系成为可能，因此，研究者可以研究几个变量（不管是单独的还是组合的）如何影响一个特定的行为模式，如注意力或数学能力。与此形成对比的是，因果研究或实验研究适合一次研究一个或两个变量的作用。例如，为了估计每一种方法预测学生数学成绩的准确程度，要求计算每一个预测变量（即某一种教学方法）和标准变量（学生被观察后的成绩）之间的相关系数。因此，研究者可以仅在一项相关研究中就探究十种教学方法的潜在效果，而一项实验研究只可以处理这些方法中的几种。[86]

（2）相关研究法的缺点。一是因果推论的难度。对于许多复杂活动，有不同的方法可以达到目标。许多相关研究的目的是探究变量间的因果关系。然而，从一项相关研究的结果中获得有关原因和结果的推论是困难的。[87]当变量 A 和变量 B 相关时，研究者不能明确地推断出是 A 引起 B，还是 B 引起 A，或是均由第三个变量引起。在获得相关这个事实之后，不管相关的方向是正的或是负的，相关的程度是高、低或是接近零，或涉及的是两个或更多的变量，研究者都要为相关结果给予表面上合理的解释。当相关变量的选择是基于一个理论阐述时，最容易在相关研究的基础上推断因果关系。二是研究结果的偶然性。当许多变量彼此相关时，有些变量间的相关就可能是偶然发生的。如果进行重复研究，这些偶然结果就不会再出现了。例如，研究者发现体重与平均绩分点之间存在着一种显著的正相关。如果研究者专门研究另一个样本中这两个变量间的关系，它们之间就很有可能不呈显著性相关。

4. 相关研究法的种类

根据相关研究的目的，可以将研究分为关系研究、预测研究和解释性研究。

（1）关系研究。即探索教育者感兴趣的变量相互间关系的性质。关系研究通常探索同一时间点上从同样的个体获得的对不同变量的测量结果之间的关系。关系研究中得到的相关性不能在相关的变量之间建立因果关系。[88]许多研究人员批评关系研究，认为这种类型的研究将复杂的能力和行为模式分解为简单的部分。虽然这种方法在教育学研究领域中使用是合适的，但是复杂的能力（如数学能力）如果被简单分解后是否仍然保持其意义，这是值得怀疑的。

（2）预测研究。即预测个体今后会出现的重要的教育特征或个人特征的变量。在预测研究中，有些变量（即预测变量）是在一个时间点测量的，而其他的变量（标准变量）是在以后的某个时间点测量的。遵循这样的程序是因为预测研究的目的是预测重要的未来行为。教育研究人员做许多预测研究，目的常常是确定预测学业和职业成功的变量。预测研究提供了三种类型的信息：一是在多大程度上能预测标准行为模式；二是对标准行为模式的决定因素建立起一个理论所需要的资料库；三是测验标准行为模式相关的预测效度的证据。[89]

（3）解释性研究。即研究检验用于解释一个现象为什么及如何运作的假设或理论，其目标是理解研究的现象。当然研究者也关注相关关系证据的确立。因为在实验研究中有些变量难以操控，所以只能使用相关研究法解释变量之间的相关关系。它的一种常见表现形式就是建模，即研究者假定一个模型，然后运用实证的方式检验这个模型，从而确定模型在多大程度上符合这些数据。研究者会基于已有研究发现和理论思考不断地优化模型。

二、相关研究法的实施

相关研究法不管是对哪些变量之间的关系进行研究，研究过程大体上是相似的，也都遵循必要的准则和程序。[90]一般而言，文献研究的过程需要经历以下阶段。

1. 确定研究问题

在相关研究中，第一步是确定哪些特定变量很可能是所研究的特征或行为方式的重要决定因素。因此，对所涉及的变量的选择应该基于从经验或理论中获得的充分合理的理由。研究者应该有理由认为这些变量可能会是有关系的。变量的明确定义可以避免以后出现的很多问题。总的来说，在相关研究中主要有三方面的问题：[91]

（1）变量与变量是否相关？

（2）一个变量如何更好地预测另一个变量？

（3）大量变量间的相互关系是什么？在这个基础上可以做怎样的预测？

几乎所有的相关研究都围绕以上问题中的一个展开。

2. 确定样本和使用工具

相关研究的下一步就是选择在已知变量的基础上确定研究样本。和其他类型的研究一样，样本应该经过仔细的选择，如果可能的话，应该进行随机选择。当然，选择样本的第一步，应该是确认一个合适的总体，一个有意义而且能够收集到研究中所感兴趣的每一个变量的数据的总体。绝大多数研究者认为，在相关研究中，可以接受的最低样本量是30。从少于30个样本中获得的数据可能会使研究对所存在的相关程度的估计不准确。大于30个的样本更可能提供有意义的结果。

此外，在相关研究中，可以使用任何一种合适的工具对两个（或多个）变量进行测量，但是这些测量一定要获得数量化数据。尽管有时数据的收集可能来自不同的记录类型（如等级证书），但大多数相关研究中，都涉及对一些类型的工具（如测验、量表等）的管理，有时也涉及对观察的管理。与其他研究一样，不管使用什么工具，得到的结果都一定是可信的。在解释研究中，工具还必须有效度的证据。如果工具不能准确地测量想要研究的变量，那么所得到的任何相关都不是想研究的关系的指标。

3. 数据的收集

在相关研究中，其资料可以用各种方法收集，包括标准化测验、问卷、访谈或观察技术等。唯一的要求是，资料必须是量化的。所有资料中变量的各种数据通常是在相当短的时间内收集到的。基本是在单个时间段用各种工具来完成所有需要的测量，有时则是在邻近的两个时段来完成测量。因此，如果研究者想要考察言语能力倾向与记忆力的关系，就要在很短的时间内对同一组被试对象进行言语能力倾向和记忆力方面的测量。在预测研究中，对于校标变量的测量常常是在测量了预测变量之后进行的。

4. 分析数据和导出结论

当变量相关时，会产生一个相关系数，它是一个小数，范围在 –1.00
到 +1.00 之间。相关系数越靠近 –1.00 或 +1.00，相关性就越强。如果相
关系数为正，说明一个变量上的高分倾向与另一个变量上的高分相伴随
而出现。如果相关系数为负，说明一个变量上的高分倾向与另一个变量
上的低分相伴随出现。如果相关系数为 0.00，则说明变量间不存在相关。
在得到相关系数之后，要对取得实验结果的原因进行解释，做出相关关
系的推论。

三、相关研究法的应用

下面以《浙江省高等职业教育与经济发展的相关性分析》和《高职
大学生职业价值观与职业兴趣的相关研究》两个实例对相关研究法在职
业教育领域的应用进行分析，以帮助我们对相关研究法有更具体的理解。

【实例 3-5】浙江省高等职业教育与经济发展的相关性分析 [92]

（1）确定研究问题

高等职业教育与浙江省经济发展存在着密切的关系。浙江省经济的
发展决定高等职业教育的发展，高等职业教育的发展反过来又影响经济
发展。那么，这种相互影响关系的密切程度如何，以及高等职业教育具
体通过哪些途径与经济发展产生联系呢？这需要我们进一步分析高等职
业教育各要素与经济发展的相关性。

在本案例中，研究者基于人力资本理论的思考，认为浙江省的经济
发展与高等职业教育发展存在着密切的联系，将这两个方面定义为研究
变量，从实验中获取两种变量之间的相关性，以便从研究结果中提出更
有利于两者发展的方向。

（2）确定样本和使用工具

浙江省高职院校毕业生数量由 2005 年的约 4 万人增长到 2009 年的 10 万人，5 年间增至 2 倍以上。高职院校毕业生数量的迅速增长，为浙江省经济的发展提供了大量的技术人才，从而推动了浙江省经济生产总值的增长。我们绘制出浙江省高等职业教育毕业生数量与生产总值及第一、第二、第三产业产值的散点图。随后通过 SPSS 软件进行 Pearson 相关性检验。

在这一阶段中，作者选取时间为 2005—2009 年，将这 5 年作为时间轴，样本为这 5 年期间浙江省高等职业院校的毕业生数量和浙江省的经济生产总值。本研究使用 SPSS 软件来测量这两个变量之间的相关性。

（3）数据的收集

浙江省高职毕业生数量与经济生产总值及第一、第二、第三产业产值呈现明显的线性相关。

通过 SPSS 软件进行 Pearson 相关性检验，得到如下结果：浙江省高等职业教育毕业生人数与经济生产总值及第一、第二、第三产业的相关系数分别为 0.992、0.952、0.990、0.986，其中除了第一产业在 0.05 水平上显著之外，其他各项都是在 0.01 水平上显著相关。

在这一阶段中，作者通过图表指出毕业生数量和经济发展呈线性关系，尤其是和第二、第三产业的联系相对紧密，虽然和第一产业的相关系数较低，显著水平也不高，但这符合浙江省经济发展人均资源少的特点，浙江省经济发展的重点是第二、第三产业。因此为了适应这一发展需求，浙江省高等职业教育大量开设第二、第三产业专业，培养第二、第三产业发展所需的技术人才，以便推动第二、第三产业的发展；相应的，浙江省农业并不发达，农业生产总值虽然在缓慢增长，但在产业结构中的比重逐年减少，因此对农业专业的技术人才需求并不强烈，导致浙江省高等职业教育培养的农业专业毕业生人数也只是维持在基本满足农业发展需要的水平上。

（4）分析数据和导出结论

2005年，浙江省拥有高等职业院校35所，在校生17.9万人；2009年，浙江省高等职业院校增长到44所，在校生达32.7万人，高等职业教育规模的增长不仅能够满足人们对高等教育的需要，也为浙江省经济的发展培养了大量的专门技术人才。在浙江省高等职业教育规模扩大的同时，高职院校的办学规模也在不断扩大，2005年浙江省高职院校平均在校生为5120人，到2009年增长到7438人，校均规模增长至1.45倍左右。运用相关性检验分析目前浙江省高等职业教育的院校规模与经济增长间的关系。……

从本案例的研究中可以得出，浙江省的高等院校数量整体上呈现上升趋势，虽然在2008年有所放缓，这可能与经济危机有关，但是在2009年又一次增加。在校生人数和院校平均在校生人数都呈现上升的趋势，与经济增长之间存在显著的相关性，相关系数分别为0.983和0.991。浙江省高等职业教育的办学规模在适度范围之内，高等职业教育对经济发展起到推动作用。通过检验结果得出，高职院校平均在校生人数与经济之间相关性极为明显，但院校数量与经济之间并不存在相关性。由此我们得出，目前浙江省高职院校的平均办学规模需要继续扩大，院校规模效益并没有达到最大化，推动浙江省经济发展的最好途径不是增加高等职业教育的院校数量，而是扩大高等职业院校的办学规模，实现高职院校规模效益的最大化，以最低的成本培养出最好、最多的高职学生。

由此，研究者得出：浙江省高等职业教育的发展与经济发展之间的关系密切，经济发展对人才数量的需求决定高职毕业生状况，经济实力和发展水平决定高职院校的办学规模，经济产业结构的调整决定高职的专业设置状况。相应的，高等职业教育通过为浙江省社会经济培养专门的技术人才，满足社会经济的人才需求来推动浙江省经济的发展。

【实例3-6】高职大学生职业价值观与职业兴趣的相关研究[93]

本文依据相关研究法应用于教育研究问题的实施步骤：确定研究问题、确定样本和使用工具、数据的收集和分析、导出结论。"高职大学生职业价值观与职业兴趣的相关研究"这一课题的相关研究法将按照上述四个步骤依次进行。

（1）确定研究问题

高等职业教育是适应经济和社会发展的需要而发展起来的。尤其是近几年，随着教育体制改革的不断深入，高等职业教育的规模迅速扩大，各类职工大学、成人高校、普通高校等相继开办了高等职业教育，为社会培养了大量实用技术人才，为振兴经济做出了贡献。高等职业教育一方面，有利于科学、合理地使用高职人才资源，充分发挥其在经济建设中的作用；另一方面，对于进一步探索高等职业教育的办学模式，促进高等职业教育的健康发展，有着十分重要的现实意义。但由于种种原因，高职生就业难问题日益突出，作为大学生群体组成部分的高职生，比本科生面临着更多学习、就业的压力，自然也就越容易产生一些心理障碍，影响其心理健康。所以研究其职业心理，对高职生在职业、学业和心理健康状况方面的指导具有重要的意义。调查发现，时下部分高职大学生受计划经济年代传统就业观的影响，对职业选择存在不切实际的"攀高"现象，脱离高职大学生自身人才的实际情况，片面追求"二高一好"——高工资、高稳定、条件好的就业单位。可是，现实社会提供给他们选择的就业单位常常是工作环境条件不是很好、最初工资待遇不是很高的基层企业或个体私营企业，高职大学生的就业理想与现实职业、自我需求与社会需求之间形成强烈反差。面对这样的强烈反差，他们处于矛盾的择业心理之中。影响个体职业选择活动的因素很多，不仅仅涉及个性特征、兴趣，还涉及能力、价值观、职业成熟度等。职业价值观是人生观和价值观中相对稳定的东西，将在今后几十年内影响着人们的工作动机、工作责任心、对业务的钻研程度和对职业的忠诚度。

在本实例中，研究者就当今高职大学生毕业就业问题提出了自己的见解，认为高职大学生在寻求工作时，片面追求"二高一好"——高工资、高稳定、条件好的就业单位。但是在现实情境下，就业情况是不容乐观的。研究者将就业困难归因于两个方面：一是高职大学生没有树立良好的职业价值观，二是高职大学生没有明确的职业兴趣。研究者将高职大学生的职业价值观和职业兴趣设定为两个变量，建立这两个变量之间的相关联系。

（2）确定样本和使用工具

本研究主要是为了了解高职大学生的职业价值观和职业兴趣的特点，并探讨职业兴趣类型与职业价值观各维度的关系。所以，研究的样本主要来自重庆市高职院校的在校学生。

本研究主要通过问卷研究的方式来完成。论文中将会用到两份量表，一份是凌文轾等人编制的职业价值观问卷，另外一份是英国职业顾问处的心理学家们编制的职业兴趣量表。研究使用的问卷共分以下三个部分。

一是个人基本资料调查，主要用于样本特征分析。大学生的个人基本资料调查问卷包含性别、教育程度、政治面貌和家庭背景等。

二是凌文轾等人编制的职业价值观问卷。它是根据文献结合我国实际编制的，适用群体为大学生，具有较高的信度和效度。问卷的题目可分为三个主要因素，即声望地位因素、保健因素和发展因素。

三是霍兰德职业兴趣测验。它是著名职业指导专家根据他的人格类型理论编制的，原名为自我职业选择盘表。符合的理论构想，是自我管理、计分和解释结果的职业咨询工具，可以对职业兴趣的个体差异做出有效评估。

在这一阶段，研究者为了探究职业价值观与职业兴趣之间的相关性，选取重庆市职业院校在校生为样本，样本数量大于 30 个，具有可信度和可推广性。在使用工具方面，采用问卷调查的形式，先了解个人资料，然后发放两种不同类型的量表。这两种不同的量表各有侧重点，最终作者选取了霍兰德量表测量。除此之外，本研究涉及测验，测验包括 4 个子分量表，每个子分量表都按 6 个维度分为 6 个部分。同一分量表中，每个维度所包含的题目数是相等的。在活动、潜能和职业这 3 个子分量表中，每个维度包含 10 个题目，每个题目都采用自评式量表评分。在自我评判子分量表中，每个维度仅包含 2 个题目，计分方式为分级评分。

（3）数据的收集和分析

本研究共向重庆市职业技术学院和重庆教育学院发放问卷 400 份，回收问卷 396 份，回收率 99%，其中有效问卷 380 份，有效率 96%。

从上面的分析结果可以看出，声望地位因素、保健因素、发展因素，维度的内部一致性系数都大于 0.7。而整个量表的信度系数更是高达 0.9151。可见，大学生职业价值观量表经因素分析之后，具有良好的信度。采用的职业兴趣量表已被证明具有良好的信度。此外，效度是为了检验该量表对本研究的适用性。我们采用正式测量时的样本做信度分析。从分析结果可以看出，6 种职业兴趣类型的信度都较高，最低的内部一致性系数也接近 0.6。可见，该量表具有良好的信度，适用于本研究。研究也表明，各维度与总量表之间的相关系数均大于 0.6，这说明总量表与各个维度都具有相当的内部一致性，而且均达到 0.001 的显著水平。另外，通过各题项与所在维度的相关分析，可知其相关系数也都很高，基本在 0.7 以上，而且也均达到 0.001 的显著水平。题项与维度、维度与总量表的相关性分析，说明了量表具有良好的内部一致性，内在结构很理想。

（4）导出结论

大学生职业价值观中的保健因素对职业兴趣中的社会型和企业型有正向的影响作用。保健因素指工作能带来合理的经济报酬，组织能从制度、环境和前景等方面为员工提供安全感。它体现了大学生对薪酬、福利和工作环境的要求，与该类型职业兴趣相关的职业包括医疗、福利、教育类及商业管理类。

职业价值观中的发展因素对社会型和艺术型的职业兴趣有一定的影响作用。该维度主要体现在对工作性质的要求，例如，工作要能符合个人兴趣爱好，发挥个人的特长；工作节奏能符合自己的生活习惯；个人在工作中能不断成长；等等。社会型职业兴趣中的福利、医疗类的职业确实对个人的兴趣爱好有着特殊的要求，特别是社会福利工作者和演说家等都是出于强烈的个人爱好而选择自己的职业。

本研究中，研究者将职业价值观和职业兴趣分维度进行讨论，发现它们之间并不是所有维度相互联系，而是部分维度相互联系、相互影响。例如，职业价值观中的保健因素对职业兴趣的社会型和企业型有积极的作用；职业价值观的发展因素与职业兴趣的艺术型产生联系。

延伸阅读

[1] 郭晓宁 . 中等职业学校数字化教学资源的建设和使用情况的个案调查及相关研究 [J]. 中国职业技术教育 ,2006(28):42-45.

[2] 葛云飞 . 区域经济发展与高职教育发展的相关分析 [J]. 教育与职业 , 2006(11):8-9.

[3] 游敏 . 高职高专贫困学生心理健康与社会支持的相关研究 [D]. 重庆 : 西南大学 ,2008.

[4] 黄方慧 . 中国 – 东盟职业教育合作及其相关研究 : 历程、现状与展望 [J]. 中国职业技术教育 ,2016(30):20–23.

[5] 田新芳 , 林雯 . 我国职业教育信息化研究现状——基于十年 CNKI 相关论文的内容分析 [J]. 高等职业教育探索 ,2018(04):28–33.

[6] 邓芹芹 . 中学生压力源、父母教养方式与中职生抑郁焦虑情绪及其相关研究 [D]. 上海 : 华中师范大学 ,2019.

[7] 付从荣 , 刘晶晶 . 职业教育与区域经济发展相关研究的趋势分析——基于 CNKI 数据库 (1997—2018 年) 相关文献的可视化分析 [J]. 高等继续教育学报 ,2020(02):20–25,40.

第四节 文献计量法

文献计量法作为一种定量文献统计方法最早应用于情报学。随着跨学科研究兴起，文献计量法也逐步应用到其他领域研究。本节对文献计量法的定义、作用、优缺点、常用指标及其局限性进行概述，并对文献计量法的基本实施步骤做详细的阐述，最后共同探讨文献计量法的相关案例，分析文献计量法的内涵及展示如何将文献计量法在教育领域进行应用。

一、文献计量法概述

1. 文献计量法的定义

文献计量法是用于提供书面出版物的定量分析。[94] 文献计量法是使用统计方法来分析书籍、文章及其他出版物的方法。文献计量法通常被应用在图书馆与信息科学领域的研究中，近年来其适用范围也不断地被扩充。现如今，许多领域都使用文献计量法来探索、总结研究情况。评价学领域的邱均平学者认为：文献计量学是以文献体系和文献计量特征为研究对象，采用数学、统计学等的计量方法，研究文献情报的分布结构、数量关系、变化规律和定量管理，并进而探讨科学技术的某些结构、特征和规律的一门学科。[95] 文献计量法是情报学与数学、统计学等学科交叉产生的研究方法，现被广泛运用于学术成果的定量研究评估活动中，成为一种科学的辅助工具。

2. 文献计量法的作用

文献计量对情报的相关文献特征进行简单的统计分析，旨在进一步揭示文献情报的体系结构与数量变化的规律。

①图书馆管理。首先，文献计量法应用于图书馆行业，能够较为准确、有质量地分辨出哪些是优质藏书，优化馆藏，使得图书馆引进的藏书具备相对高的收藏价值。其次，在文献计量评价方面，文献计量法可以增强评价数目索引的完整性，增加藏书的书类。

②信息分析和预测。文献计量法可以用于测定核心期刊，分析和估计某一学科或技术领域的延伸及发展趋势。尤其是对一段时间的某一研究主题的计量分析，分析其发展现状，预测其发展趋势，能够帮助预测实践发展的可能走向。

③帮助读者高效阅读。文献计量法还可以用于确定重点文献，根据此界定指导读者重点阅读。对于研究者来说，文献计量法还可以帮助研究者确定某一学科领域或主题的研究现状，以及研究的价值，这也使得研究者在研究过程中能更好地辨认，进而实现高效的阅读。

④可用于战略情报。一般文献计量法在战略情报研究中的应用是，计量科研产出成果，通过计量对象及计量范围两个维度进行确认。同时，通过测量其引文频次来测度科学研究质量，为科学研究做客观的评价。对于特殊的文献计量法的应用是跟踪研究前沿，在某一学科内进行引文分析，包括文献共引及类聚方法，跨学科共引与类聚，从而映射科研领域。

3. 文献计量法的优缺点

文献计量法已经广泛被用于测量科学和技术质量与评估活动。文献计量法作为科学测量的技术工具，具有其自身的优点。首先，文献计量法操作便捷，研究成本较低，且能够粗略地掌握某一领域研究的现状与发展趋势。其次，文献计量法突出了信息分析的特色，其计量元素比较好辨别，容易收集。最后，文献计量法对研究者的要求较低，研究者不需要有深广的专业背景知识。然而，文献计量法也有自身难克服的局限性。首先，发表的论文质量不能够准确地反映研究活动的质量；其次，总体来说，文献研究法的结果较为粗略，还需要进一步研究。不能忽略的是，文献计量法所使用的数学模型都较为简单，往往只考虑参数、单因素，导致结果较为粗糙。

4. 文献计量法的常用指标

（1）论文数量是文献计量法常用的指标之一，研究者通常用"论文"计数来衡量科学产出。然而论文数量指标并不能衡量文献出处的整体质量，其应用也存在局限性。

（2）被引用的次数被认为是衡量文章的价值、及时性与效用的一个指标。其局限性在于引用往往存在主观因素，这种引用背后的原因往往是无法确认的，这对文献的价值性勘定产生影响。

（3）专利数据被认为可以较为客观地用作科学技术指标，包含了许多可用于文献计量分析的元素。然而随着各种新兴技术的发展，并非所有的技术都非常重要，所以将专利数据作为指标也存在局限性，很多领域的专利很难统一进行比较。

（4）引用次数可以作为衡量科学水平的指标，衡量科学界的影响网络，并用来追踪不同科学领域之间的影响网络。

二、文献计量法的实施

1. 数据源获取

一般来说，研究数据的来源主要有两种途径。一种是从数据库中获取数据，另外一种是从数据库的网页上下载数据。常用的方法是手动下载数据，例如，在论文网站进行关键词检索并下载相关论文。学者也可以自行在网络上搜索，这类数据通常有对应的数据网站，在网站或者数据库下载相关数据后输出至 Excel 表格中进行存储。需要注意的是，随着大数据时代的到来，网络上充斥着各种数据，进行文献分析获取数据的方法也绝对不止一种，可以多渠道获取。

2. 数据预处理

获取到原始数据后，要对数据进行预处理，预处理的目的是进行统计。数据的预处理是为了把粗糙的源数据进一步处理，提高数据的整体质量，同时也是为了适应研究所采用的工具或者方法。数据预处理主要包括数据清洗、数据集成、数据变换与数据规约。数据清洗主要是指把原始数据中一些无关的、重复的数据进行处理和删除。数据集成是将杂乱的原始数据按照类型分类集成一个数据库。数据变换是将数据进行规范化处理，以便数据分析。数据的规约是在数据基础上进行处理形成新的数据，使其更易于挖掘。

3. 统计计算

数据处理好后就可以进行统计分析。按照统计结果，可分为 TOP N 统计、奇异值统计、数量分布统计、年度增长统计、其他关联统计等。常规的统计有按单位名、地名、作者、基金支持等字段进行的简单统计。围绕关键词的时间统计分析一直是主题型计量分析的研究重点与核心。除了统计关键词与作者、机构、地区、期刊、分类号等的关系外，还可以统计关键词平均个数、关键词平均长度、标题的平均长度、摘要的平均长度、关键词在标题中出现的个数、关键词在文摘中出现的个数、关键词在标题和摘要中同时出现的个数等。按照统计方法，可分为均一统计和加权统计，例如，作者是有位序的，而关键词基本是无位序的。

值得一提的是，关于文献计量中的统计类型是多种多样的。按照统计对象，可分为作者统计、关键词、机构、主题、分类号、期刊、地区等。统计对象的划分依据就是文献不同的字段，篇名、关键词等是最能反映文献主题的字段。按照统计结果可分为 TOP N 统计、奇异值统计、数据分布统计、年度增长统计及其他关联统计。其中 TOP N 统计是最常用、最基本的统计方法，常以表格形式表现，一般不用图形显示。

4. 应用分析

在进行统计分析后，将所得的结果进行应用分析，根据研究对象及研究的问题，探讨数据结果对于研究内容相关应用建议。在挖掘数据后，根据数据分析的结果，在每个研究维度上再进行系统分析，最后得出研究结论。其中，重要的研究结果常用可视化的图表进行表述。

三、文献计量法的应用

下面以《我国职业教育研究方法之研究——基于 2012—2017 年 CSSCI 期刊文献的计量分析》和《我国走班制教学文献分析（2000—2017 年）：困境与发展》两个案例对文献计量法在职业教育领域的应用进行分析，以帮助我们对文献计量法有更具体的理解。

【实例 3-7】我国职业教育研究方法之研究——基于 2012—2017 年 CSSCI 期刊文献的计量分析[96]

本研究为了探索近五年职业教育研究方法的运用现状与发展趋势，选取文献计量法，通过对 2012—2017 年的 CSSCI 期刊文献的统计与分析得出研究结论。研究者强调教育研究方法的使用对教育研究质量的关键影响，将文献计量法作为最主要的研究方法，探索文献内容及发展趋势。

（1）数据源获取

研究样本基于 CNKI 中国引文数据库中职业教育的相关论文，以"职业教育"为"篇名"检索词，同时以"篇名"中包含"高职院校"或含"校企合作""高职""中职"为检索条件，时间限定为 2012—2017 年（9月 30 日），来源类别为 CSSCI。

研究者以"职业教育"为"篇名"关键词，检索得到若干源数据，数据均来源于 CSSCI 期刊论文。该源数据是未经进一步处理的数据，因此接下来研究者对源数据进行初步简单的处理。

（2）数据预处理

选取发文量排名前十的期刊，分别为《教育理论与实践》《中国高教研究》《黑龙江高教研究》《现代教育管理》《教育发展研究》《中国高等教育》《江苏高教》《高教探索》《高等工程教育研究》《教育研究》，剔除非学术类论文，共获取 1519 篇论文。

本文将论文所采用的研究方法分为思辨研究、量化研究、质性研究和混合研究。

研究者对数据做了初步的预处理，删除了论文中的非学术论文，并将处理后的论文按照研究方法的分类，分成了四类，以便于数据分析。

（3）数据分析

首先，提炼已有研究主题。通过文献计量软件 Ucinet 和 SPSS 21 进行矩阵聚类分析，结合 Sati3.2 导出的社会网络图谱和已有研究情况，提炼出目前我国职业教育研究主要的研究主题。

其次，采集样本数据。运用 E-study 软件下载本研究选定的 1519 篇论文，采用内容分析法，按照规定编码方式，在 Excel 中对这些文章进行逐条统计，统计条目为：编号、题目、所属主题（M）、性别（第一作者）（S）、总体研究方法（M）、收集资料方法（C）、分析资料方法（A）、发表时间（T）。

最后，对数据进行统计分析。利用 Excel 和 SPSS 21 对研究方法、收集资料方法、分析资料方法、性别等进行描述性统计分析，对研究主题与研究方法、性别与研究方法、各研究方法内部进行相关分析，以探讨其差异性和关联性。

研究者对于预处理后的数据进行了分析，按照统计分析的步骤对数据进行统计分析。同时也详细介绍了数据分析所用到的统计分析工具。此外，研究者还对数据分析中关于判断研究方法的问题做了进一步的陈述。

（4）结果分析

①研究方法的使用特点与趋势：从时间维度来看（2012—2016 年），思辨研究和混合研究呈下降趋势，量化研究呈上升趋势，但变化幅度都不大；变化最大的是质性研究，占比从 0 上升到 46.67%，上升趋势明显，可见，质性研究方法逐渐受到职业教育研究者的关注。从收集与分析资料方法使用频次来看，整体上，职业教育的研究者主要通过文献法收集资料，其次分别为量表（问卷）、数据库、田野考察的方法，实验法使用频率最低。在对资料进行分析时，81.3% 的研究运用定性分析，17.4% 运用数据统计分析，9.9% 结合案例进行论述，也有一些运用内容分析（3.3%）和比较分析（1.3%），运用文献计量（0.7%）和民族志（0.4%）方法进行资料分析的研究极少。

②研究主题与研究方法：一共有 14 个聚类，其中，如职业教育、高职院校、高职教育、机制等关键词主要表明所属学科和研究问题，并没有反映文章核心内容，因此去除这几个关键词。结合社会网络图谱得出的核心领域——人才培养、教学改革、课程体系、校企合作、产业结构、现代职业教育体系等，将同质性主题进一步合并，综合关键词聚类、分

布结构和已有文献内容，提炼出 7 个聚类主题——职业教育发展、教育与教学、课程改革、人力资源、办学主体、职业教育与经济、职业教育管理。研究主题与各类研究方法的相关性显示，职业教育发展、教育与教学、课程改革、人力资源研究与总体研究方法有显著相关性。

研究者从研究主题和研究方法两个方面展现职业教育领域的研究，从中可以看出，相对于其他研究方法而言，文献计量法对主题词与方法等的统计分析还是具备简单、易操作的优势的。

③性别、期刊与研究方法和研究主题：方差分析显示，职业教育在研究领域，男性研究者和女性研究者在选择总体研究方法时没有显著差异。样本来源期刊与研究主题的方差分析显示，每一种来源期刊都与研究主题具有显著相关性（显著性水平均小于 0.05）。

研究者在研究基础上还探讨了研究方法的内在关联性及收集资料与分析资料方法的相关性和自相关，验证了研究方法与收集、分析资料方法之间的相关性。研究者从思辨研究、量化研究、质性研究、混合研究等四个方面进行梳理，分析出各类研究常用的一些研究方法并进行归类。

④研究方法的内在关联性：研究方法与收集、分析资料方法的相关性。思辨研究类的文章主要采用文献法收集资料，用定性方法进行资料分析；量化研究的数据来源一般为数据库或者量表（问卷），运用文献计量分析或者统计分析方法处理资料；质性研究主要通过田野考察收集资料，采用案例分析或民族志方式分析资料；混合研究则是多种资料收集和分析方法的混合交叉运用。收集资料与分析资料方法的相关性及自相关。采用文献法收集资料主要用于定性分析；田野考察获取的资料会用于案例分析、民族志描述或者统计分析；数据库收集的资料可能用于比较分析、内容分析、文献计量分析或者统计分析；通过发放量表（问卷）收集的数据一般都要进行统计分析，且统计描述比统计推断运用率更高。

在研究的最后，研究者提出我国职业教育研究方法较多使用的是思辨法，但也随之多元化，质性研究逐渐增多。此外，研究者还阐述本文的研究内容，并在结合研究结论的基础上提出一些建议。其一，发挥导向作用，促进研究方法的多元化发展。研究者认为，职业教育不仅是一种类型教育，从本质上讲也是培养人的教育，因此必然涉及人类社会与心理现象。所以，仅用思辨的研究方法显然是不够的，要促进职业教育研究方法的多元化发展。其二，借鉴多学科方法，拓展资料收集和分析的深度与广度。资料收集是基于研究者的观察层面，而数据分析就需要研究者对于资料进行深度挖掘与解读。这个过程也需要借助多学科的方法，尽可能深入、全面地收集、挖掘数据。其三，注重方法论训练，提升研究方法运用的规范性。研究者称，在研究过程中发现了诸多对方法使用不明确、模糊的问题。因此研究者要注意学术素养的提升，加强有关方法论的训练，这也间接提升了研究方法的规范性使用，进一步提升职业教育领域研究成果的质量。

【实例 3-8】我国走班制教学文献分析（2000—2017 年）：困境与发展 [97]

走班制教学是固定教室与教师，学习者可以根据自己的兴趣选择不同的班级。本研究基于 2000—2017 年 1826 篇有关走班教学研究文献的计量分析研究，探讨该研究的困境与发展。本研究依据文献计量法的标准实施步骤，基于研究分析结果，提出走班制教学的相关建议。

（1）数据源获取

研究选取上海交通大学图书馆为数据来源。上海交通大学图书馆馆藏丰富，电子资源数量、质量位居国内高校前列。在上海交通大学图书馆中国知识资源总库系列数据库中，研究选择了中国期刊全文数据库、中国重要报纸全文数据库、中国博士学位论文全文数据库、中国优秀硕士学位论文全文数据库以及万方期刊库作为样本来源数据库。

（2）数据预处理

基于上述文献数据库，研究以"走班"为关键词，设定检索范围为2000—2017年，检索时间为2018年1月20日，共检索到相关文献1884篇。经过排除不相关文献，去重和剔除信息来源不清、主要数据不完整的文献，共检出论文1826篇。

研究者进一步详细地介绍了数据的检索步骤，对获取的数据进行了初步的处理。将处理后的1826篇文献再做进一步计量分析，利用数据统计工具进行统计分析。

（3）数据分析

首先，将检索的1826篇文献作为统计源，采用文献计量法，从套录的文献题录中分别提取文献标题、作者、摘要、关键词、发表时间、作者单位、期刊来源等内容，将相关数据转换成数据库文件。其次，对于分析指标不易提取或者需要对内容进一步分析讨论的文献，进行"代表文献"全文阅读，提取相关数据。最后，研究利用SPSS和Excel对年度文献量、文献分布、文献作者地域、机构、排名和文献主题等数据进行统计分析。

本研究所采用的数据分析工具是SPSS和Excel，分别从年度文献量、文献分布、文献作者地域、机构、排名和文献主题等数据进行统计分析。

（4）结果分析

①时间分布：文献发表的年度分布状况，反映出我国走班制教学发展过程可分为四个阶段。2000—2003年为第一阶段，是走班制教学的启动阶段。该阶段新课改开始全面启动，文献量从2000年的1篇增至2003年的17篇，逐年增多。2004—2009年为第二阶段，是走班制教学

的试水阶段。该阶段新课改开始全面推广，文献量从 2004 年的 19 篇增至 2009 年的 46 篇，2008 年稍微有点降温，但仍保持一定增长。2010—2013 年为第三阶段，是走班制教学的发展阶段。2010 年，国务院颁布《国家中长期教育改革和发展规划纲要（2010—2020 年）》，此纲要具有划时代意义，使得走班制教学研究急剧升温，文献量从 2010 年的 55 篇骤然增加到 2013 年的 89 篇。2014—2017 年为第四阶段，是走班制教学的深化阶段。2014 年，新一轮考试招生制度改革正式启动，国务院下发《国务院关于深化考试招生制度改革的实施意见》，教育部全面推进走班教学制度，文献量从 2014 年的 172 篇增至 2017 年的 448 篇，4 年共发表文献 1314 篇，占据 2018 年总量的 72%。由此可见，走班制教学的发展过程和国家教育改革政策具有高相关性。

研究者将 2000—2017 年这 18 年间的走班教学发展分为四阶段，分别是走班制教学启动阶段、走班制教学试水阶段、走班制教学发展阶段及走班制教学深化阶段；并纵向按照时间顺序及相对应阶段的文献研究量总结出，走班制教学的发展过程与政府的教育政策具有很大的关联性。

②地域分布：东西部数据量差距很大，我国走班制教学研究力量主要集中在东部地区，如北京、上海、山东、江苏等地。东部地区的发文量占据绝对优势，占文献总量的 63.30%。2000 年最早刊发的 1 篇相关文献的作者地域（上海）就属于东部，这些说明东部地区的走班制教学实践走在全国前列，研究团队规模大，实力较为雄厚。相对于经济发达的东部，经济欠发达的中部和西部的走班制教学理论和实践较少，分别占文献总量的 13.91% 和 13.36%。西部地区在 2003 年才出现首篇文献，整整晚东部 3 年；2004 年没有刊发文献；2005 年也仅出现 3 篇。中部地区 2001 年发文 1 篇，2002 年没有刊发文献，2003 年也只有 2 篇。中部和西部的文献量相差无几，但从局部看，西部更活跃些；中部和西部的

文献量均远少于同期的东部。

研究者从文献作者的单位地址、地域分布因素出发，分析探究走班制教学在我国地域发展现状并绘制了图表。在总的数据中，有90%的文献明确了作者的单位地址。其中东部地区发文量占比63.30%；中部地区发文254篇，占比13.91%；西部地区发文244篇，占比13.36%；其他地域模糊和国外发文172篇，占比9.42%。

③机构分布：从机构分布来看，作为走班制教学的主要实践者和亲历者的中等学校发文898篇，占机构总数的49.18%，是走班制教学文献发表的主力军；高等院校发文量337篇，位居第二，占18.46%，是走班制教学的主要研究者和推动者。

研究者为了确保文献统计的客观有效性，选取了文献的第一作者为统计对象。1826篇文献中，教育研究机构或教育行政部门发文135篇，高等院校发文337篇，中等学校发文898篇，小学发文106篇，幼儿园发文23篇，其他发文327篇。

④高发文量作者排名：排名第一的是李希贵，走班制教学的样板学校——北京市第十一学校校长，他在2013—2016年共发表论文12篇。北京市第十一学校的郭学军，上海晋元高级中学的王丽萍、赵凤飞，河北邯郸新兴中学的白延刚也名列前茅。上海晋元高级中学的赵凤飞在2001—2003年发表相关论文5篇，王丽萍在2004—2011年发表相关论文5篇，说明上海较早关注或实践了走班制教学。对发文量排名前30的作者所属单位进行统计分析，发现发文量居前10的作者单位分别是北京市第十一学校、上海晋元高级中学、杭州师范大学附属中学、河北邯郸新兴中学、上海市上海中学、浙江省义乌中学、西南大学等。这些单位大部分分布在我国东部，这和前面的统计分析是一致的。虽然文献中这些"名校"反复出现，但实际上其经验并没有在全国普及。因此，

其代表性和普遍性值得推敲。

　　研究者将高发文量作者排名也作为一个因素进行分析，然而该主题的研究者总体发文量并不高，因此，采用发文单位进行分析。可见，由于文献作者整体发文水平、质量有限，该指标作为走班制教学发展的一个指标也有一些局限性，其代表性有待进一步推敲。

　　⑤主题分布

　　综观 2000—2017 年我国走班制教学的研究文献，主题内容主要分为以下几类：理论研究（概念、内涵、特点、政策、行政导向等），实践探索（实践总结、报告等），模式研究（机制、方法、策略、路径等），学科教学（具体学科的教学设计），管理（学生管理、教务管理），现状分析，国外及国内外对比，优势或意义，问题分析（质疑或反思），发展趋势，评价，等等。归类中有所交叉，因为某篇文章可能包含两个或两个以上的主题内容。可以看出，在文献所涉及的研究主题中，模式研究是大家最感兴趣的，共检出 555 篇，其内容涉及机制、方法、策略、路径等，这可能与作者大多是走班制教学的实践者和倡导者有关。实践探索类 526 篇，理论研究类 356 篇，实践探索类多于理论研究；而实践探索又多见于个案研究。这一方面说明我国走班制教学不乏实践者，另一方面说明个案不一定具有普遍性意义。2004 年开始出现了具体学科的教学及其设计研究；管理类也细分为学生管理和教务管理等，说明我国走班制教学的研究逐渐深入。尽管走班制教学源于西方国家，国外及国内外对比文献量明显较少，只有 40 篇，这表明对国外经验研究的关注不够。另外文献量较少的是关于走班制教学的评价、现状分析和发展趋势研究。

　　研究者对研究走班制文献的主题进行分析，研究主题是较为直观地表现研究领域的研究趋势的发展指标。研究者也对结果进行深入的分析，对走班制教学的主要研究内容进行梳理并展示。

（5）研究建议

走班制教学是基于新时代教育改革的必然趋势。研究者通过研究发现，首先，我国教育领域目前对于走班制教学研究越来越重视，相应的文献量也不断地上升。其次，对研究主题、内容的深化分析可以看出，主要的研究力量集中于中东部地区；可见走班制教学的发展与我国教育政策有很大关系。再次，在新技术应用于教学的同时，走班制教学也散发着新的活力。最后，走班制教学实践逐步呈现了本土特色，这意味着走班制教学与我国教育情况不断融合，这离不开科研的不断探索。基于以上研究结果，研究者提出走班制教学中的若干问题，以期在今后的研究中能够不断地完善走班制教学。

①走班制教学理论研究：从研究内容分析可以看出，我国目前走班制教学理论研究部分较为薄弱，理论研究创新力度不够。

②软硬件条件的匮乏：走班制教学对教室、实验室、设备及教师都有很高的要求，许多学校是难以满足走班制教学的条件的。走班制教学对教学班级需求量较大，许多学校无法提供足够的教室以及资源，使得走班制教学半途而废。此外，师资力量也是其中一个重要的问题，走班制教学需要满足尽可能多学生的需求，就需要各种专业的教师，而这也是现实难以满足的条件之一。

③学生管理方面的挑战：走班制教学的学生流动量大，每个学生都有自己独特的课表，这使得学生管理工作很难进行。尤其是对低年级学生来说，走班制教学更容易滋生迟到、早退、组织形式松散等问题，从而也十分影响最后的学习效果。同时，学生管理工作的难度加深，这给教师工作增加了难度，教师除了要担任教学工作还要承担复杂不稳定的学生组织监督工作，这使得教师容易出现疲惫感。

④走班制异化为快慢班：经过研究，一个更加重要的问题就是许多走班制教学逐渐转化成快慢班级，较好的学生扎堆选择同样的课程，这背离了教学平等的原则。这也造成了更加严重的问题，导致慢班学生学习激情不高，老师教学情绪也会随着受到影响。

⑤各方抵触：研究所得出的诸多走班制教学中存在的问题，使许多学校都表现出排斥的态度。教师因为突然改变原有教学模式，同时走班制教学大量增加了教师的教学工作、管理工作力度，这也遭到了教师群体的反对。家长方面也因为走班制异化成快慢班产生了不满。

⑥师资均衡问题：走班制教学对教师需求非常大，且对教师教学水平也具有极高的要求。而实际上各个学校学科教师比例存在很大的差距，有的学科教师资源充足，而有的学科教师资源很缺乏，这也导致部分师资紧缺，而部分师资闲置。

⑦东西差距影响教育公平：研究分析发现走班制教学在我国地区发展并不均衡，较为成功的学校案例主要分布在大型城市，其拥有较好的教学条件与较为丰富的教学资源。而有些地区学校则面临设备不足、教师缺乏、课程选择范围小等多种问题。这种现实差距使得走班制教学的实施受到阻碍，影响教育水平。

⑧对大学招生的影响：走班制教学的实施对高校的人才选拔有直接影响。走班制教学影响学生成绩，间接影响了高等院校的人才选拔。

⑨教学评价困难：教学组织形式的涣散与所学科目的差异使得教学评价难以统一、公平。

研究者基于文献计量法对走班制教学进行了分析研究，指出我国18年间走班制教学发展中存在的以上九个问题。针对这些问题，作者也提出了促进走班制教学发展的相关建议。作者认为要加强理论认知和研究、开展广泛的"网上走班"、利用信息化技术优化教学资源管理与配置、重构走班模式，防止出现快慢班，改变现行的教育评价标准，系统调整教育改革策略。推动走班制教学正常快速的发展无疑离不开多方的支持与多手段的齐用。我们从研究中可以发现，该研究严格按照文献计量法的基本步骤，对走班制教学的发展进行了梳理研究。同时，由于文献计量法具有高效的处理手段及其对指标透彻的研究，研究者更容易发现走班制教学存在的实际问题。总体来说，作者采用的指标也是文献计量法采用的常规指标，并不具有特别的难度。

延伸阅读

[1] 仇晓红 . 文献计量方法应用进展浅析 [J]. 河北科技图苑 ,2015 (4):44–47.

[2] 化柏林 . 文献计量分析研究的分类与处理流程 [J]. 情报科学 , 2007(9): 1332–1336.

[3] 赵一凡 . 技术进步与收入问题研究领域现状与展望——基于 CSSCI 期刊的文献计量分析 [J]. 科学与管理 ,2020 (3):34–43.

[4] 李会会 . 近二十年来我国农村寄宿制学校研究的可视化分析——基于 2001—2020 年 CNKI 刊载文献计量研究 [J]. 中国农村教育 ,2020(17):119-121.

[5] 胡小平 , 莫幸清 . 我国高等师范院校课程体系研究述评——基于 1987—2019 年期刊的文献计量分析 [J]. 六盘水师范学院学报 ,2020 (3):81-89.

[6] 吴立宝 , 冯静 , 王光明 . 我国学校文化研究的文献计量分析 [J]. 教学与管理 ,2019(24):38–41.

[7] SEN B,SHAILENDRA K.Evaluation of recent scientific research output by a bibliometric method[J].Scientometrics,1992(1):31–46.

[8] BORNMANN L,GLÄNZEL W.Applying the CSS method to bibliometric

indicators used in (university) rankings[J].Scientometrics,2017(2):1077–1079.

[9] MARZI G,CAPUTO A,GARCES E.A three decade mixed–method bibliometric investigation of the IEEE transactions on engineering management[J].IEEE Transactions on Engineering Management,2018:1578.

[10] 曾嘉灵, 尚俊杰.2013 年至 2017 年国际教育游戏实证研究综述 : 基于 WOS 数据库文献 [J]. 中国远程教育 ,2019(5):1–10.

[11]夏宁满.教育语言学的研究主题文献计量学分析[J].中国外语,2018(5): 14–24.

第四章

质性研究类型的方法

　　质性研究是以研究者本人作为研究工具，在自然情境而非人工控制的实验情境下，采用多种方法收集资料，对研究对象进行深入的整体性探究，从原始资料中形成结论和理论，通过与研究对象互动，对其行为和意义建构获得解释性的一种活动。质性研究方法常用于社会科学及教育领域，注重人与人之间的意义理解、交互影响、生活经历和现场情景，从而在自然状态下获得整体理解。本章将主要介绍个案研究法、访谈研究法及历史研究法等七种研究方法。

第一节　个案研究法

个案研究法是社会科学中一个重要的研究方法，在 20 世纪末逐渐被应用于教育领域，专家和学者在方法论研究以及实际操作上都取得了许多成果。职业教育个案研究是指通过对职业教育案例的筛选，选出具有典型性的个案进行深入透彻的研究，从而透过现象揭示职业教育领域中的逻辑或者规律。本节从职业教育个案研究的含义、优缺点、分类、适用性入手，总结职业教育个案研究具体的实施步骤及在职业教育领域的应用，试图对职业教育个案研究法有一个系统的认知。

一、个案研究法概述

1. 个案研究法的定义

教育个案研究就是将个案研究法应用在教育领域中。个案研究法作为一种研究方法，最早可以追溯到 19 世纪中期法国的社会学领域。19 世纪末 20 世纪初，个案研究成为芝加哥学派社会学者的重要研究工具，[98] 20 世纪 20 年代在社会学领域内得到承认并广泛运用。[99] 现在，个案研究法已经广泛地应用于社会学、教育学、心理学、人类学等领域。

个案研究方法就是对单位教育事件、教育现象进行密集的整体性描述和分析，有学者认为个案研究不强调使用特定的方法收集和分析数据，测量、访谈等都可以用于个案研究中，通过对个案的聚焦，研究者可以发现现象中的主要因素是如何相互作用的。[100] 个案是一个综合系统，对象可以是一个孩子，可以是教室内的一群孩子，也可以是一个专业人员研究儿童生活状况的过程。它是一个特定的、复杂的、具有特定功能的事物。[101] 简单来说，个案研究法就是对某一件事例进行深入细致的调查研究，[102] 是对一个人、一件事、一个社会团体或一个社区进行的深入全面的研究。[103]

职业教育个案研究法就是研究者研究职业教育领域内的真实现象，通过各种方式收集资料，对职业教育案例进行深入细致的描述和研究，从而发现该现象中的主要因素是如何相互作用或联系的。个案研究的对象可以是一个人、一群人、一个事物等。

2. 个案研究法的优缺点

个案研究方法是质性研究方法中的一种，相对于其他定性研究方法，个案研究法有如下优点：①研究的目标与范围比较容易确定，因此在时间与精力相同的情况下，个案研究使人们对研究对象做更加集中的研究。②个案研究法更适合对嵌入在现实生活场景中的现象进行深度的考察。③个案研究法收集资料的渠道比较丰富，研究的手段也比较多样化。个案研究法可以采取访谈、（历史）资料分析、直接观察等方式收集材料。事实上，个案研究法并不一定需要花费大量的时间去做调查，即使只在图书馆里收集数据，也有可能完成高质量的案例研究。④个案研究法能够弥补现有理论体系的不足。在现有理论无法解释某些事件的情况下，特定的案例可以为人们提供新的观点与启发。[104]

与此同时，个案研究法存在着一些不能忽视的缺点：①作为一种质性研究，且涉及的变量较多，个案研究法所揭示的因果关系往往不够明确，不如量化研究结论展示得那么清晰；②个案研究法往往追求对研究对象的整体性了解，这就决定了具体研究过程中始终面临着具体操作性的问题；③为了保证研究的效度，往往要求研究者采集多方面的数据，运用多种研究方法进行核准，因此对整个研究设计及研究者本人的要求比较高。[105]

3. 个案研究法的分类

根据不同的分类方式，个案研究法可以分为多个种类，依据研究的目的将其划分为描述性个案研究、解释性个案研究和探索性个案研究。[106] 其中，描述性个案研究是指描绘在某个特定情境中发生了什么，解释性个案研究是指解释人们行为中的事件发展方式和原因，探索性个案研究是提供一些资料以帮助调研者认识和理解所面对的问题。而另有学者认为根据研究的目的可以将个案研究分为探究性个案研究、伪证性个案研究和外推性个案研究。[107] 探究性个案研究的目的是揭示样本本身；证伪性个案研究则通常需要与以往的学术文献或理论进行"对话"，通过研究修正或推翻原有理论；外推性个案研究是通过对某个个案资料进行分析，然后采用归纳逻辑总结出一般结论或理论。

根据研究使用的案例数量可以将个案研究法分为单一个案研究和多重个案研究法，在研究中可以对多个个案进行研究，从而得出一个跨个案的研究结论，[108] 将其分为四种相关的类型：单一整体个案、单一嵌入个案、多重整体个案、多重嵌入个案。[109]

本节认为从目的上可以将个案研究法分为三类：①描述性个案研究，即研究者对所研究的教育现象进行详细的描述，是"非理论性的"，这样的研究构成了进一步比较和理论构建的基础；②解释性个案研究，即收集信息进行分析、解读，并将其进行理论化；③探索性个案研究，即对相关个案的资料进行分析、认识、理解。

4. 个案研究法的适用性

每一种研究方法都有其优点和缺点，有其适用性，以下三个条件将决定所采用的研究方法的类型：第一个条件是研究问题的类型；第二个条件是研究方法的类型；第三个条件是研究对时下事件的聚焦程度。每种方法都可以进行"是什么（What）"的探究性问题研究，而"怎么样（How）"和"为什么（Why）"的问题更多属于解释性问题，也称为因果性问题，然而这类的问题更可能采用实验法、历史分析法或案例研究法，假如这类问题同时又是当前发生的并且可控程度不高，那么我们就可以选用个案研究法。

二、个案研究法的实施

通过对文献的分析和整理，得出职业教育个案研究法实施步骤及在实际研究中的实现路径。职业教育个案研究实施的四个步骤分别是制订研究方案、收集研究资料、分析研究资料及撰写研究报告。

1. 制订研究方案

制订研究方案就是进行研究设计，研究设计的内容主要包括确定研究问题、选择分析单位和研究个案。[110] 个案研究设计的第一步就是选择一个感兴趣并且有研究意义的研究问题，一般来说确立的研究问题需要与当前在真实环境中发生的实践和行为有关，研究问题可以是教育理论研究，也可以是教师在教育实践中遇到的问题。确定研究的问题和内容是非常困难的，需要建立在文献阅读的基础上，通过检索文献，逐渐缩小研究范围，聚焦到一个或几个关键问题上。在确定研究问题和内容之后，需要明确地提出某种具体假设，只有这样，研究才具有方向性，研究者才知道在哪里能够找到相关的证据。[111] 研究设计的第二个步骤是选择分析单位和个案，为了选取具有能完成研究任务的特性及功能的样本，个案研究往往进行有目的抽样，即根据研究的目的抽取能为研究提供最多信息的样本。同时，研究者应注意在选取研究的个案时，个案必须集中体现教育中某种现象的重要特征，任何个案都有共性和个性，都是共性和个性的统一，不一定要具有代表性，但是选取的个案必须具有典型性。[112]

2. 收集研究资料

在职业教育个案研究中，收集研究资料是非常重要的环节，是否全面收集适合该研究问题的资料是影响研究能否深入透彻的重要因素。收集资料的方法主要包括以下三种：文本收集、观察法、访谈法。①文本收集：文本类资料的收集应包括用各种手段记录下来的资料，如书报杂志、档案、备忘录、官方统计资料、广播电视资料、单位记录、备课笔记及私人保存的资料。[113]文本资料相对于其他资料而言更容易收集，使用的时间也相对较短。②观察法：教育个案研究是在自然情景中进行的，所以研究者要融入自然情景中创造观察的机会。观察法主要分为直接观察和参与观察两种。直接观察法最大的优点就是直观、真实，既包含了真实的事件，又包含了真实的情境；参与观察为研究者提供了收集个案研究资料的特殊机会，能够对人的行为和动机有深刻的认识。[114]③访谈法：访谈法能够和对象进行深入交流，了解到一些不能通过观察直接得到的信息，比如想法、态度、经验等。访谈法主要包括深度访谈、焦点访谈及调查访谈。在收集资料的过程中，要保证数据来源的广泛性，使用多种方法相结合的方式，详尽地收集资料；建立资料库，将访谈、观察、文本研究的资料放入资料库内；要将收集的资料形成证据链。

3. 分析研究资料

怎么对收集到的研究资料进行分析，是一个重要却有难度的环节，资料分析并不是在资料全部收集完成之后才进行，而是在资料收集的过程中进行的。[115]研究者在收集资料之后，就要对该资料进行整理、分析，根据分析的结果及时调整研究的方法，再进行资料收集，如此循环往复。研究资料分析方法有三类，分别是诠释性分析、结构性分析及思考性分析。诠释性分析是指严密检查研究资料，以便找出用来描述并且能解释被研究现象的构成、主题和模式。结构性分析是指检查个案研究资料，识别对话、文本、事例或其他现象中的模式。思考性分析是指研究者依赖直觉或者判断来描绘或评价正在研究的现象的过程。在分析研究资料之后，还需对研究结果进行信度和效度的分析，使研究结果更具科学性和可信性。

4. 撰写研究报告

在如何撰写研究报告上，学者们在研究报告的表现形式上有着不同的分类方式。Meredith Mark Gall 将研究报告分为反思性报告和分析性报告两种。[116]Yin 将研究报告根据不同结构分为线性分析式、比较式、理论式构建、悬念式及无序混合式。[117]陆宏钢、林展认为研究报告可以分为描述性报告、简介性报告及分析性报告。[118]虽然研究报告有多种多样的表现形式，但是每份研究报告都应该包括以下几个方面：①研究的问题，详细描述本次研究所要研究的问题，也可以包括提出的假设；②背景介绍，详细描述本研究的研究背景、真实情境；③研究方法的选择和应用，主要包括使用什么方法确定研究的个案，在收集研究资料的过程中使用何种方法收集资料，以及使用何种方法分析资料；④个案研究的结果分析，主要针对个案研究的结果，包括对文本资料、观察资料及访谈资料的描述和概括分析；⑤结论和建议，对研究结果进行深入透彻的讨论，并对本次研究的问题提出一定的建议或展望；⑥参考文献及附录。

三、个案研究法的应用

下面以《欧洲高校学生组织创业实践研究——以欧洲青年企业联盟为个案》和《合并学校的文化苦旅:从"你和我"到"我们"—— 一所合并中学"文化冲突"的个案研究》两个实例对个案研究法在职业教育领域的应用进行分析,以帮助我们对个案研究法有更具体的理解。

【实例 4-1】欧洲高校学生组织创业实践研究——以欧洲青年企业联盟为个案[119]

(1)制订研究方案

当前,正值我国高校深化创新创业教育改革之际,国务院办公厅专门印发《关于深化高等学校创新创业教育改革的实施意见》,全面部署深化高校创新创业教育改革工作。在此背景下,研究者选取欧洲青年企业联盟作为个案,研究欧洲高校学生组织的建立、运行及成效,以期对我国高校创新创业教育的改革和发展有所借鉴。欧洲青年企业联盟(European Confederation of Junior Enterprises,简称 JADE)是一个完全由高校青年学生自主运营、以"学生推动创业"为发展口号的非营利性学生组织。

研究者抓住我国发布创新创业政策的热点,考虑到我国的学生创业组织缺乏"自下而上"的模式,以此确定为研究的问题,而欧盟青年企业联盟是"自下而上"学生推动模式对"自上而下"战略拉动模式有益补充的典型代表,且组织运行卓有成效,值得作为解决我国该问题的案例参考。

(2)收集研究资料

从 2000 年欧盟提出"里斯本战略"(Lisbon Strategy),到 2013 年提出《2020 创业行动计划——重燃欧洲创业精神》(Entrepreneurship

2020 Action Plan: Reigniting the Entrepreneurial Spirit in Europe），再到 2016年欧盟提出《创新创业能力框架》（EntreComp: The Entrepreneurship Competence Framework），不到20年的时间，以欧盟为代表的欧洲各级组织试图构建一个创业教育战略体系，将创业精神（Entrepreneurial Spirit）融入包含中小学阶段教育、职业教育及高等教育在内的整个教育体系，使欧洲人具有创业思维，最终在欧洲形成创业文化。

研究者通过文本收集的方法，查阅了欧盟发布的"里斯本战略"（Lisbon Strategy）、《2020创业行动计划——重燃欧洲创业精神》（Entrepreneurship 2020 Action Plan: Reigniting the Entrepreneurial Spirit in Europe）、《创新创业能力框架》（Entre Comp：The Entrepreneurship Competence Framework）、"伊拉斯谟斯"（Erasmus）计划等相关文件，并从欧洲青年企业联盟（European Confederation of Junior Enterprises）、联盟执行委员会（JADE Executive Board）、联盟全委会（JADE One Big Team）、青年企业全球理事会（the Junior Enterprise Global Council）等相关网站上获取信息。

（3）分析研究资料

欧洲青年企业联盟在运行的过程中，为学生提供了"做中学"的良性体验式学习循环。良性体验式学习循环建立在传统商业教育的基础之上。欧盟大力提倡的创业教育以发展学生终身创业能力为目的。参加过欧洲青年创业联盟后，学生将更具创造性，有更多分析技巧，在意识到机会存在时更能够通过激励他人来获得支持和帮助，他们有更好的人际交往技巧、适应力和从容应对各种情况的能力。欧洲青年企业联盟在发展学生创业能力的同时，对学生就业能力的提升也产生了积极影响。欧洲青年企业联盟除了对学生创业能力产生积极影响外，还对社会和经济产生一定影响。

研究者在收集资料之后，对该资料进行整理、分析。该研究运用诠释性分析和思考性分析，在对相关报告和网站信息查询之后，找出欧洲高校学生组织创业实践的政策及实施措施，并以此现象为依据，思考并客观评价对我国学生组织创业模式有所启发的方面。

（4）撰写研究报告

欧洲青年企业联盟（JADE）以"学生推动创业"为宗旨，号召"做中学"的体验式学习模式，致力于将"青年企业"的理念在欧洲及世界范围内推广。欧洲青年企业联盟在运行中实施青年企业、国家层面、超国家层面的三级运行结构，致力于搭建青年创业者交流平台，为青年创业者提供专业化的培训，以及积极从导师和公司两个方面拓展外部伙伴合作，形成一整套标准化的青年企业建立流程。在教育成效上，欧洲青年企业联盟提供"做中学"的良性体验式学习循环，成功发展和提升学生的创业能力及就业能力，对社会和经济产生了积极影响。以欧洲青年企业联盟为个案，系统研究和总结欧洲高校学生组织创业实践，对我国创业教育发挥学生组织的力量，重视"做中学"的体验学习，构建多元化的创业教育联盟，促进跨国家、跨地区的资源整合等方面将具有借鉴意义。

研究者采用分析性报告撰写的形式，基于我国高校以学生组织为主要推动力的"自下而上"的驱动模式缺乏的现状，选择欧洲青年企业联盟为典型个案，以欧洲青年企业联盟的建立、"自上而下"战略拉动模式的欧洲创业教育、"自下而上"学生推动模式对"自上而下"战略拉动模式的有益补充为背景，对运行中的"青年企业"的定位、运行机制进行深入分析，剖析该个案产生积极影响的成效，提出对我国学生组织创业实践的启示。

【实例4-2】合并学校的文化苦旅：从"你和我"到"我们"——一所合并中学"文化冲突"的个案研究[120]

（1）制订研究方案

由于把办学质量、文化基因不同的学校合并在一起，教学和管理等方面的冲突接踵而来，很大程度上削弱了合并后学校管理的有效性。同时，由于来自不同学校的学生持守着各自的价值追求和行为规范，新的学生群体如何形成共享的价值观念和行为方式，同样给学校管理和教学提出了挑战。因此，如何对待合并学校的文化冲突，如何有效控制合并带来的消极影响，最大程度保障学校的良性发展，是当前合并学校所面临的难题。

研究者以许多学校由于优质教育资源整合和入学人数减少等原因进行学校合并导致各种群体文化和校园文化之间发生冲突为切入点，选取合并中学N为典型案例（N是由A和B两所学校合并而来），收集关键事件，分析总结，从而探寻文化冲突结构与机制影响。

（2）收集研究资料

身处一个新的混合群体，教师们都有一种不安全感，期望在新的学校中得到认同和赏识，同时担心遭到同事的排斥。这个时期，教师们在与新群体交往的过程中往往表现得很敏感。T是原B校教师，见证了两校合并的过程，受访中她提及："大家总是小心翼翼，对学校和公事不太愿意表露自己的真实看法，担心说错什么，甚至觉得什么都不说才安全。""学校合并几年来，成员关系很复杂。大家在饭厅、在路上都会打招呼和聊天，看上去没什么隔阂。可是，听听谈话的内容，就明白了。我们聊的总是关于房子、孩子等这些工作之外的话题，谈论工作，大家都放不开，可能怕说错什么话，话少为妙。而且，他们为保护自身的利益，同原校的教师交往更多，出现了派系现象。"

不同文化基因是导致合并组织内部磕磕绊绊的重要原因。两所学校原本已形成各具特点的、稳定的行政文化，因为不好做大范围的调整，所以在合并之后，两校在行政层面基本上保留"原职"。结果，两种不同的行政文化冲突不时出现，对合并学校的发展造成阻碍。一位行政教师曾提到这样一件事："一位新来的老师在来之前就知道这是一所合并中学，当时觉得没什么不同。后来发现，会有许多不便。因为评职称，他需要去盖章，本来以为很简单，没想到 A 说去 B 那，B 又说去 A 那。他当时有点生气，虽然后来事情办好了，但仍然很失望。事后问过一些老教师，才知道其中原因。"

研究者通过对 N 学校的 16 位成员进行访谈，其中包含校长、普通教师和行政教师，分别赋予不同的编号，调查不同学校之间关于派别主义、话语权、学生身份、教师发展这几个方面的问题，并进入学校，运用观察法收集关键事件。

（3）分析研究资料

N 学校的学校文化冲突通过关键事件表现出来，折射出合并学校中必然存在的文化冲突问题。这些文化冲突既是学校发展的问题和挑战，也是学校改进的机遇和切入口。在 N 学校，冲突表现为行政人员之间的权力之争、教师群体的派别之争、学生群体的校服之争，等等。这些冲突背后其实是文化信念的冲突，包括个人发展与群体发展的矛盾、学校成员心理落差与心理归属的矛盾、小团体利益与学校利益之间的矛盾，它们在合并学校中有着特殊的含义。学校缺乏共享的价值观和愿景，缺乏共同的信念，缺乏共同认同的做事方式，概而言之，就是缺乏一种黏合大家的文化之魂，使学校在碎片化的文化冲突中"漂移"。学校若要有新的发展，必须从文化重建入手，以文化融合大家。

研究者通过访谈法和观察法，将收集到的关键事件资料进行编码，运用结构性分析，识别与校长、普通教师和行政教师的对话、事例或其他现象中的模式，得出学校文化冲突的结构模式。

（4）撰写研究报告

合并学校往往会存在文化冲突，如何实现文化融合是合并学校发展的关键。合并学校 N 就是由两所具有不同文化个性的学校合并而成，合并之初面临着种种冲突，经由学校文脉的寻找，确立了新的发展愿景，并以此为魂重建了 N 的学校文化，黏合学校的各个方面，引导 N 学校成员从合并之初的"你、我""你和我"慢慢融合成"我们"。虽然 N 学校的文化融合过程较为艰难，但随着文化之魂的确立，学校精神慢慢植根于成员心中，品牌学校的形象也逐渐建立起来；因为有了共享的学校文化，N 学校也有了持续的发展。

研究者运用分析性报告，确定合并学校存在文化冲突的问题，以学校文化建设和理解为切入点，访谈并整理了以下的关键事件资料——派别主义、话语权、学生身份、教师发展问题，得出学校文化冲突的结构模式，并分析提出建立共同愿景、统整校史、完善制度、尊重差异、学习文化等建议。

通过对中国知网核心期刊的归纳和汇总，发现教育类学科的个案研究法文献占总量的 16%，居各类学科排名的第三位；从论文发表的数量可以看出，个案研究法作为一种实证研究方法常用于教育类学科。

早在数百年前，个案研究法就在医学领域和法学领域得到了广泛的应用。医生们依靠个案研究方法来诊断病症；律师们将判例法视为法律研究的基本方法——英美法系国家的律师们将判例视为法律的渊源，大陆法系国家的律师们则从大量的判例中找寻有力的支持性论据。20 世纪以来，个案研究方法逐步在经济学和管理学领域，包括私人企业组织管理领域和公共机构行政管理领域得到了快速发展。作为一门实践导向的学科，管理学，尤其是企业管理学为案例研究这样一种贴近现实的、经验性研究方法提供了发展和繁荣的沃土。个案研究方法在管理学领域发展之迅速、涉及面之广度和研究进展之深度，十分引人注目。今天，无论是在战略管理或组织管理领域，还是在管理会计、市场营销管理、生产作业管理、信息技术管理领域，都可以看到案例研究的丰硕成果。

个案研究法在国内教育界开始得到广泛发展始于 20 世纪末。进入 21 世纪后，随着课程改革、素质教育的推进，民族教育、农村教育、教育公平等问题受到重视，政府和公众迫切需要对各类教育现象进行深入研究。正如社会现象是不可复制的，不同个体、不同群体、不同地区的教育情境同样无法复刻，考虑到单纯的量化研究极有可能忽视这些差异性，这就给个案研究方法的应用和发展提供了重要的契机。教育领域对个案研究法的关注日益显现，表现为相关的论文发表数量开始有了快速的增长，并且关于这一方法的著作也不断推陈出新。例如，北京大学教育学院的陈向明教授，在《质的研究方法与社会科学研究》一书中对个案研究应用于教育学领域的价值取向及使用条件都进行了探讨，可以说对个案研究法应用于国内的交易研究起了一定的引领作用。正如陈向明所说："质的研究的最大特点是：具有强烈的人文关怀和平民意识，在自然情境下对个人的生活世界及社会组织的日常运作进行探究，提倡研究者参与研究情境，直面事实，与研究对象共情，对他们的生活故事和意义建构做出'解释性的理解'，对事物的复杂性和过程性进行长期、深入、细致的考察。"[121] 这表达了个案研究在应用于教育研究时的价值取向和适用条件。

个案研究方法在中国教育研究中的各个方面都得以应用。在教师教学的研究方面，对教师信念、教师生存状态等问题都有涉及；在对课程课堂的研究方面，涉及课改中的学校文化、课改中的教师合作文化等方面的案例。除此之外，个案研究方法还可以应用于学生成长、教育政策等诸多方面的研究。总而言之，作为一种科学的研究方法，个案研究法能够为教育研究的实践提供有力的理论和技术支持。

综观当前的情况，首先，个案研究法主要应用于教师教学领域，如教师信念、教师生存现状、教师职业发展等。在这些领域中，个案研究法可以根据研究目的与研究设计，选择历史条件复杂、师生来源复杂、某些条件比较极端的学校或者单元作为研究对象，进行更具深度的挖掘，使得研究的角度更加独到，这在一定程度上弥补了量化研究所无法达到的效果。其次，个案研究法还广泛应用于课堂课程教学研究，主要包括课堂教学改革、学校文化、教师合作等。此外，个案研究法还广泛应用在民族教育方面，民族教育的特殊性正好符合个案研究法对研究对象独特性的要求。最后，教育个案研究法还常常用于教育政策的研究。

总的来说，教育个案研究法经过一段时间的发展，与早期相比，已有了相对成熟的模式和非常鲜明的适用领域，如以北京大学教育学院为代表的行动研究，以中央民族大学、西南大学为代表的民族教育研究，以东北师范大学为代表的课程改革研究，以华东师范大学为代表的学生个人成长研究，等等。

但是，个案研究法无论是在兴起阶段，还是在发展阶段，都不可避免地有着以下不足：①数据收集方法的使用不够多元，多采用访谈、观察、田野调查等方式，一定程度上还没有发挥个案研究法可以多种方式收集数据的优势，且不均衡的数据收集方法会影响整个研究设计的质量与结论的普适性。②作为一种质性研究方法，个案研究法在教育学领域的应用中应当与量化研究进行结合，取长补短。当前的研究中存在质与量的结合不够密切的情况，未来可以进一步完善。③到底应当如何对待个案研究法结论的普适性，也是该研究方法最大的争议之一。试图扩大研究结论的适用范围实际上是一种"堂吉诃德式"的企图，是一种难以实现的企图，但同时个案研究的结论具有可扩展性，往往能对读者在相关方面的认识产生启发，具有认识论方面的重要意义。那么对于结论外推性的问题，当前学界仍存在争议，可以强调注重研究本身的结论，不必过分追求结论的适用性，然而这始终是一个必须讨论的问题。

延伸阅读

[1] 苏春景，赵茜．康复主义之下的美国罪错少年社区教育矫正 [J]. 比较教育研究，2020(05):106–112.

[2] 张佳伟，徐瑛．流动人口家庭教育适应策略的建构——以就读打工子弟学校的随迁子女家庭为研究对象 [J]. 全球教育展望，2020(05):32–42.

[3] 赵丽琴，阮鹏．研究生心理危机预防体系为何失效？——基于对研究生心理危机个案的分析 [J]. 学位与研究生教育，2020(04):45–51.

[4] 沈洪成，刘媛．成为优等生：高职院校优等生自我认同建构的个案研究 [J]. 民族教育研究，2020(01):43–51.

[5] 龚伯韬，程天君．合作学习：情面、"和合"与教学秩序再生产——基于"过程–结构"视角的比较个案分析[J].高等教育研究，2020(02):66–75.

[6] 盛永进．英国多重残疾学生国家课程的校本化——基于斯蒂芬·霍金学校的个案评析 [J]. 中国特殊教育，2018(11):3–8.

[7] 邹红军，柳海民．校园欺凌中的网络舆情演化及其应对——基于"中关村二小校园欺凌事件"的个案研究 [J]. 教育发展研究，2018(12):42–48.

[8] 李云星，姜洪友，卢程佳，等．高校"三位一体"综合评价录取质量与公平的个案研究 [J]. 华东师范大学学报（教育科学版），2018 (03):41–56,167.

[9] 刘昊，史瑾．政府监控和保障学前教育质量的挑战及其应对：美国

加利福尼亚州"质量评级与促进系统"的个案剖析 [J]. 外国教育研究 ,2018(02):104–115.

[10] 张冲 . 中等职业学校积极心理健康教育支持系统的发展特点和关系的个案研究——以一所面向农村的职业高中为例 [J]. 中国特殊教育 ,2017(12):83–90.

第二节　访谈研究法

本节先从理论上对访谈研究法的作用、类型、访谈过程的相关要点进行梳理，并对访谈研究法近年来主要应用领域、主要应用目的进行分析。访谈研究法应用领域较多，且主要集中于教育、护理、社会、体育等领域。在具体应用领域中，使用访谈研究法均是为了剖析某一行为、事件、现象背后的深层次原因，从而对症下药，实现对现状的改进或相关发展规律的深层次把握。而究竟采用或符合哪些标准或准则才能实现访谈研究法从理论到实践的合理过渡，实现访谈法与实际应用的完满结合，则需要进一步的探究分析。

一、访谈研究法概述

1. 访谈研究法的定义

"访谈"是一种研究性交谈，是研究者通过口头谈话的方式从被研究者那里收集（或者说"建构"）第一手资料的一种研究方法。[122]

质性研究中的访谈主要有以下作用。

①了解访谈对象的所思所想，包括访谈对象价值观念、情感感受等；通过与访谈对象的深入访谈交流，了解访谈对象对访谈内容的看法、感受，深入探究访谈对象行为发生的原因及动机，而不仅仅停留在访谈对象的表层行为上。

②对所研究的事件获得一个比较广阔的整体性视野；通过对整个事件过程的参与者、目睹者的访谈，从不同侧面了解事情发生的始末，从而全面深入探究事件发生的过程，了解事情发生的整个过程。

③从一般现象深入本质，找出内在规律；通过对事情发生过程的梳理，挖掘出事情发生的原因及后果，从而归纳此类现象发生的普遍规律。

2.访谈研究法的类型

（1）按结构分类。根据访谈者对访谈结构的控制程度，可以将访谈分为结构型、半结构型访谈、无结构型。[123]在结构型访谈中，访谈者按照事先设计好的、具有固定结构的访谈问卷进行访问，在访谈过程中对所有受访者按照同样的顺序询问同样的问题。在半结构型访谈中，研究者事先准备一个大致的访谈提纲，根据访谈提纲对受访者进行提问，在访谈过程中根据访谈的具体情况，灵活地调整访谈的内容和程序。无结构型访谈事先没有固定的问卷或问题，在访谈过程中，鼓励受访者自由地发表自己的看法。

（2）按受访者人数分类。按照被访者的人数来划分，可以将访谈法分为个别访谈和集体访谈。个别访谈通常只有一个访谈对象，因此在访谈过程中，可以对访谈对象进行深入了解，同时可以使访谈对象更加轻松自如地倾吐自己的内心世界。就集体访谈而言，访谈者的数量可以在一名到三名之间，访谈对象人数可以在六到十名之间。在集体访谈中，访谈对象之间可以相互交流和讨论，同时访谈者可以观察访谈对象在集体中的表现。

（3）按访谈次数分类。按照访谈的次数，可以将访谈分为一次性访谈和多次访谈。一次性访谈的内容通常比较简单，以收集事实信息为主；而多次访谈层层深入，逐步深入地收集相关资料，达到饱和状态。

（4）按访谈者与访谈对象的接触方式分类。按照访谈者与访谈对

象之间的接触方式的不同，可以将访谈分为直接访谈和间接访谈。直接
访谈是访问者与访谈对象进行面对面的交流，访谈者可以通过面对面的
直接交流观察到访谈对象的表情、动作等。间接访谈是访谈者借助电话、
视频等工具与访谈对象进行交流，获取相关资料。间接访谈很难判断访
谈对象真实的态度和情绪，但可以弥补因地域或时间等问题造成的无法
直接访谈的不足。

二、访谈研究法的实施

1. 访谈前

（1）确定访谈主题，明确研究问题。访谈主题主要来源于上级或
工作的要求、日常生活的观察、个人的兴趣爱好及对过去的经历反思等。
教授、领导或工作合同等对于访谈主题的要求，明确了访谈主题及主要
研究方向，不需要研究者花费时间去寻找合适的研究主题。而对于其他
三种访谈主题来说，研究者需要结合生活实际、自身经验等反复进行的
假设、观察、推导等，并随着研究的深入，不断明确研究问题，最终实
现研究的完善。仅仅就主题确立来说，与既定的访谈主题相比，其他主
题要求研究者细心观察和探寻经验，往往会花费研究者较长的时间和较
多的精力。与此同时，研究者所确立的研究主题也反映了研究者自身的
个性和兴趣，例如，经济学家对行业顶尖经济学者关于某项经济政策实
施的看法更有兴趣。

一个访谈主题可以衍生出很多访谈问题，例如，对于比赛中的裁决
不公，观众、裁判、参与者都会有不同的看法和感受。明确研究问题可
以通过重新审视研究主题、借助已有研究等方式。通过对研究主题的重
新审视，再次明确研究主题中的不足和存在问题。或借助相关已有研究，

明确研究问题的可行性及问题研究过程的重要步骤和注意事项等。

（2）制订访谈计划。关于标准化访谈，在进行正式访谈前，要准备好相关访谈问卷。对于一般性访谈而言，要准备一个粗略的访谈提纲，以保证访谈的高效性且不偏离主题。访谈的时间和地点也需要访谈者依据实际情境来选择，或与访谈对象协商确定。一般而言，在访谈对象熟悉或放松的环境中进行访谈，访谈质量会更高。

此外，在访谈设计过程中，要利用相关方法保证资料收集的全面性、精准性和信服力，避免资料的收集没有重点或不符合要求，同时也为研究结果的有效性和可靠性乃至一般性提供坚实的支撑。

（3）确定适当的访谈对象。首先，所选择的访谈对象要具有代表性和典型性。由于访谈规模的限制，对访谈人数较多的集体访谈来说，其所访谈对象的人数也远远少于用实验、调查问卷等方法所研究的对象人数。因此，要提高研究结果的质量，就需要选取具有代表性的访谈对象进行深入挖掘。此外，对某些主题的访谈需要有多个视角的访谈结果作为支撑，因此就需要研究者对多个方面的访谈对象进行访谈。

除了要选择具有典型性的访谈对象外，所选择的访谈对象也要对访谈问题有一定的认识，这里所说的认识并不是知道这件事情或这个问题，而是指能清楚明白事情发生的经过，并且有自己的看法和认知。例如，当访谈主题是对某一部门内新发布政策的看法及改进建议时，就需要访谈者对这一部门内相关领导和执行人员进行访谈，而其他部门人员对该项政策的了解程度并不是很高，因而访谈的价值不高。若为了保证访谈的全面性，对所有部门的人员进行访谈，将会造成资源的浪费。

（4）掌握访谈对象的基本情况。一般主要了解访谈对象的两个方面情况，一是受访者的基本情况，如年龄、性别等；二是受访者所处的环境，如班级、社区等。不同的访谈对象对访谈的内容有不同的看法和观点，访谈对象所处环境的风俗、人情、习惯等都影响着访谈对象的表达和描述。因此需要研究者事先了解该地区的基本情况，以保证访谈顺利进行。同时，事先对访谈对象所处地区风土人情进行了解，一方面体现访谈者尊重本地习俗，使访谈者能够规避访谈过程中不必要的冲突，如某些民族在饮食、节日习俗上的禁忌等；另一方面使访谈过程更加顺畅，如访谈者对本地区默认的事实或对本问题的统一观点和看法有相关了解，会使访谈对象对访谈者的好感度和熟悉程度增加，从而使访谈对象更加轻松自如地接受访谈。

（5）准备必要的访谈工具。非标准化访谈要根据访谈需要准备录音机、摄像机等；标准化访谈一般要有调查问卷、文具等工具。访谈是一个质的研究过程，研究者需要准确记录访谈过程及访谈的主要内容。由于访谈资料一般是以谈话的形式进行记录（标准化访谈除外），如果仅依靠访谈者现场的纸笔记录，在资料记录和收集过程中，很可能出现访谈者仅凭自己的印象或理解对访谈过程进行记录，容易造成资料可靠性的低下。同时，访谈者如果为了资料的准确性，在访谈现场进行即时记录，往往容易出现访谈者反复提问访谈对象、只顾记录而没有注意访谈对象的非言语动作、没有与访谈对象进行互动等现象，也就无法保证访谈资料的全面性和可靠性。

在访谈过程中，应用相关工具辅助访谈者进行记录，一方面保证所记录资料的全面性，另一方面也保证对访谈对象非言语行为的观察和记录。同时，访谈者可以就有价值的话题和访谈对象进行深入的访谈，而不必忙于记录谈话内容。但在使用访谈工具时，要与访谈对象事先协商好，例如，有的访谈对象在面对镜头时会与日常生活完全不同，更有表现欲，这也是研究者在研究过程中需要多加注意的地方。

2. 访谈中

（1）建立合作关系。访谈过程中，访谈者与访谈对象是一种"伙伴关系"，这种关系可以保证访谈对象对访谈的认可。首先，访谈者要获取访谈对象的信任，可以通过加入访谈对象所在社区或团体，或者借助访谈对象所认识和信任的中间人物的介绍或安排。同时，访谈者可以开诚布公自己的基本信息和研究工作，以获得访谈对象对访谈工作的理解和支持。其次，访谈者要塑造一种让访谈对象可接受的角色定位，这并不意味着访谈者要通过欺骗、隐瞒等方式得到访谈对象的信任，相反，访谈者要诚实守信，并就访谈对象所担忧的问题进行保证。对于访谈者的隐私，研究者要遵守访谈过程中的隐私协定，不仅要隐匿访谈对象的姓名，也要对访谈内容中涉及隐私的信息进行隐匿保护。访谈者将最终整理出的访谈内容交给访谈对象过目，以遵守尊重访谈对象、保护访谈隐私的访谈准则。最后，除了尊重访谈对象的隐私外，还要注重在谈话过程中对访谈对象的尊重，例如，不能强迫访谈对象谈论不愿提及的事情或隐匿真实的访谈目的等。

（2）访谈交流。访谈的主要形式是访谈者提问，访谈对象回答。就访谈的问题来说，一般有主要问题、追踪问题和探测性问题。主要问题是访谈过程的骨架，支撑着整个访谈过程。追踪问题是研究者在访谈结束后，对访谈对象的某一观点看法深入了解分析后而进行再次深入的访谈。需要注意的是，追踪问题是对访谈主题的聚焦，而不是对原有资料的简单补充。探测性问题是在访谈过程中，让访谈对象就当前话题进行深入或全面的说明，这需要访谈者前期做大量的准备工作，并对访谈对象所说明的内容有一定的敏感性，以便及时获取相关信息。除了访谈问题外，在面对面的访谈过程中，访谈者自身的语言反馈、肢体动作、表情神态等也影响着访谈对象的心态、表达欲望等。因此，在访谈过程中，访谈者对访谈对象及其观点的描述不能带有个人的情感色彩，如厌恶、喜爱等。通常情况下，访谈者应该表达一种对于访谈对象所表述内容的理解。有时，重复表示理解的点头或简短的回复也容易让访谈对象认为访谈者并没有认真聆听自己的谈话，因此在访谈过程中，访谈者要注意照顾访谈对象的情绪。

3. 访谈后

（1）资料誊写、编码。在资料誊写过程中要实事求是，精确的誊本内容包括"啊""嗯"等语气词，以及访谈对象的沉默、犹豫的动作及持续时间，如果访谈过程中访谈者因为某些事情而使访谈中断，也要做好记录，包括中断原因及中断时长。一般情况下，誊本中的细节不需要那么精确，只需要记录下需要分析的相关细节即可，例如，记录访谈对象在谈到对某个观点的看法时，微笑、疑惑或者犹豫等非语言动作，以及动作持续时间，有助于我们对访谈对象某一观点或看法进行判断和解读。此外，在誊写过程中，要注意访谈对象的相关引述，访谈对象的引述一般能引领或总结整个谈话，也能给研究者提供直接明显的答案。

对誊写资料进行编码，一是便于资料查找，二是便于分析相关编码之间的关系，进一步分析资料的内在联系，从而进行深入挖掘。在进行编码时，所编码的内容、事件、人物等都要紧密围绕研究的主题，编码的方式则主要依据个人喜好。除此之外，还可使用扎根理论进行编码，这种方式可以用于研究者借助档案或共享小组进行研究、研究者想从另外的角度进行分析、研究者想要看清资料呈现的内容等情况，从而全面分析研究主题。但扎根理论由于需要对整个资料进行全面的编码，因此在使用过程中要耗费较长时间。在实际运用过程中，要依据实际情况需要选用合适的编码方式。

（2）资料分析。在对资料进行编码后，需要对这些内容进行分类，将相同编码的资料归为同一类别，并对同一类别的内容进行总结。在总结过程中要秉持客观的态度，对每个类别下的观点和看法均进行如实记录，如访谈学生对一名教师的看法时，不同的学生会有不同的说法，不能只总结对自己研究有利的观点。初步总结完成之后，要对总结进行检查，防止相关观点的漏写或遗忘。

总结完成后，对相关总结内容进行排序，可以按照事件发生的先后顺序，也可按照事情的严重程度，从而对所访谈事件有更为清晰的了解。同时，将所总结的内容进行对比分析，以便更好地理解不同访谈者的观点，并深入挖掘这些不同观点背后的原因，从而搞清楚事件发生的原因及经过。最后，对整个事件进行汇总。

（3）理论构建。对整个访谈事件进行汇总分析后，总结研究结论，并梳理相关理论，如通过梳理归纳学生认为好的教师所应具备的品质，总结出好的教师应该具有的共同品质。理论的建构可以通过对访谈问题的反思，对相关主题、概念的反思或在已有理论的基础上进行发展。

三、访谈研究法的应用

下面以《社会工作介入职业中学校园暴力防范的策略研究——基于广州市 × 区五所职业中学的深度访谈》和《研究型大学本科生课堂发言和沉默行为的质性研究》两个实例对访谈研究法在职业教育领域的应用进行分析，以帮助我们对访谈研究法有更具体的理解。

【实例 4-3】社会工作介入职业中学校园暴力防范的策略研究——基于广州市 × 区五所职业中学的深度访谈[124]

（1）确定访谈主题

近年来，我国校园暴力事件有不断升级的势头，不仅危害学生的身心健康，而且在学校、家庭和社会中均造成极为恶劣的影响。2016 年，中国人民大学中国调查与数据中心发布了一份关于中学生的校园暴力问题的专项调查报告。报告结果显示，在全国范围内抽取的 10279 名学生中，有 57.4% 的学生遭受一种或多种形式的校园暴力侵害。而校园欺凌和暴力行为在学生进入高中或职业中学时依然存在。

研究者基于日常生活的观察，通过国内新闻的报道和数据中心的调查，发现国内的大多数中学生遭受过校园暴力的伤害。频发的校园暴力，也引起了国家和地方政府的重视。近几年来，国家和地方政府相继出台了针对此现象的政策和法规，但在预先防控方面不是很完善，社会组织也难以参与到防范校园暴力的过程中。因此，研究者就此问题展开关于社会工作介入职业中学校园暴力防范的研究。

（2）制订访谈计划

访谈提纲（老师篇）

1. 校园暴力的现状、严重不严重，有什么典型案例？

2. 您是否有了解或接触过家庭综合服务？

3. 简单介绍下你学校校园暴力情况，严重不严重？比较深刻的案例/ 类别有什么？

4. 学校针对这些情况采取了什么措施？

5. 如果有可能，你们学校会不会引进社会工作者？引进后，你对社会工作者有什么期望？

6. 如果发生校园暴力事件，校方如何处理？

访谈提纲（学生篇）

1. 你有经历过被别人殴打、伤害、威胁、强迫等校园暴力事件吗？

A. 无□ B. 有□

2. 你认为导致校园暴力的原因有哪些？

A. 个人因素 B. 家庭因素 C. 学校因素 D. 社会因素

3. 你有受到过冷暴力吗?

A. 无□ B. 有□

……

12. 学校对校园暴力有防范措施吗?

13. 学校对校园暴力的防范措施具体有哪些?

14. 你对学校针对校园暴力采取的防范措施满意吗?

广州是具有良好社会工作基础的访谈地点,研究者择其有代表性的5所职业院校,对校内的教师和学生进行访谈。研究者针对教师和学生这两个群体分别拟订访谈提纲,教师是成年人,拥有完善的认知能力,看待此问题的角度是客观的,所以采用主观题的问卷形式;而学生是未成年人,表达可能不够准确,多采用选择题的问卷形式,且他们是校园暴力的参与者,问卷提纲比较详细,涉的细节较多,以此问卷为基础,能为该研究提供坚实的事实支撑。

(3) 确定适当的访谈对象并掌握其基本情况

选取5所职业中学中5名对校园暴力事件有接触,并有相关工作经验的教师,以及25名有看过/遭受过/实施过校园暴力的学生进行深度访谈,其中,5名教师当中有3名为教学老师,另外2名为行政岗教师,分别为教学主任和心理咨询中心工作人员。

研究者选取的教师和学生均来自广州市某区的五所学校,包含任课教师和行政岗的教师;学生是校园暴力的参与者,访谈的对象具有一定的典型性和代表性。

(4) 建立合作关系

在充分了解校园社会工作介入职业中学校园暴力现状的基础之上,利用自身实习单位的优势,找出职业中学校园暴力存在的原因,为下文新思路的提出提供数据支撑。

研究者利用自己实习单位的优势，亲自开展这几所学校的访谈工作，因为访谈的老师和学生是研究者实习中接触认识的，所以，老师和学生在一定程度上理解和支持研究者的访谈工作。关于访谈者的隐私，研究者遵守访谈过程中的隐私协定，不仅对访谈对象的姓名进行隐匿，以老师 A、B、C 等，学生 A、B、C 等来表示，也对访谈内容中的关键地点等使访谈对象易被周围人认出来的信息进行隐匿保护，将老师和学生所在学校以广州市 × 区学校 A、B、C、D、E 来表示。

（5）访谈交流

在 5 所职业中学随机选取的 25 名学生当中，除了 2 名学生明确表示"不知道"，剩余 23 名学生都对"校园暴力"的内涵提出了自身的理解和看法。从访谈结果来看，学生们普遍对校园暴力的内涵具有较为准确的认识。对于校园暴力发生的范围，同学 A 认为："校园暴力是发生在校园内部的暴力举动，它可以发生在学生之间，也可以发生在师生之间，并且破坏学校的一些行为也应当属于校园暴力的范围当中。"同学 B 则认为校园暴力的范围不仅仅存在于校园内，还可能发生在校外，"校园暴力的实施环境地区多为校园周边或人少僻静处"。

研究者在研究校园暴力的成因时，询问了学生关于校园暴力内涵的看法，包含校园暴力发生的地点、形式、影响和危害等方面的内容，这些属于探测性问题的范畴，让访谈学生就当前校园暴力的内涵进行深入或全面的说明。这需要研究者前期做大量的准备工作。

（6）资料誊写、编码

从调研和访谈结果中发现，学校 A 和学校 B 在面对校园暴力事件时，倾向对暴力事件进行选择性隐瞒。教师 A 委婉地指出："一般班主任能解决好的，就不会通报学校，如果真的情节比较严重，我们也会秉公处理，但是考虑到学生的前途和学校的管理，对外报道不会太详细。"相比于鱼龙混杂的社会环境，学校是象牙塔的象征，一旦被标签化为"暴力""危险"等不友好的代名词，将容易引发社会和大众的不满情绪。因而，学校的管理人员往往基于维持入学率、升学率及学校形象等因素的考虑，不愿意承认甚至否认校园暴力问题的存在和暴力事件的发生。

研究者在誊写资料过程中要实事求是，例如，在描述学校是否隐瞒校园暴力问题时，被访谈的教师用"委婉"的语气表达其观点，结合其话术，研究者对这个现象进行判断和解读。访谈老师的引述能引领或总结整个谈话，给作者提供直接明显的答案。

（7）资料分析

本研究通过对广州市×区5所职业中学的5名老师和25名学生进行访谈（本文所涉及的学校名称、人名均为化名），全面了解这5所职业中学的校园暴力发生情况、老师及学生对校园暴力的主观感受、学校层面对校园暴力防范和处理做了哪些工作及社会工作介入校园暴力的效果等内容。从访谈的结果来看，这5所职业中学都具备一定的规模，学生数量较多，生源较广，都发生过一定数量的校园暴力事件。职业中学传统的以思想政治教育为主的教育和管理模式的弊端越来越凸显，具体表现为思想道德教育内容与现实脱钩、校园暴力防控教育和措施的专业性不足等。而社会工作具有完整的专业理论体系，丰富灵活的工作方法和以人为本的价值理念，能够在介入校园暴力问题中发挥独特的优势。

研究者在对资料进行编码后，首先需要对这些内容进行分类，将访谈内容分为5所职业中学校园暴力现状及其主要成因和校园暴力防范措施存在的不足之处；然后对其进行总结，分析得出强化社会工作介入校园暴力防范的策略；最后，秉持客观的态度，对每个类别下的观点和看法均进行如实记录。

【实例 4-4】研究型大学本科生课堂发言和沉默行为的质性研究[125]

（1）确定访谈主题

大学的基本职能是培养学生，促进学生能力的发展。研究显示，大学生能力的更好发展与学生的学习参与息息相关。大量的国内外文献表明，大学生的各种学习参与行为，对促进学生认知、情感等的发展有积极的影响。然而，在中国大学生的课堂里，积极参与发言的学生很少，大部分学生在课堂的参与度不高，或者说具有明显的课堂沉默行为，这个结论在研究型大学本科生身上也得到了实证研究的支持。

研究者基于日常生活的观察，通过文献资料的查阅，发现国内研究型大学的大多数本科生参与课堂发言的积极性不高，这阻碍了大学生的认知、情感等的发展。而大学生是当代社会重要的人力资源，提高本科教育质量是国家的重要政策，因此，研究者就此问题展开关于研究型大学本科生课堂发言和沉默行为的研究。

（2）制订访谈计划

个人基本情况

＞性别　男、女

＞出生年份

＞年级　大一、大二、大三

＞专业

＞发言情况　非常积极、比较积极、比较沉默、非常沉默

＞成绩　中上、中等

访谈提纲

＞你下午上什么课？

＞你觉得老师讲得怎么样？

＞你喜欢上这门课吗？（为什么喜欢？可以告诉我关于这门课的信息吗？）

＞你在上这门课时的情绪如何？（焦虑：焦虑是一种什么状态？为什么会焦虑？焦虑对你有什么影响？平和：平和是一种什么状态？平和的情绪状态对你有什么影响？）

……

＞对于课堂要打破沉默这种说法，你怎么看？

＞你对在课堂上沉默是什么看法？

＞你觉得在课堂沉默时的思考可以用深思熟虑来形容吗？

研究者以自身就读的南京大学为访谈地点，以"滚雪球"抽样和"目的性"抽样的方法选择学生，并平衡学生的性别，对其进行访谈。如上所示，研究者针对学生拟订的访谈提纲，采用半结构式访谈法，依据提纲内容，不约束被访谈学生的积极性，以此问卷为基础，为该研究提供坚实的事实支撑。

（3）确定适当的访谈对象并掌握其基本情况

本研究主要采用"目的性"抽样及"滚雪球"抽样的方式，共找到20名访谈对象，其中，人文专业3人，社科专业12人，理工科专业5人；男女比例1∶1，大一、大二、大三年级比例为2∶14∶4，大二的比重较大；在此基础上，研究者通过被访谈者自评的方式，按照学生发言程度将他们分为4类，从高到低分别是："很积极者"（经常第一个发言、几乎每堂有讨论的课都会发言）、"比较积极者"（有讨论的课经常发言）、"比较沉默者"（每两三堂讨论课发言一次）、"很沉默者"（每堂课都不发言）。其中"很积极者"和"比较积极者"属于"发言倾向者"，"比较沉默者"和"很沉默者"属于"沉默倾向者"；另外通过自我评价的方式获得他们在班级的大致成绩排名情况。

研究者选取的学生都是自己所就读南京大学本科大一、大二、大三的学生，因为大四的学生基本没有课程，在外实习，比较忙碌，选择这三个年级的学生比较符合要求。学生性别比例、专业比例较合理，基本都涵盖了学校的专业，比较具有代表性和典型性。研究者获取了被访谈学生的班级成绩排名和自我评价，对研究对象有一定的了解，还将其上课发言的积极程度划分为四类。

（4）建立合作关系

研究者在访谈前将本研究的研究目的事先告知研究对象，征得同意后，出于"尊重个人隐私和保密原则（陈向明，2000）"，对本文中所涉及的人名进行改写、隐藏的规范处理。20名受访者基本信息如下……

研究者首先招募对这个课题感兴趣的学生，再看缺少哪类学生，让参与的学生推荐其班里其他的学生，研究者利用本校的优势，被访谈的学生在一定程度上理解和支持研究者的访谈工作。对于访谈者的隐私，研究者遵守访谈过程中的隐私协定，以 S_1、S_2、S_3 等代码的形式隐匿其姓名和关键信息。

（5）访谈交流

"发言倾向者"中 S_2 和 S_8 在有疑问的情境下，出于求知或节约时间的考虑，敢于直接在课上提问；其他的"发言倾向者"多出于利他的考虑而选择课后与老师交流，他们认为上课发问会影响老师的进度。而"沉默倾向者"在有疑问的情境下大多表现出自我与利他的考虑，是一种过分的谨慎、害怕及焦虑。如："感觉会打扰到进度，而且如果问了一个问题，老师给你解答，你又有了新的疑问，你还想问他的话就会更耽误进度。不仅耽误自己的，还占用别的同学听课的时间，我觉得这样不是太好。"（S_{11}，"沉默倾向者"中的"比较沉默者"）"沉默倾向者"首先选择的是自己查资料，其次是找同学请教，最后实在不行再找老师，甚至搁置问题，不敢与老师交流。他们多选择自己"研究"或者找同学请教，"研究"没有结果，也可以不了了之。

研究者在研究"沉默倾向者"沉默的原因时，询问了学生关于教师提问环节状态、心中有疑问时的状态、讨论环节的状态，并将"沉默者"和"积极者"的状态进行对比分析，以上是访谈过程的骨架。对两个状态比较分析后，比较两者的特征和优劣势，进而对其形成的原因进行访谈。研究者还采用了追踪问题的访谈方法，在了解学生课堂状态后，对其中两名学生（一名从"沉默倾向者"转变为"发言倾向者"，一名从"发言倾向者"转变为"沉默倾向者"）进行深入访谈。

（6）资料誊写、编码

沉浸思考的学生大多没有受紧张焦虑情绪的干扰，并且思维活跃，思考也有深度，如深刻理解发言者的观点及其逻辑、思考逻辑漏洞等，并且有沉浸的表现。如 S_{17} 是这样形容他思考的过程的，"当你想到更多从来没有想过的东西的时候，有一种茅塞顿开的感觉，醍醐灌顶！脑子突然就有那种感觉，很难说清楚，就是突然让自己脑子很兴奋的感觉。想到那个问题的时候，就感觉自己好像可以往下深入思考很多，虽然不知道自己想的对不对，但真的就感觉爽，感觉自己脑子哇就很多，就突然充血，里头很多想法"。（S_{17}，"发言倾向者"中的"很积极者"）而没有进入沉浸思考的学生大多表现出紧张焦虑的情绪，停留在答案本身，没有进一步的思考……

研究者在誊写资料过程中要实事求是，例如上述，在"发言倾向者"学生描述课堂上沉浸思考方面时，被访谈的学生用"哇"的语气来表达思考的维度很宽泛的观点，结合其话术，研究者对这个现象进行判断和解读，得出"发言倾向者"在批判思维方面优于"沉默倾向者"。

（7）资料分析

本研究通过对 20 名本科生发言或沉默行为的分析，了解在不同课堂情境下，"发言倾向者"与"沉默倾向者"之间的差异，及对具有不同保守心理的"沉默倾向者"的分析，主要得出以下 5 点结论："很积极者"完美融合中西方学习者的特征；把握好"度"才能弘扬中国文化的"精华"；"积极沉默"有利于学生的学习；自卑恐惧心理是"沉默倾向者"沉默的最大祸首；"沉默倾向者"通过磨炼可以变为"发言倾向者"。结合前人的研究及本研究的结果，发现发言对学生的学习和成绩有很多积极的作用，所以以下提出的相关建议主要面向"沉默倾向者"，希望"沉默倾向者"能够通过自己的努力、老师的引导鼓励，掌握和享受另外一种获得知识的学习方式。

研究者在对资料进行编码后，首先，需要对这些内容进行分类，将访谈内容按照课堂进行的时序，对不同课堂情境下 20 名大学生的教师提问环节、心中有疑问环节、讨论环节的状态对比分析；其次，对"沉默倾向者"沉默的原因进行归纳整理，基于被访谈学生的口述，寻找有意义的个案进行访谈分析；最后，对每个类别下的观点和看法均进行如实记录。

以访谈法为主题关键词在中国知网进行搜索，发现相关文献高达6000 多篇。考虑到文献梳理及分类的复杂性，本文聚焦近 3 年相关文献，追踪访谈法主要应用领域，以明确访谈法最新发展动态及未来可能发展方向。

按照访谈法应用学科划分，发现其在教育、护理、社会、体育等领域的应用居多。如：在教育领域中，李雪借助半结构式访谈问卷对江苏省高校学生进行调查，以深入挖掘影响基于慕课的翻译教学设计要素与影响因素。[126] 倪晓雯针对中职贫困生心理特点，采用调查访谈法，探究中职贫困生存在的实际主要心理问题。[127]Youde Andrew 对混合学习环境下导师教学方法进行访谈，从而明确混合学习环境下影响导师辅导效果的相关因素。[128] 在护理领域，包月通过对 30 名临床护士的深度访谈，收集到护士特色实践技能的胜任力特征因素。[129] 高云云、侯万里和孟君等人采用个人深入访谈法，全面了解手足口病在深圳市医疗卫生中的情况。[130] 赵芳娟采用小组焦点访谈法，结合实验法，对比分析肋骨骨折合并血气胸术后并发症及家属满意度比例。[131] 在社会领域，张惠芳、任军和房广梅在全面调查影响江苏省高校女教师二孩生育影响因素的同时，借助深入访谈，了解分析深入影响因素。[132]彭竞仪采用自由访谈法，同时借助其他研究方法，全面分析自行车出行存在的问题及公众态度。[133] 在体育领域，卜宪贵利用行为事件访谈法，结合其他调查方法，分析胜任拳击教练员的影响因素。[134] 路俊奇使用专家访谈法，结合问卷调查和实地调查，深入分析北京市小篮球开展现状，为小篮球进一步开展提供相关借鉴和参考。[135]

从应用目的来看，研究者主要借助访谈法深入挖掘事件、现象、行为背后的深层次原因，从而对症下药，从根本上解决问题。如王秀红利用访谈法深入探析影响创客教育实施过程的问题。[136] 马二伟和俞情采用深度访谈法对相关广告从业人员进行调查，以探究大数据时代中国广告公司发展存在的困境，从而找出解决路径。[137] 同时也有相当一部分研究者对某领域或某事件中如何更好运用访谈、更好发挥访谈效应进行了深度反思，并提出相应改进措施。张心雪、古兴仙和郭明霞对响应式访谈和倾听技巧进行了分析梳理。[138] 吴玉军通过运用深入访谈法总结白鹿原文化田野调查经验，对深入访谈法运用技巧、规则、访谈资料整理与补充等一般性原则进行反思与总结。[139]

综合访谈法应用领域来看，访谈法已广泛应用于各行各业，并与问卷调查、实验法等其他调查研究方法综合使用。从应用目的来看，使用访谈法的目的在于挖掘行为、现象、事件背后的形成原因，以便从根本上解决问题，掌握事物发展规律。不少研究者对访谈法本身应用技巧、方式等都进行了总结与反思，呈现出针对性、精准性特征，即针对访谈法中某一类型访谈或访谈法某一方面进行总结与反思。除了探究访谈法目前主要应用领域外，访谈法又如何实现具象化，或者说在实际应用过程中，访谈法又该遵循哪些原则以更好地适应实际需求，这是需要进一步探究的。

延伸阅读

[1] 吴玥乐，韩霞.高校导学关系的协同共建——基于导师深度访谈的质性研究 [J]. 教育科学,2020(03):64-69.

[2] 杨玉芹，龙彦文，孙钰峰.小学生计算思维培养的过程和策略研究——基于对武汉市从事机器人教育的 26 位教师的深度访谈 [J]. 电化教育研究,2019(12):115-121.

[3] 刘秀霞，严孟帅,PHELIM BOYLE,等.加拿大的博士培养及启示——访谈加拿大 Phelim、Mary、Ralph 三位教授 [J]. 研究生教育研究,2019(05):83-88.

[4] 张朵朵，谢慧玲.国际化、数字化视野下的中国工业设计教育——何人可教授访谈 [J]. 装饰,2019(05):40-44.

[5] 邢磊，邓明茜.高校教师为什么不使用"新"的教学方法？——对 J 大学教师的访谈研究 [J]. 现代教育技术,2018(11):93-99.

[6] 石思宇，龚欣，曾满超.美国儿童博物馆的社会经济效益研究——基于 15 家儿童博物馆的访谈调查 [J]. 比较教育研究,2018(07):43-50.

[7] 李晨曦，罗希，刘璐，等.医学研究生教育结构优化问题研究——基于 13 所医学院校的深度访谈分析 [J]. 中国高教研究,2018(05):82-87.

[8] 毛耀忠,张锐,陈行,等.信息技术如何影响数学学习——基于对 42 位数学教师发展指导者的访谈 [J].电化教育研究,2018(03):109-114.

[9] 雷洪德,于晴,阳纯仁.课堂发言的障碍——对本科生课堂沉默现象的访谈分析 [J].高等教育研究,2017(12):81-89.

[10] 丁若曦,乔伟峰.探路未来国际工程教育:对接全球发展,革新传统课堂——2017 年国际工程教育论坛专家访谈综述 [J].高等工程教育研究,2017(06):116-119.

[11] 俞国良,王浩.社会转型期大学生心理健康教育观念的再思考:访谈证据 [J].黑龙江高教研究,2017(04):106-108.

第三节　历史研究法

通过对已有文献的梳理，本节对职业教育历史研究法的定义、意义、特点、实施步骤进行探讨。职业教育历史研究法是通过收集某种教育现象发生、发展和演变的历史事实，加以系统客观地分析研究，从而揭示其发展规律的一种研究方法。职业教育历史研究法具有揭示未知，回答问题，发现过去和现在的联系，记录并评价个人、组织和机构的成就，增进我们对生活中文化的理解的意义。进行职业教育历史研究需要经过定义问题、寻找有关的资料、评价历史资料、总结来自历史资料的信息等步骤。职业教育历史研究一般被认为是定性研究，但是近年来，定量研究方法的运用逐渐增多。

一、历史研究法概述

1. 历史研究法的定义

学者们对职业教育历史研究法的定义有不同的看法，但是他们之间统一的观点是，职业教育历史研究法是强调对过去数据的收集与整理，关注过去所发生的事情。杰克·R.弗林克尔指出职业教育历史研究是系统地收集和评价数据，描述、解释并由此理解过去某个时间所发生的行为或事件的研究。[140] 金哲华、俞爱宗对此也持有相同的观点，他们认为职业教育历史研究法是通过收集某种教育现象发生、发展和演变的历史事实，加以系统客观地分析研究，从而揭示其发展规律的一种研究方法。[141]伯克·约翰逊也认为职业教育历史研究是为了解释过去所发生的事情而系统地审视过去的事件或事件组合的过程。[142]刘易斯·科恩也认同职业教育历史研究是系统、客观地陈述、评价和综合各种证据，以期分析过往事件，得出结论，是在批判精神指引下进行的重组活动，以期对过去的事件进行可靠的再现。[143]

2. 历史研究法的意义

教育历史学家开展职业教育历史研究有以下目的：揭示未知，回答问题，发现过去和现在的联系，记录并评价个人、组织和机构的成就和增进我们对生活中文化的理解。[144]职业教育历史研究的价值分为四种：能够提出过去某些问题的解决方案；能够预知当前和未来的发展方向；强调那些在各种文化中都具有的互动的重要性和效果；允许重新评估那些与过去相关假设、理论有关的资料。[145]

总的来看，职业教育历史研究对于教育学具有深刻的价值。首先，职业教育历史研究可以使人们了解过去发生的事情，这样他们就可以从过去的成功或失败中学到一些东西。其次，了解过去人们做事的方式，看看他们是否适用于解决人们当前所面临和关心的问题。再次，职业教育历史研究可以协助我们做出预测，如果特定的思想或方法以前曾经被尝试过，即使是在某种不同的环境中，那么过去的结果也可以给政策制定者提供一些现在计划会产生什么结果的想法。最后，职业教育历史研究可以帮助我们检验关于相关关系或趋势的假设，更充分地理解现行的教育政策和策略。

3. 历史研究法的特点

（1）历史性。职业教育历史研究的研究对象主要包括已发生的教育事件，考察其发展过程和内容，以此来探求教育发生、发展、演变的历史规律，从而较为准确地预测它未来发展的基本趋势；在研究过程中，历史研究法是以历史发展的时间顺序回顾研究对象发展全过程，包括它的各个发展阶段。职业教育历史研究是以历史角度来研究客观事物的发展过程，故一般收集的是已有历史资料，以便如实地反映或再现客观事物历史发展的全部过程。

（2）具体性。职业教育历史研究要收集大量的具体的与研究主题直接或间接相关的史料，挖掘其背后的基本规律，因此必须掌握最有力的资料。在具体的研究过程中，要扩大资料搜索范围，扩展至多种形式的资料。

（3）逻辑性。职业教育历史研究是以逻辑分析为主。逻辑分析是在掌握抽象理论之后，通过研究者自身的概念判断推理等思维方式去发现历史规律，最终形成科学的理论体系。将该分析方法应用于职业教育历史研究可以使研究者更深刻地了解历史事件背后的规律，使结果更具说服力。正因为职业教育历史研究具有这些特点，将职业教育历史研究应用于教育领域会出现以下若干局限性：历史是按时间顺序发展的，历经一个较为复杂的发展过程，而历史文献一般是在事件发生之后进行记载的，属于滞后记载，零碎不系统，由于收集和考证的困难，职业教育历史研究的可靠性会受到一定影响；历史文献的内容是记载者在自己主观加工之后进行记载的；留存下来的资料并不是全部，另有部分资料受记载者本身价值观和社会经验的影响，而被舍弃，致使资料不完整。

二、历史研究法的实施

关于职业教育历史研究法，不管是对哪一类型的研究对象进行研究，它的研究过程大体上是相似的，都遵循必要的准则和程序。一般而言，职业教育历史研究的过程有以下几个阶段。

1. 定义问题

在教育领域进行职业教育历史研究的目的就是要清楚而准确地描述过去发生的与教育或学校教育有关事件的某些方面。但是，职业教育历史研究者的目的并不仅限于描述，他们想要超越描述，去进行说明和解释，而且有时还想做一些更正（当某研究者发现先前对某行为或事件的解释有误时）。[146]

因此，职业教育历史研究中的问题在很大程度上与其他类型研究所探讨的问题是一样的。像任何问题一样，这些问题应该得到清楚而简要的说明。这种说明应该是易于操作的，应该有一个理论基础，研究者应该去考察所假设的变量间的关系。对职业教育历史研究来说，研究者们常常会担心自己选择研究的问题根本得不到足够的证据。在职业教育历史研究中，人们所感兴趣的那些重要数据常常不可能完全找到。特别是当研究者要了解更久远的过去所发生的事件时，更是如此。因此，深入研究一个范围较小、定义较明确的问题，要比探索一个不能明确定义的宽泛问题或者不能充分解决的问题更好。因为对所有的研究来说，问题或假设的性质都指导着研究的方向，因此，如果问题定义得明确，那么，研究者就有了一个好的开始。

2. 寻找有关的资料

研究者一旦确定了自己想要研究的问题，就会马上开始收集资料。事实上，以书面形式保存的所有资料，都有可能成为职业教育历史研究的资料。职业教育历史研究可以分成四类：文件、数字记录、口述和遗迹等。

（1）文件。文件指的是通过书写或者印刷而保留下来的资料，它可以有多种形式：年度报告、法案、书籍、漫画、传单、法庭记录、日记、文凭、报纸、杂志、笔记、学校年鉴、备忘录等。简单来说，以书面或印刷形式存在的任何形式的信息都属于文件。[147]

（2）数字记录。数字记录既可以被看作是一种单独的资料类型，也可以被看作是文件的一种形式。这种记录包括以印刷形式存在的任何类型的数据，如测验分数、出席人数、学校预算等。[148]近年来，职业教育历史研究者开始越来越多地使用计算机来分析他们所得到的大量数据。

（3）口述。从古至今，人们一直通过故事、神话、寓言、传奇、歌曲、歌谣和其他形式的口头表述来为后代留下记录。此外，历史学家还可以对参与或目睹过去某一事件的人进行口头访谈。口头访谈是职业教育历史研究的一种特殊形式。

（4）遗迹。有些物体的物理特性或视觉特征可以提供有关过去的某种信息，这种物体被称作遗迹，包括家具、艺术品、衣服、建筑物、纪念物或设备等。

3. 评价历史资料

进行职业教育历史研究的研究者必须对每项获取的资料从真实性和准确性等角度进行评估，无论该资料是文件、地图、照片，还是口述史。每份材料都需要检测其真实性，因为任何资料都可能受创建者的偏见、社会经济背景、政治大环境及宗教背景等因素影响。这些因素造成了每位史学家论述的基调不一。这意味着，一份文件可能是有倾向性的，并反映着创建者的个人偏见。因此，教育史学家必须用批判的眼光审视每份资料，并且每份资料在用来构建正在研究的事件的叙述之前，必须通过两类评估：外在鉴定和内在鉴定。[149]

一类评估是外在鉴定。外在鉴定是确定文献效度的工具，它要回答的问题是："文献真实、可靠吗？"确定资料的效度涉及几方面的因素，任何一方面都可能导致文献无效。就记录文献而言，作者在事件发生背景中的地位很重要。如果文献以第一手资料的形式出现，那么需要考虑作者是否是现场观察者，一些诸如时间、地点等信息与事实是否相符。

另一类评估是内在鉴定。它确立材料的意义和可信程度。内外鉴定之间可能会有交叉，但它们强调的重点不同，外在鉴定考察资料的真实性，内在鉴定考察资料内容的本身。在一定程度上，就结果而言，外在鉴定先于内在鉴定，因为处理资料时先要碰到这个问题，如果它的真实性尚未确定就考虑内容是没有意义的。然而，考虑到外在鉴定针对那些看起来像历史文献的作者，在确定作者地位之前，有必要评价一些文献内容。这从本质上又变成了内在鉴定。[150]

4. 总结来自历史资料的信息

教育史学家最后一项工作是完成资料整合，或将收集的资料放在一起，并叙述选定的主题与事件。整合是指对收集到的材料进行挑选、组织和分析。那些通过了研究者内在鉴定和外在鉴定的信息将被排序或分类成不同的主题、中心思想或概念。研究者将这些主题和想法拉到一起，并使它们之间形成连续性。事件的时间顺序是最常起到作用的线索。

当研究者开始整合收集来的资料时，他通常已经开始叙述选题或事件了。这种叙述将包括通过整合文件及其他资料而发现的模式、关联及新观点。在整合材料与准备报告的时候，研究者应该始终注意避免三个方法论问题。[151] 第一个问题是相关关系和因果关系的混淆。在统计课程及方法课程中，不要试图从相关性的证据中推断因果关系。仅因为两个现象同时发生或一个紧随另一个发生，并不能说明它们中的一个现象导致了另外一个。每当处理有限的相关性证据不应做出因果推断，无论推断看上去多么合乎逻辑。第二个应该关注的是定义和解释关键词、术语与短语。研究者要避免术语的模糊性，还要密切关注这些术语在事件发生时的含义。最后一个问题是，教育史学家在撰写论述时必须对意图与结果审慎地做出区分。由于史学家是在事件发生之后开展研究，他们的论述可能会存在一定的问题，即假设历史人物完全明白自身的想法与行为的后果。换言之，这里存在这样一个问题，即假设从一些政策与活动中观察到的结果被视为一开始就预设好的结果。

建构一个历史事件的叙述体系是一个艰难的过程，需要对丰富的信息进行整合。在阅读和整合这些信息时，教育历史学家必须不仅对信息的准确性和真实性做出判断，还要避免上述讨论过的可能出现的偏差。

三、历史研究法的应用

下面以《高职生心理健康水平变迁的横断职业教育历史研究》和《职业能力培养的历史研究》两个实例对历史研究法在职业教育领域的应用进行分析，以帮助我们对历史研究法有更具体的理解。

【实例4-5】高职生心理健康水平变迁的横断职业教育历史研究[152]

该研究为探究我国高职生心理健康水平的变迁，运用职业教育历史研究的方法，对1999年至2016年间92篇采用症状自评量表（SCL-90）的研究报告进行了分析。

（1）定义研究问题

高等职业教育是我国高等教育体系中的重要组成部分，高职生是国家发展必不可少的技术人才，承载着国家的希望与未来……

在职业教育领域进行职业教育历史研究的目的就是要清楚而准确地描述过去发生的与教育有关的事件的某些方面。该研究开宗明义地提出我国高等职业教育中高职生的心理健康问题。

（2）确定研究工具

SCL-90 共 90 道题目，包含 9 个常用的因子：躯体化、强迫症状（下文简称为强迫）、人际关系敏感（下文简称为人际关系）、抑郁、焦虑、敌对、恐怖、偏执和精神病性。被试对象依据自身状况就每个项目描述进行 1—5 级自评，得分越高表示心理问题越严重，即心理健康水平越低。该量表反映症状丰富，操作简便，具有良好的信效度，是心理健康领域使用最为广泛的测量工具之一。

该研究关注的教育问题需要特定的研究工具辅助研究。该研究选取的量表自王征宇在 1984 年引入和修订以来，现已广泛应用于各类人群心理健康的研究。因此，该研究选取以 SCL-90 为工具的文献进行高职生心理健康水平变迁的历史分析。

（3）文献搜集

从中国知网、万方数据库、维普资讯和优秀硕士论文、博士论文库等中文数据库中搜索 1978 年至 2017 年的文献。搜索文献时，以"高职生""高职学生""高职院校""SCL-90""心理健康"和"心理卫生"等中英文关键词交叉匹配进行全文检索。

用职业教育历史研究法进行文献收集时首先注意与主题的密切贴合，其次确定一定的研究标准，还要注重文献的筛选，最后，需要确保一定的样本量来维持信效度。

（4）文献编码及数据整理

根据元分析的一般步骤及有关专家的建议，结合历史研究本身的特点，本研究对收集到的文献进行编码。编码表中包括文献来源期刊的类型、样本所属地区等信息。

文献编码时，研究者须根据一定的类别对文献进行归类整理，便于进一步开展研究，也有助于为读者呈现出已收集文献的基本情况。

（5）采集社会指标的数据

历史研究除了可以描述心理变量随年代的变化趋势外，还可以将社会变迁层面的宏观变量与个体心理发展层面的微观变量连接起来。通过心理变量与社会指标的关系来解释社会变迁对个体心理发展的影响，并用滞后相关分析的思路来说明这种影响的性质。

围绕高职生心理健康水平变迁这一主题，必然需要考虑各类外部因素对高职生心理健康的影响，因此研究者通过对主题相关的各类统计年鉴的查找追溯到相关数据。

结果发现：SCL-90中6个因子的均值与年代之间呈显著负相关，18年来9个因子均值下降了0.04—0.60个标准差，这说明我国高职生心理健康的整体水平在逐步提升；教育经费与SCL-90的6个因子均值呈显著负相关，这表明教育经费可能是预测高职生心理健康水平的重要因素；与女生相比，男生心理健康水平的上升趋势更为明显；来自农村的高职生心理健康水平显著提升，而来自城市的高职生心理健康水平则无显著变化。

该研究依据已收集的文献与数据，使用职业教育历史研究法，借助SCL-90因子发现高职生在不同阶段的心理健康水平规律，得出宝贵的学术成果。

【实例4-6】职业能力培养的历史研究 [153]

职业能力伴随着职业的产生而出现，先哲们对"职业""能力"的理解在不同历史时期也各有差异。现代意义上的职业能力培养实践发端于"能力本位教育"，经过半个世纪的发展，它已成为世界职业教育改革发展的方向和职业教育质量检验的重要标准，由此引发人们对职业能力的广泛研究，并促使"职业技能鉴定"向"职业能力测评"的转变。

（1）回顾历史

古代"职业"之"能"。"职业"一词在我国古代最早见于《国语·鲁语》："昔武王克商，通道于九夷百蛮，使各以其方贿来贡，使无忘职业。""职"为执掌之事，"业"为记事之法，此处合起来是指分内应做之事，相当于"本分"之意。从职业分工的角度而言，古代的"职"和"业"分别各有所指，"职"指官事，"业"则为农工商所从事的工作，故有"官有职，民有业"之说，意为"官事与士农工商四民之常业"。《管子·小匡》言："士农工商四民者，国之石（柱石）民也。"

确定研究问题后，该研究收集与职业能力相关的一手资料，获得可靠的材料支撑，加以整理并阐述古代职业能力的系统理论。

（2）古今结合

德国教育家路德（H.Roth）最早提出职业能力之说，并将其分成自我能力、专业能力、方法能力和社会能力四个维度，形成了职业能力分类的基本框架。在我国，能力本位已被国内各界普遍接受，成为政府指导职业教育改革和发展的基本理论依据，而职业能力培养也逐渐成为职业教育实践中的热点。在1999年以前的国家教育政策文件中，"职业技能"的提法最为多见，基本上未正式使用过"职业能力"一词，以及与"能力"搭配组合而成的各种"能力"词汇，直接或间接地体现出职业教育能力本位发展的情况。

在这一部分，本研究将古今融合，厘清现代能力本位教育对古代职业能力观的传承与创新，为现代能力本位教育的实施提供依据。

（3）以史明今

以能力本位教育为导向的改革实践过程也引发了国内职业教育界对职业能力建设内涵的深入研究和探讨。先后有多位学者从多种视角去评议、剖析和建构"与职业相关的能力""能力本位""关键能力""职业技能""职业能力""综合职业能力""专项职业能力""职业素养""职业能力测评"等一系列有关能力培养的话题。

现代能力本位教育与古代职业能力联系为现代教育发展提供了借鉴。由"能力本位"发端的职业教育改革，逐步扭转了学科化"知识本位"在职业教育中的主导地位，能力培养观从单一注重岗位工作任务的"职业技能"培养向适应岗位群的综合"职业能力"培养转型，"职业技能鉴定"专业化程度日益提高，实现了岗位基本的"专项职业能力"的培养和鉴定。

将上述四个环节的内容组合于一体，就形成了职业能力培养的历史研究。按照回顾历史、古今结合、以古明今三个部分将上述内容整合为一体，有述有评，有理有据，在已有研究成果的基础上提出对职业能力培育的新见解。

延伸阅读

[1] 赵轶峰.历史研究的新实证主义诉求 [J].史学月刊,2018(02):116-132.

[2] 李先明,李莹.历史研究中"碎片"与"碎片化"问题再检讨 [J].南京社会科学,2019(06):145-150.

[3] 杨睿娟.不同职业类别教师心理健康水平的横断历史研究 (1995-2011) [J].教师教育研究,2013(04):45-50.

[4] 李娟.美国弱势群体补偿教育立法的历史研究——基于教育公平的视角 [J].外国教育研究,2016(01):71-81.

[5] 陈志刚.历史研究法在教育研究运用中应注意的要求 [J].教育科学研究,2013(06):76-80.

[6] 周采.历史研究视角的转移与战后西方教育史学 [J].清华大学教育研

究 ,2010 (01):20–25.

[7] 李剑萍 .20 世纪中国学制问题的历史研究 [J]. 华东师范大学学报 (教育科学版),2002(03):84–89.

[8] 苏辛 . 历史研究 [J]. 中国远程教育 ,2015(10):1.

第四节　民族志研究法

　　教育民族志研究法是教育研究者把民族志的调查研究方法运用于教育领域的一种创新性研究，有着民族志的根本特征和研究规范。民族志主要是人类学家进行田野工作，记录田野笔记，对收集的资料进行归纳和分析，最后得出结论并整理成文献的一种研究方法。本节通过对教育民族志研究法的历史发展、定义、运用步骤及局限性进行梳理，试图清楚阐述教育民族志方法研究流程，从而使教育民族志的研究更加成熟完善。

一、民族志研究法概述

1.民族志研究法的定义

　　教育民族志研究法是教育研究者对民族志这一研究方法的跨学科应用。教育民族志要求研究者根据研究的内容和研究的性质，进行长期的田野调查，在实际的情境中采用参与观察或访谈法获取关于研究对象的第一手资料，并结合相关文献资料，进行课题的研究与分析。

　　教育民族志有两层含义：一层是教育人类学家的民族志，这种教育民族志的产生与教育人种学有着密切的关系；另一层是作为方法的教育民族志，主要是一种收集资料的路径与方法，其中以参与观察与深度访谈为主。第一层次的教育人种学，不是一门独立的学科，而是教育民族志研究的第一个层次，即对研究对象的确定有着一定的跨文化背景，通过对异文化的教育研究来比较、综合、分析和概括本文化的教育现象及规律。教育民族志者在完成田野工作之后，详尽地描述、说明所观察到的现象与文化，而且尽量以"当地人的观点"来"深描"，使他们的描述成为其他研究者了解教育民族志者田野工作的过程、异文化教育的情况及人类学工作者个人的反省与理论观点。[154]

教育民族志的第二个研究层次，是一种以参与观察和整体性研究为主要特征的描述性的研究方法。收集资料的技术主要是"参与观察"与"深度访谈"。所谓参与观察是指教育民族志者在一所学校或一个课堂中做研究时，不仅作为旁观者观察研究对象的一切，而且也相当程度地参与到他们的活动中，进行更密切的、接近的观察。所谓深度访谈则是指教育民族志家与研究对象做无拘无束、较深入的访问谈话，即事前不规定所要访谈的问题，更不限定回答的方式，而是就某一范围的问题做广泛的聊天式的对话，或对某一特定的问题做详细的说明。[155]

2. 民族志研究法的特点

（1）质性的研究。从整体上讲，教育民族志主要是一种质性的研究方法，这是许多学者都认可的观点。对人类教育的研究，有两种基本的研究模式，一种是质性的研究模式，大体上属于"个案式解释模式"；另一种是量化的研究模式，大体上属于"通则式解释模式"。它们的区分是相对的，因为在"个案"中寻求"通则"实际上也是许多质性研究者怀有的雄心。教育人类学者在对待和考察"教育、文化和人性"这三者的复杂关系时，坚持人类学理念的精髓——整体观。[156] 所以，在教育民族志研究中，教育不再是一种孤立的社会文化现象。教育人类学者通过深入某一社区、族群或民族，对教育及其与诸多社会文化事项间的关联互动，以"文化持有者的内部眼界"去描述或解释，在"地方性知识"

中提炼和总结人们如何赋予他们生活的世界中的教育以社会文化意义。教育人类学者通过自己长时间观察、访谈和体验，撰写教育民族志，为人们树立了许多"文化之镜"，为人们认识和理解"教育与文化多样性"的奥秘提供许多有益的途径和必要的知识。[157]换句话说，教育人类学者的民族志工作，试图让人们知晓。整体上来说，对于教育，实际上有许多不同的立场、观点、诉求蕴藏和交织在社会文化过程之中。教育民族志研究的全部精髓在于"脉络"。也就是说，认识和理解教育的诸多现象，需要把它们放在一定的时空脉络中，因为教育与处于其中的社会结构和文化形式紧密相关。[158]教育民族志研究的难点在于主客共变（在研究过程中，研究者和研究对象都在变化）、主客互变（在研究过程中，研究者和研究对象持续互动，互有程度不同的"涵化"）和价值涉入（在绝对意义上，"价值中立"的研究和研究者是不存在的）。也就是说，严格意义上，教育民族志研究是不可重复检验的。与其说，这给量化研究者提供了攻击质性研究者的把柄，还不如说，这说明量化研究也有它存在的价值和空间。

（2）注重叙事性。人类学者已给人们留下了擅长讲离奇"故事"的社会印象，实际上，这是非常有道理的。之所以人们会觉得"故事"较为离奇，与人们生活于其中的社会文化是有关系的。每个个人或群体都是生活在"常识"之中的。离奇就是因为不合常识。但是，人类学者所提供的离奇的"故事"，在他研究的社会中也不过是"常识"而已。"常识"常常是人类学家列维·斯特劳斯所阐述的藏在文化表象深层的"文化语法"，是人们百用而不得见的，所以研究"常识"可不是轻而易举的。[159]由此看来，将人类学定义为研究常识的学问也是极有洞察力的见解。一般来说，较为完整的教育民族志的叙事包括四个部分："在这里""去那里""在那里"和"回到这里"。以"在那里"为主体部分，其中充满了人类学者的艰辛、寂寞、浪漫和快乐。值得注意的是，很多声名远播的民族志学者的文采都不输作家。随着人类学作品呈现形式的多样化，民族志也不再仅仅是书本了，影视民族志的出现也不是近年的新现象了。但是万变不离其宗，注重叙事性仍然是民族志作品的基本特点。

（3）开放的文本。这是教育民族志作为质性研究的一个附属性的特点。与一味追求"因果关系"或研究结论的传统研究不同，近年来，教育民族志研究越来越重视读者作为整个研究过程中的一个变量的重要性。这样一来，研究者在撰写民族志时，充分考虑读者的社会文化背景是必要的，虽然也不时有批评者指出这有迎合读者口味的嫌疑。在具有后现代取向的研究者看来，读者有权利对教育民族志作品做出自己的分析、解释和判断，而不太需要研究者把自己的"一孔之见"以研究结论的形式"告知"读者，并认为这是去除作为知识精英的民族志研究者的"文化霸权"的有效途径和做法。开放的文本，作为当代民族志的一个特点，也是对教育制度"规训"的"抵抗"，在人类学中，有着特殊的意义。[160]比如说，在美国和中国，对博士研究生的学位论文有两个基本的要求：一是研究要做得"规范"，论文要写得"规范"；二是研究要有所"创新"，特别是在理论上。这给人类学的博士研究生带来了很多烦恼。一方面，他们不得不按照"传统"，给民族志的开头部分加上研究意义与价值、方法论与理论范式、文献综述等内容，在结尾部分加上对前辈理论的批判或解构，自己理论的阐释和建构，而到了出版商那里，这些内容常常被"无情地删除"，只留下民族志部分；另一方面，创新的要求一定程度上促使了博士研究生"集体造假"现象的出现和蔓延，实际上，那些所谓创新，对于学科发展和知识积累几乎没有贡献，沦为"学术泡沫"的有机组成部分。更重要的是，对于这种"学术泡沫"的制造，导师和研究生之间，甚至与答辩委员会成员之间都存在"共谋"关系。正是出于对这种教育制度"规训"的"抵抗",民族志学者,甚至许多质性研究者,都在大力提倡开放的文本这一新的理念。

3. 民族志研究法的类型

根据研究者的研究旨趣和文本本身显示的旨趣,将教育民族志的三种基本的类型分述如下。

(1)描述教育民族志。这一类型的教育民族志给人的印象是没有明显的目的性,体现了"麻雀虽小,五脏俱全"和解剖"麻雀"的研究理念,容易让人联想起自然主义的哲学倾向,但这是一种误解。自然主义往往是追踪事物表面的现象进行描述,而民族志的特点则在于,更重视了解事物内部的结构或功能关系以及事物的背景。[161]实际上,描述教育民族志常常暗藏着人类学结构——功能论的旨趣。这一类型的教育民族志作品很可能还体现了研究者科学主义的基本研究取向,这与下述两种类型的作品及其撰述者的人文主义取向是不同的。有时,这一类型的民族志也被称作传统民族志。

(2)解释教育民族志。该类型教育民族志的理论基础是解释学(也有学者称之为诠释学)。自从美国人类学家格尔茨将解释学引入人类学研究,开创了"文化解释学"以后,不仅扩大了人类学的研究领域,而且为民族志方法开启了一条新的路径。这种研究追求的是"视阈的融合",从"文化持有者的内部眼界"出发,同时赋予客位解释(人类学者的文化解释)的合法性,注重从"本土概念"和"地方性知识"中提炼人们如何赋予文化的意义的方式。因此,这一类型的教育民族志研究偏重探讨教育作为文化事项的意义。[162]

(3)批判教育民族志。这一类型的教育民族志最初借鉴了批判社会研究的取向和模式,其理论基础是批判社会理论,是在批判质性研究的模式中发展起来的。从事批判教育民族志研究的学者常常被称或自称为"批判主义者"，也通常被认为是社会文化激进的变革者，隐含在批判教育民族志中的价值取向是："批判主义者发现当今的社会有太多不公的事，对许多人有着或隐秘或公然的压迫存在，我们不喜欢看到这种情况出现，于是想加以改变。"[163]

二、民族志研究法的实施

教育民族志研究法虽然没有固定的程序，针对不同的研究问题和对象，研究者可以采用不同的研究模式和方法，但是整体来看，教育民族志研究法趋向于一个循环的研究过程：提出问题、收集问题、进行记录、分析资料、提出问题……总的来说，教育民族志研究方法的步骤一般包括提出研究问题、选定研究对象、收集资料、分析资料、撰写报告。

1.提出研究问题

与其他研究方法不同的是研究者在研究开始时，只提出一般性的研究问题，而在现场研究情境中逐渐明确与修正。也就是说，研究者进入研究后会持续地发现新的问题，这些新的问题将引导研究者的观察方向，分析这些观察资料后，研究者可能会发现其他新的问题，研究问题就这样周而复始地引导着研究者进行研究。潘慧玲把这样的形成过程比喻成漏斗的进行过程。[164]张东辉、黄晶晶首先通过研究内地西藏班的办学模式，提出了这种办学模式带来的文化差异问题，针对这一问题继续进行研究发现散插生的特殊性，最后从社会网络的视角考察西藏散插生与西藏学生、本地学生、老师的交往情况，去探讨他们对自身文化和内地学校主流文化的态度。[165]张盼盼运用教育民族志法在《乡土文化的价值守望》中先后针对个人成长环境、乡村孩子的教育及乡村群体的生存三个方面出现的新问题，推进她的研究继续。[166]

2. 选定研究对象

采用教育民族志研究法的对象选择往往与特定的研究目的紧密相关，同时也受研究者个人的兴趣、经验等因素的影响。研究者选择并确定研究对象时，主要考虑研究者所要从事的课题内容、研究对象的条件、是否具有典型性与代表性等。张东辉、黄晶晶在进行内地西藏散插生的社会网络构建的教育民族志研究中，对北京市一所接收西藏散插生的学校进行田野调查，调查内容包括学校历史、高考升学率、招生情况及西藏生的学习生活安排。经过教师推荐，最终确定两名西藏同学进行访谈和观察，并对两名个案西藏生的老师和同学（汉族和藏族）进行了非正式访谈。

3. 收集资料

教育民族志的研究者主要是在"田野"中工作，依靠参与观察和现场访谈的方法收集资料。所谓课堂参与观察是指观察者参与到课堂教学的活动之中，通过与观察对象共同进行活动，达到从内部进行考察、探究这些活动的发展和内在含义的目的。一般来说，这种田野工作需要进行长期性的调查，也就是说需要研究者进行半年以上的观察和访谈。例如，学者张盼盼先后在刘村小学进行了为期近半年的田野工作，在这个过程中，重点观察并访谈教师教学、学生的教学反应、师生交往方式、学生同辈群体在校园内的课余生活。他走访村庄，观察记录村庄样貌，并对村民、家长及学生进行针对性的深度访谈。

4. 分析资料

当研究者获得相当多的资料后，必须对资料进行及时的分析。分析资料的过程一般包括编码、统计、概念化和得出结论。编码是分析资料的第一步，研究者在资料的初步阅读时就要重复谨慎地寻找、选择特殊与合适的资料，然后设定相关的符码与类目，接着采用持续比较的方法进行编码并找出其间的关系与差异，最后组织已登陆的相关资料，并做进一步的分析。编码后，研究者需要长时间重复阅读编码后的资料，以期发现主题和概念。当研究者发现主题和概念后，可以通过分析归纳、概念连接等步骤形成所谓扎根理论。张盼盼在调查阶段结束后返回学校对录音、观察笔记、影视资料等进行整理和分类，形成了将近 24 万字的文字记录和大量的影视资料。

5. 撰写报告

教育民族志报告不只是对研究成果进行机械的叙述，而是将各种现场记录与文件资料加以整理，有效且有感染力地传递给读者。因此，研究者必须整体地、连贯地、结构性地进行报告的书写。"故事"是民族志表达的主要方式。陈向明指出，迄今为止，在民族志研究表述中主要出现了七种故事类型，分别是现实主义的故事，忏悔的故事，印象的故事，批判的故事，规范的故事，文学的故事，联合讲述的故事。

三、民族志研究法的应用

下面以《"走出乡土"：农村第一代大学生的自我民族志》和《微观权力的审视：城市流动人口子女的学校生活民族志》两个实例对民族志研究法在职业教育领域的应用进行分析，以帮助我们对民族志研究法有更具体的理解。

【实例 4-7】"走出乡土"：农村第一代大学生的自我民族志[167]

中国城乡二元结构造成教育资源配置不平衡，"寒门"家庭的孩子面临着更多的学业困境和挑战。农村第一代大学生走出乡土社会、成功获得高等教育文凭，表征了更深层次的文化意涵。运用自我民族志的研究范式和叙事方法，基于自身的读书经历，围绕"走出乡土"建构和揭示个体成为家庭第一代大学生的幕后逻辑，映射"读书"对农村孩子的重要意义。

（1）提出研究问题

进入 21 世纪以来，中国家庭对孩子教育的重视程度越来越高。从城市到农村，从精英阶层到一般家庭，无不将教育作为最重要的"事务"。尤其是在中国北方部分农村，"砸锅卖铁也要供孩子上学"的话语中蕴含的教育投资、教育观念和教育安排，已然成为乡土社会中极具仪式性表征"读书"重要意义的文化符号。

该研究开篇便提出农村孩子读书与"走出乡土"的意义这一中国社会显著的现象，在文凭越来越受到重视的前提下，考察教育对农村孩子走出乡土改变命运、突破阶层再生产的影响程度，成为透视一个国家社会分层状况的重要标尺。

（2）选取研究对象

目前，国内学者主要关注"寒门"学子的升学之路，较少单独关注第一代大学生群体，尽管"寒门"学子通常包含着农村第一代大学生。农村第一代大学生突破了原生家庭束缚和阶层再生产理论（代际传递）的旋涡，通过读书实现了走出乡土的阶层跨越。因此，在转型期中国，研究这一群体读书和阶层跃迁历程，具有重要的社会现实意义。

针对农村孩子读书与"走出乡土"这一教育问题，研究者聚焦于具有典型代表意义的第一代大学生群体，并阐述研究这一群体的重要意义。

（3）方法解释

自我民族志作为民族志研究中一个新兴的研究范式，是一种将个体与文化相联系的自传式个人叙事方式。自 20 世纪 60 年代现代研究运动兴起以来，以民族志为代表的传统质性研究方法备受诟病和质疑，西方研究者开始尝试新方法——通过亲身经历和自我意识讨论并表达文化特质，突显个体化叙事及表达性说明，达到深化并解释文化情境的目的。

该研究采用了民族志研究的一个研究范式——自我民族志，解释其特征及为何选取该种方法，并说明选取这种方法所想达到的目的。

（4）收集资料

1992年，"我"出生于中国北方的一个村庄，是村子里第一个迈入"985"高校的学生，也是村中第一个进入"985"高校的博士生。从"我"记事那天起，村子里的大人们就非常关心子女的学业。逢年过节或者家庭聚会，成绩不起眼的"我"都会成为大人们数落的对象。孩子的考试成绩成为村子里大人们茶余饭后讨论的重要话题，谁家孩子成绩好，谁家孩子学习不好、调皮捣蛋，村里的父母们都一清二楚。按照乡亲们的理解，学习不好的孩子就是"脑袋很鲁"（形容很笨）或是贪玩。孩子在学校的成绩、表现与其父母在村中的身份地位密切相关。学习好的孩子，家里墙上会贴满奖状，爸妈会觉得很有面子，老师也会对这样的孩子寄予厚望。

自我民族志要求关注自我主体性、自我意识和亲身经历，因此该研究选取了研究对象对自己求学经历的自我回顾，呈现在文中。

（5）分析资料

家庭中特有的教育环境和乡土社会对本体追求功业的道德修养，与"读书"这一达成"成功"的路径不谋而合，个体自身对未来生活"过上好日子"的憧憬与获得家庭、乡土社会认同的身份形象，是提升自我能动性和抗逆力的重要动力。此外，乡土中的"贵人"文化丰富了个体的社会支持。

在收集材料基础上更重要的是对材料进行剖析，该研究分析研究对象的自我叙述得出第一代大学生追求学业成功的动力与影响因素。

（6）撰写报告

当然，具体的研究方法会产生研究局限，对单个案例的深描难以表征和涵盖农村第一代大学生群体"成功"的全部原因。而且，这种对生命历程的回忆过程往往是一种自我主动筛选信息的过程，难以真正客观地展现我从农村"走出来"的全过程，也会在某种程度上被人认为存在美化和自我崇拜的动机。但是，作为一名从农村家庭走出来的第一代大学生，"我"对自己的求学历程是最有发言权的。虽然在思考和行文过程中尽量客观，但可能还是难以完全排除情感的倾向性。因此，研究也只能是"抛砖引玉"，试图尽量全面地描述农村家庭第一代大学生成功的原因和面临的挑战，揭示其幕后的文化逻辑，为中国学者对第一代大学生群体的研究提供借鉴，促进多种研究方法在教育社会学和弱势群体研究中的运用。

报告内容除了阐述研究问题、研究对象、研究方法、研究结论外，研究存在可能的不足和对未来的展望也需包含其中。

【实例4-8】微观权力的审视：城市流动人口子女的学校生活民族志[168]

自"两为主"政策实施以来，越来越多的流动人口子女进入城市公立学校就读。通过对北京市一所普通公立学校为期三年的田野调查研究发现：虽然"两为主"政策依法保障了流动人口子女在城市公立学校接受义务教育的权利，但是在入学门槛、课程教学和课外活动等城市学校生活的各个层面都广泛存在着国家政策话语和学校正规课程之外的隐蔽机制，它们是现存社会结构和权力关系的反映，其结果是将流动人口子女排斥或自我排斥在城市学校的教育活动之外。

（1）提出研究问题

已有研究普遍认为：在公立学校就读的流动儿童整体上学业成绩不佳，孤独感、自卑感强，在学校处于边缘化的地位。然而，学界大多把流动人口子女在公立学校的不利处境归因于流动儿童自身的学业基础薄弱、家庭经济地位低下、文化和社会资本缺乏等，鲜有研究试图打开城市公立学校的"黑箱"，揭示学校场域中隐蔽的动力机制及流动人口子女在城市学校的真实生活境遇。

该研究展示城市流动人口子女的学校生活困境，指出此研究对以往研究的突破与创新，阐明研究价值。

（2）构建研究框架

中国学者对隐性课程的研究局限在结构功能主义的范式之下，对学校场域中蕴含的微观权力关注较少。隐性课程常被纳入校园文化建设的讨论中，主要探讨如何利用隐性课程对学生进行更为有效的德育渗透，引导学生树立正确的价值观。本研究另辟蹊径，从微观权力的批判视角来审视我国流动人口子女在城市公立学校的日常生活。通过分析蕴含在学校日常活动和教导中的程序、规则、关系和做法，本文力图揭示城市公立学校中存在的未公开表达却广泛存在的隐性课程，探讨它们如何及在哪些方面将流动人口子女排斥在公立学校的教育活动之外。

通过对微观权力与隐性课程的研究回顾，该研究建立分析蕴含微观权利的学校隐形课程的分析框架。

（3）确定研究对象

本文是一项民族志研究，资料来源于对北京市海淀区某小学开展的为期三年（2010—2012）的田野调查。某小学位于海淀区的中心地带，是一所普通公立学校，既不同于海淀区众多的优质校、示范校或大学附属学校，也不同于城乡接合部的薄弱学校。示范学校因为入学门槛高竞争激烈，较少接收流动人口子女；薄弱学校则多以接收流动人口子女为主，有的学校流动儿童多达80%以上，而某小学主要服务于社区周边的城市蓝领阶层和普通工薪阶层，同时招收少量来自北京其他区县的住宿生。在本研究开展期间，某小学共有一到六年级学生将近1000人，每个年级有 4—5 个班，每班 30—40 人。与大多数公立学校一样，某小学优先录取北京本地学生，对待流动人口子女不积极。然而，随着北京本地生源的减少及"两为主"政策的实施，某小学招收了越来越多的外地学生。在本研究进展过程中，某小学在校学生中基本上一半是北京本地学生，一半是流动人口子女。

在确定研究问题后，该研究选取北京市海淀区某小学为期三年（2010—2012 年）的田野调查数据进行民族志研究，并说明选用研究对象的依据。

（4）分析材料

从马小花和魏博的入学经历可以看出：公立学校对流动儿童的态度既不是全然的排斥，也不是简单地履行"两为主"的义务，而是一种有选择的接纳。流动的身份意味着不确定性，在不确定性当中，学校行使权力的空间更大。马小花以自身的学习成绩获得学校的青睐，魏博最终得以入学实际上是一种契约的产物，即家长同意他加入少有人愿意去的京剧团来换取他上学的资格。

该研究在材料中筛选出与主题相关的重要数据并加以分析，说明了在充满微观权力的校园空间里，流动人口子女与本地学生经历了不同的学校生活，由于"流动"身份带来的区别与排斥体现在入学程序、课堂参与、课外活动等学校日常生活的各个层面。

（5）撰写报告

显然，当前有关流动儿童的政策制定多从法律层面和应然层面保障他们的受教育权利，却忽略了学校场域里的微观权力机制，造成流动人口子女在实际入学和学校生活参与过程中的权利被剥夺。把权力关进笼子不仅需要国家在"两为主"政策的基础上进一步明确、强化流入地政府和公立学校对流动人口子女的教育责任，更需要全社会、各级行政部门和学校层面的教育工作者打破现有户籍体制下的权力结构，真正接纳流动人口子女，为弱势群体服务。

报告不仅要呈现出流动人口子女进入城市公立学校中存在的教育问题，更要提出如何解决这些问题，为政府提供政策参考。

延伸阅读

[1] 陈兴贵.从田野到文本：民族志的生成过程及其真实性反思 [J]. 湖北民族学院学报 (哲学社会科学版),2012(06):21-26.

[2] 吴晓蓉 , 李海峰 . 跨界与批判：当代西方教育民族志的新视野 [J]. 西南民族大学学报 (人文社会科学版),2020(03):212-218.

[3] 江淑玲 , 陈向明 . 批判民族志在教育研究中的运用 [J]. 教育发展研究 ,2017(08):26-32.

[4] 桑国元 , 王照萱 . 民族志研究方法及其对教育研究的价值 [J]. 民族教育研究 ,2020(02):63-68.

[5] 董轩 , 何梦蕊 . 感同身受：教育民族志方法的情感向度 [J]. 教育学报 ,2020(01):27-33.

[6] 屈博 , 孙丽丽 . 基于图像民族志的课堂互动研究——兼论教育视频图像分析的本体价值[J]. 首都师范大学学报 (社会科学版),2019(01):156-171.

[7] 提姆·英格尔德 , 窦雪莹 . 关于民族志的讨论已经足够 ?[J]. 民族学刊 ,2018(01):32-39,110-113.

[8] 汤美娟 . 本土性重构：现代教育观念的乡村嵌入历程——苏北 M 村的民族志研究 [J]. 教育科学研究 ,2017(06):50-55,90.

[9] 刘录护 . 科层制学校中教师职业发展的民族志研究——兼对教师专业发展研究的反思与比较 [J]. 学术研究 ,2017(02):49-58.

第五节　扎根理论研究法

在质的研究中，构建理论的一个著名方法是扎根理论。扎根理论是一种研究方法，是由格拉斯和斯特劳斯于 1967 年在出版的合著《扎根理论的发现》中首次提出的，其主要宗旨是在经验资料的基础上建立理论。对于扎根理论的定义，有学者认为这是一种自上而下建立理论的方法，即在系统的收集资料的基础上，寻找反映社会现象的核心概念，然后通过在这些概念之间建立联系而形成理论；[169] 还有学者认为扎根理论作为一种质性研究方式，其目的在于克服理论与资料之间长久存在的隔阂，试图在经验资料基础上建立与发展新理论。[170] 对比这两种定义来看，扎根理论强调的是通过客观现实的资料去建构理论。扎根理论研究者喜欢分析胜过描述，喜欢新鲜的概念类属胜过预先设定的观点，喜欢系统聚焦的、连续收集的资料胜过大量同时收集的资料。[171]

一、扎根理论研究法概述

1. 扎根理论研究法的内涵

扎根理论是由两位美国学者格拉斯和施特劳斯首次提出的。那是在 1967 年，他们一起研究了当时医院中患者的死亡过程，在观察这些患者的死亡过程、分析相关数据后，最终产生了系统的方法论策略，后来他们发现这些策略也可以用来解决社会学领域其他的问题。因此，他们第一次明确地指出了这些策略，即扎根理论的发现，主张在基于数据的研究中发展理论，而不是从现有理论中扣除可验证的假设。这种研究方法一经提出，就对社会学等研究领域产生了重大影响，被认为是质的研究的前沿。扎根理论研究方法的出现为社会科学研究提供了一种新的研究方法，其基本原理也成为定性研究的一般指导原则，在国内外掀起了一股热潮。

对于扎根理论的内涵，国内外学者也各有看法。美国社会学家斯特劳斯认为："扎根理论是一种建立理论的方法，在自然环境下，利用开放性访谈、文献分析、参与式观察等方法，对社会现象进行深入细致和长期的研究，广泛系统地收集资料，使资料达到饱和状态，然后对资料进行分类、编码，经开放式编码与关联式编码形成命题链，再对命题链进行核心编码，发现影响中心命题的政治、经济、文化、历史等条件，在此基础上概括出理论命题。概括出的理论命题再回到资料或类似情景中接受检查，进一步修正与发展该理论。"[172]

在中国，徐宗国是第一个提出该理论的人。根据他的理解，扎根理论可以被定义为"一种研究方法或者一种质的研究风格"。[173]而我国学者陈向明则认为："扎根理论的主要宗旨是在经验资料的基础上建立理论。研究者在研究开始之前一般没有理论假设，直接从实际观察入手，从原始资料中归纳概括出经验，然后上升到理论。这是一种从下往上建立实质理论的方法，即在系统收集资料的基础上寻找反映社会现象的核心概念，然后通过这些概念之间的联系建构相关的社会理论。扎根理论一定要有经验证据的支持，但是它的主要特点不在其经验性，而在于它从经验事实中抽象出了新的概念和思想。"[174]

2.扎根理论研究法的优缺点

（1）优点。第一，量与性的结合，资料收集与分析策略使它在质化研究方法中独具特色；第二，适用范围较广，为我国的教育研究赋权，体现我国的本土特色；第三，扎根理论路径不仅能够服务于学术研究者，而且能够为实践者改变现状提供思路；第四，研究通过一整套相对明晰、可操作的技术、方法和步骤，在经验资料与理论建构之间架起了一座桥梁。

（2）缺点。第一，缺乏系统性，很少讨论研究问题的提出、重要概念的定义和概念框架的设计等问题；第二，很少讨论乃至忽视研究者身份和研究关系及其对研究的影响和诸如自愿、回报、保密等伦理问题；第三，资料收集上费时费力，同时对资料收集的具体技术（如观察、访谈、实物分析等）很少讨论；第四，前期研究困难：由于研究问题的不确定性，会有一个笼统的兴趣。

虽然扎根理论还存在着很多自身无法解决的问题，但是，对它的努力和尝试无疑为科学研究，尤其是社会科学研究提供了一个新视野，成为社会科学在不断完善自己方法论道路上可参照和运用的方法之一。

3. 扎根理论研究法的类别

目前，扎根理论形成了三足鼎立的格局：一是具有客观主义精神的由格拉斯开创的"经典扎根理论"，其致力于一套系统的方法论建设；二是斯特劳斯所主张的作为质性研究具体操作方法的"程序化扎根理论"；三是美国社会学家卡麦兹为代表的"建构主义扎根理论"。至此，扎根理论的发展跨越了"经典时代"和"大众时代"，进入"多元发展时代"。不同派别扎根理论家的共同特征是：在研究实践中依据研究问题而修正各自的理论，这种做法与"为方法而方法"的研究取向大相径庭。

（1）经典扎根理论。格拉斯致力于一套系统的方法论建设，他深受哥伦比亚大学量化研究权威拉扎斯菲尔德的影响，将量化分析的方法融入扎根理论研究中，使得扎根理论的研究过程具有可追溯性，研究程序具有可重复性，研究结论具有可验证性。

（2）程序化扎根理论。斯特劳斯和科尔宾主张作为质性研究具体操作方法。社会科学研究要深入真实世界，需要在实际情境中解决问题，需要在问题解决中获取知识，反对通过抽象的逻辑推理建构理论，提倡建构与日常生活经验问题有密切联系的中层理论，而不是空洞的宏大理论或仅仅局限于经验研究。

（3）建构主义扎根理论。卡麦兹认为所有方法论都是人类了解世界的一种方式，人类对世界的理解是一种解释性的，所谓"真理"与"理论"都具有临时性特征，理论不是被发现的，也不是独立于研究者而存在于数据中的，任何理论提供的都是对被研究世界的一种解释性图像，而不是真实面貌。

二、扎根理论研究法的实施

扎根理论研究方法根据研究主体和研究领域的差异，分为三种不同的主流流派，但是无论是哪种流派，其操作程序大同小异。先是进行文献讨论，案例选择，进行资料收集整理；再是进行三级编码，得出研究初步结论，根据理论是否饱和来判断是否进入二次循环；最后得出结论与建议，表示研究结束。

1. 资料收集整理

扎根理论研究方法主要采用田野调查法、参与式观察、访谈和理论性抽样。在田野调查法中，与同样是把田野调查法作为主要研究方法的民族志相比，扎根理论研究内容更为宽泛。在参与式观察中，扎根理论研究者往往跟调查对象进行深入交流，意在站在对方的立场，用被调查者的视角看待问题。在访谈法中，扎根理论研究一般采用无结构访谈，即一种深度访谈抑或自由访谈，在访谈过程中并不依据事先设计的问卷和固定的程序，而只是由访谈人员与被访者围绕着某个主题或范围进行日常生活闲聊式交谈，以获取深入细致的、生动丰富的质化资料。

在访谈法中涉及理论性抽样。理论性抽样是一种主观判断抽样，经过初步验证的理论可以帮助研究者对资料进行理论抽样，逐步去除那些理论上薄弱的、不相关的资料。抽样又可以分成开放性抽样、差异性抽样、区别性抽样。开放性抽样指根据研究的问题，选择那些能够为研究问题提供最大涵盖度的研究对象进行访谈，从而覆盖研究现象的方方面面并从中发现建构理论所需的相关概念和范畴，这通常发生在深度访谈的开始阶段。关系性和差异性抽样指在对访谈资料进行即时整理和分析的基础上，更有针对性地选择访谈对象，对访谈资料中浮现出的理论概念和范畴进行细致梳理，以厘清不同概念和范畴之间的关系，这通常发生在深度访谈的中期阶段。区别性抽样指随着访谈资料的增多，研究人员在不断归纳分析访谈资料的基础上建立理论假设，选择那些有助于进一步修正、完善理论的调查对象进行访谈，这通常发生在深度访谈研究的后期。理论性抽样不同于量性研究的概率抽样，它是一种目的性较强的非概率性抽样。往往选择有限的但具有代表性的个案做深度研究。在深度访谈的前期可以进行开放性抽样，中期进行关系性和差异性抽样，后期进行区别性抽样。

2.资料分析

登录是指对收集到的经验材料进行分解、辨析并赋予概念的过程。对资料进行逐级编码是扎根理论中最重要的一环，其中包括三个级别的编码：一级编码（开放式登录）、二级编码（关联式登录或轴心登录）、三级编码（核心登录或者选择式登录）。

（1）开放式编码。开放式编码是一个将资料打散，赋予概念，然后再以新的方式重新组合起来的操作过程。其程序是：定义现象（概念化）—挖掘范畴—为范畴命名—发掘范畴的性质和性质的维度。在原始资料内不断比较和提问，是否形成概念及范畴。例如，"蒙牛资料记录"如下：企业准备成立时，市场是蒸蒸日上的态势。研究者将其他企业生产能力远不能满足市场增长需求定义为 a_1，行业的快速发展创造企业发展空间定义为 a_2，将导致竞争对手无暇他顾的结果定义为 a_3。我们把 a_1 概念化为产业环境；把 a_2 概念化为供给能力；把 a_3 概念化为产业时机。然后把 a_1，a_2，a_3 范畴化为时机 A_1，继而判断范畴的性质是有利时机还是不利时机。性质的维度如果是有利时机，那对哪些方面是有利的，对哪些方面是不利的。

（2）主轴式编码。主轴式编码的主要任务是发现和建立概念类属之间的各种关系，以表现资料中各个部分之间的有机关联。典范模型通常指"因果条件→现象→脉络→中介条件→行动／互动策略→结果"，是将从开放式编码中得出的各项范畴联结在一起的过程。这里的关系可以是因果关系、时间先后关系、差异关系、对等关系、结构关系等。主轴式编码是在范畴间寻找到主要范畴。正如之前提到的例子中，我们已经找到了一个范畴，即时机 A_1。从时机 A_1 出发，根据开放式编码，同时间内我们还找到 A_2 等等，因为有这样的时机导致蒙牛公司出现快速成长、资源吸附，形成资源集聚，经由中介条件整合，速度制胜并采取行动策略，即资源外取，最后得到成长 A_3。在这个环节，我们可以将 A_2、A_3 归纳成一个主范畴：厚积薄发。

（3）选择式编码。选择式编码是指通过第三次编码，选择核心范畴，把核心范畴系统与其他范畴加以联系，验证其间的关系，其目的在于将从资料中发现的范畴加以统合。扎根分析过程的阶段结果，核心范畴是指用一个范畴概括、统率整个个案所反映的事件或现象。

核心范畴特征有：第一，核心范畴必须在所有范畴中占据中心位置，比其他所有范畴都更加集中，与最大数量的范畴之间存在意义关联；第二，核心范畴必须频繁地出现在资料中，表现的是一个在资料中反复出现、比较稳定的现象；第三，核心范畴应该很容易与其他范畴发生关联；第四，核心范畴很容易发展成为一个更具有概括性的理论；第五，随着核心范畴被分析出来，理论便自然而然地往前发展了。在之前的编码过程中，动态学习是另一个主范畴，这里得出的是厚积薄发、柔道运势、学习型高成长这一核心范畴。

（4）备忘录。它是指除了真正的田野笔记、转录或编码以外的，研究者撰写的任何与研究有关的材料，包括访谈时的感想、分析资料的方法和过程，还包括研究者对方法论问题、伦理问题、感受和行为反应或者其他任何问题的反思。备忘录的作用：第一，搜集数据；第二，提供理论采样的线索；第三，追踪正在发展的理论；第四，形成理论大纲，同时也为下一步写作做准备；第五，思想的整理，是概念化的整理。

（5）不断比较。其过程分为四个步骤，依次为事件与事件、概念与更多事件、概念与概念、外部比较。事件与事件的比较可以在（数据的）行句间编码时进行；当一个概念已经形成，将它和更多的事件进行比较，以便让这个正在形成的概念饱和；当一个概念已经饱和，在概念和概念之间进行互相比较，以形成一个更加抽象的概念；当一个概念已经达到理论性完整的水平，便可以和文献或个人经验进行比较。

（6）资料的饱和。扎根理论认为抽样和资料收集的工作要一直持续到范畴里的资料达到"理论性饱和"为止。当收集新数据不能再产生新的理论见解，也不会跳出已经编码的资料范畴时，则可以说资料收集已经达到"理论饱和"。最后得出结论，并进行评价：所得出的结论是否来源于原始收集资料，相关性是否明显，该结论是否能解释相对应的资料。

3. 反思

扎根理论作为一种研究路径，提倡"开放地面对资料，从资料中生成理论"，相比于实体的西方理论，"它更容易让我们看到资料中的本土特色"。这是扎根理论的优势所在，也正是由于它的这种特性，贴近本土的理论才得以产生，并有效地指导我国的教育实践，进而实现理论与实践的真正统一。扎根理论自身所具备的优势不言而喻，但与此同时，它在我国教育研究的应用中仍有很多值得反思和讨论的问题。

（1）扎根理论的定位问题。扎根理论在教育研究中得到广泛应用，但不少研究者通常将扎根理论简化为"三级编码"，将它简化为资料分析的方法。而实际上，扎根理论是一套完整的质性研究路径或方式，从研究设计到资料收集、资料分析及理论生成，每一个环节都必不可少，而其中涉及许多问题，如抽样问题、研究者与研究对象的关系问题、研究的伦理问题等，都是扎根理论研究中需要慎重对待的理论和实践问题。将扎根理论化约为资料分析的方法，极容易出现研究者对某些环节关注不足的状况，进而影响到整个扎根理论研究的质量。此外，扎根理论也是一种方法论，有着既定的逻辑——强调通过对数据的层层编码、分析，自下而上地实现本土化理论的生成，是在经验性资料的基础上形成理论，但在实际应用中不乏研究者打着"扎根理论"的幌子，形式上是按照程序进行层层编码、分析，而实质上却是在预设好的理论框架下进行着自上而下的理论验证，这一问题的出现正是源于研究者对扎根理论定位不明、认识不清，也未能从根本上把握其逻辑。

（2）扎根理论使用的必要性与科学性问题。扎根理论因其严格的操作程序和系统理论的生成，得到很多质性研究者的青睐，而鲜有研究者思考为什么使用扎根理论及如何科学使用的问题。不少研究只是披上了扎根理论的外衣，研究过程机械且缺乏严谨性。实际上，数据编码作为扎根理论的关键环节，对数据的编码程度、对各类属内在关系的把握等问题直接关系到资料分析的质量和理论的生成，但在现实操作中，三级编码多沦落为"分类—合并同类项"的过程，对各类属间的逻辑联系视而不见，生成的"理论"似乎无须经过严格编码便可从经验数据的描述中或已有的文献中归纳出来，扎根理论研究徒有虚名，为了用而用，研究被方法所"奴役"。因此，是否有必要使用及如何使用扎根理论是值得研究者慎重思考的，质性研究中存在许多不同的建构理论的方式，研究者应该依据个人情况、研究基础、研究问题等因素灵活地选择。

（3）扎根理论的"中国化"问题。扎根理论路径主要使用的是分析性思维，将资料进行系统的"切割"和"拼接"，有可能在某种程度上改造中国人的思维方式，并且强调"开放地面对资料"，这是扎根理论的突出特点，也是其潜在优势。

三、扎根理论研究法的应用

下面以《企业参与校企合作的动因与障碍分析——基于扎根理论的质性研究》和《扎根理论视域下工匠核心素养的理论模型与实践逻辑》两个实例对扎根理论研究法在职业教育领域的应用进行分析，以帮助我们对扎根理论研究法有更具体的理解。

【实例 4-9】企业参与校企合作的动因与障碍分析——基于扎根理论的质性研究[175]

（1）确定研究问题与研究对象

就我国校企合作的现状来看，"校热企冷"现象仍然普遍存在，企业缺乏参与校企合作的原动力；此外，即便企业产生了校企合作的意愿，也经常会由于众多阻碍因素导致校企之间无法开展有效的合作。因此，系统地挖掘企业参与校企合作的主要动因与障碍，对实现"新工科"建设目标中的产学合作、产教融合具有重要的理论和实践意义。

考虑到建筑工程类相关专业在工科专业中具有典型性和代表性，本研究选取曾经参与综合性大学校企合作的建筑业企业中高层管理者为主要访谈对象，其所在企业的业务类型涵盖了建筑行业的各个环节，包括房地产开发、建筑施工、工程咨询等。此外，还邀请了部分政府部门和综合性大学中负责相关工作的管理人员作为访谈对象，以便多维度把握企业参与校企合作的真实情况。受访者年龄在28岁到64岁之间，学历均为大专及以上，受教育程度整体较高，管理沟通能力强，人际关系网络和信息获取渠道广泛，而且均具有丰富的校企合作经历，符合开展扎根理论研究的样本要求。

针对目前校企合作、产教融合中存在的教育与产业"两张皮"问题，该研究试图发现产教融合的动力与阻碍因素，提出了企业参与校企合作的动因与障碍分析这一命题。

为找出问题症结，研究对象为与综合性大学合作的建筑业企业的中高层管理者和部分政府部门和综合性大学中负责相关工作的管理人员，这些人员与校企合作密切相关，有助于深入研究校企合作动因与障碍。

（2）资料收集整理

采用面对面深度访谈和电话访谈相结合的方式获取原始资料，至少提前一天联系受访者并告知访谈主题。正式访谈时，经过受访者同意采取全程录音的形式以便后续文本整理，访谈持续时间从30分钟到120分钟不等。本研究最终收集到33份有效样本，得到21.2万字的原始资料。从中随机抽取2/3的样本（22份）进行正式编码，预留1/3的样本进行理论饱和度检验。

总之，该研究选取的收集整理方式主要是理论性检验，利用 2/3 的样本进行正式编码，预留 1/3 的样本进行理论饱和度检验，保证了数据合理性。

（3）资料分析

①开放式编码。

本文借助 Nvivo11.0 对深度访谈得到的原始文本资料进行开放式编码，遵循的编码流程是"原始资料→标签化→概念化→范畴化"。首先，将原始文本按照访谈顺序进行编号，逐一导入 Nvivo11.0 软件，并对原始文本贴标签，共得到 480 个码号（自由节点）。再根据"契合"与"相关"的标准将自由节点概念化，共得到 123 个概念（树节点）。例如，A13-10 代表第 13 份访谈资料编码产生的第 10 个节点。通过对概念的进一步筛选与合并，形成 34 个子范畴。

开放式编码是对原始访谈资料进行逐字逐句分析、整理，进而产生初始概念、发现范畴的过程。首先，对原始文本进行编码，得到若干码号（自由节点）；其次，将自由节点概念化，得到若干概念（树节点）；最后，通过对概念的进一步筛选与合并，形成若干子范畴。这样就完成了开放式编码。

②主轴编码。

将 34 个范畴按逻辑顺序进行整理，得到 11 个主范畴：情感型动机、利益型动机、高校资源能力、政策类型、政策感知、交互型障碍、管理型障碍、利益型障碍、素质型障碍、资源型障碍、校企合作行为。

主轴编码是将开放式编码形成的各个独立的范畴连接起来，发现范畴之间的共性和逻辑联系，从而使范畴在性质和类属上进一步收敛，形成更高层面的主范畴。

③选择式编码。

本文以"校企合作行为"为核心范畴，分析各范畴间的逻辑关系，对比企业和高校的访谈资料，发掘企业参与校企合作的动因与障碍理论框架。围绕核心范畴的故事线——企业基于人际关系、对高校的信任积累和对以往合作的体验等情感因素，并出于业务拓展、技术支持、人才吸纳、品牌传播和员工培训等利益需求，产生参与校企合作的意愿。同时，高校良好的资源能力水平及政府政策支持等也会促进企业与之合作。然而，企业对管理、资源和利益方面的忧虑会导致合作意愿受到抑制。在产生合作的意愿之后，如果企业对外部政策的认知和评价较好，则更容易采取实质的合作行为。但是，如果企业与高校之间存在沟通障碍和诉求差异，或是企业认为高校的人员素质不足，则会减少或者放弃合作行为。

选择式编码是从主范畴中挖掘核心范畴，并围绕核心范畴建立各主范畴之间的典型关系结构，再通过逻辑关系的分析，构建出理论模型。在这一部分，研究者就可以对各范畴之间的关系进行分析。

（4）报告撰写

为响应教育部提出的"新工科"建设，促进企业更好地参与校企合作，运用扎根理论的质性研究方法，采用 Nvivo11.0 进行编码，构建了企业参与校企合作的动因与障碍理论模型。结果显示：校企合作是"意愿—情境—行为"共同作用的结果。情感型动机和利益型动机是激发企业合作意愿的内在动力；高校资源能力和政策类型是激发企业合作意愿的外部驱动因素；政策感知对合作意愿向合作行为的转化具有正向调节作用。然而，管理型、资源型、利益型障碍的存在，导致合作意愿受到抑制；而合作意愿向合作行为转化的过程也会受到交互型障碍和素质型障碍的负向调节。基于此，本研究从高校管理和政府政策两方面提出促进企业参与校企合作的建议。

在完成资料收集整理和资料分析编码等环节后，研究者就可以开始撰写研究报告，并针对分析结果提出相应的建议，以促进研究问题的解决。

【实例4-10】扎根理论视域下工匠核心素养的理论模型与实践逻辑[176]

（1）确定研究问题

当前，在我国加快转变经济发展模式与世界新一轮科技革命和产业变革形成历史性交汇的关键时刻，推动中国经济发展步入"新常态"，促进产业结构优化升级，加强供给侧结构性改革，实施制造强国的战略措施已然成为新时代国家重要的战略布局和行动策略。而这一系列政策措施的强效落实有赖于高技术技能人才的不断供给和质量保证，培育精益求精、勇于创新的高素质工匠成为即将到来的智能化时代宝贵的价值引领和人力资源保障。党的十九大报告中明确提出要建设知识型、技能型、创新型劳动者大军，弘扬劳模精神和工匠精神，营造劳动光荣的社会风尚和精益求精的敬业风气。

显然，厘清工匠的核心素养及培养数以万计的高素质工匠已成为制造业强国和职业教育进一步发展的重要目标。由此，该研究基于扎根理论的研究方法深入挖掘工匠核心素养的基本内涵与本质特征，构建工匠核心素养的理论模型，在不断斟酌、反复探析的过程中诠释"工匠"的人文意蕴，传递真正的"工匠精神"。

（2）收集资料

本研究的资料来源于央视新闻自2015年推出的《大国工匠》系列视频节目，研究者选取了2015—2016年共四期节目的视频资料。视频呈现了涉及军工、制造、建筑、交通、艺术、医疗、考古和服务等多种行业的39位大国工匠的工作常态和生活环境，视频转录文字共计8.9万字。转录文字中除了工匠们及其同事、亲友的访谈内容，还标注了被访谈者的面部表情、语气停顿、叹气及相应肢体语言，此类信息对于后期资料提取与归纳具有重要的启示意义。

扎根理论的研究方法主张"一切皆是数据"，研究者可以通过访谈、观察、录像、档案、图画、日记、传记、回忆录、新闻报纸、历史档案等渠道收集资料，无论是一手资料、二手资料或者媒体报道等都可以作为数据的主要来源。

（3）资料分析

①开放式编码。研究者将所整理的资料分解、揉碎，尽量使用被访谈者原话进行逐行逐句编码，在提炼概念的同时，发现类属并拓展类属的属性和维度。对39份视频资料展开逐行编码后，总共识别了1046个概念标签，通过连续比较的方法对原始概念进行剔除、合并，最终归入更高一级的类属和范畴中，共形成18个次类属。

由此可见，开放式编码是将原始资料打散、检视、比较、概念化和类属化的操作过程。

②主轴编码。依据类属间潜在的逻辑次序和因果关系，此时将开放式编码获得的8个次类属再次分析、归类，最终形成6个类属，包括精湛技艺、知行统一、精益求精、独具匠心、责任担当及德艺双馨6种核心素养。

主轴编码的主要任务是挖掘和建立概念和类属之间的各种关系，以表现资料中各个部分间的有机关联。其编码范式模型即：（A）因果条件——（B）现象——（C）情境脉络——（D）中介条件——（E）行动／互动策略——（F）结果。

③选择式编码。在对所有开放式编码、主轴编码进行系统分析、凝

练的基础上，经过概括、提取、重组、整合、抽取概念的范畴和类属，最终归纳为三个核心类属，即工匠的核心素养包括"匠技""匠心"和"匠魂"三大维度。

选择式编码的主要目的是从类属中提取和挖掘核心类属，通过建立核心类属与其他支援类属的关联关系来构建初步理论。

（4）报告撰写

基于扎根理论的视角对央视《大国工匠》视频转录资料进行三级编码及分析，提取工匠的核心素养，构建以匠技、匠心、匠魂三大维度为框架，以精湛技艺、知行统一、精益求精、独具匠心、责任担当、德艺双馨六大核心素养为标准的理论模型。在工匠核心素养的引领下，职业教育人才培养在实践中要营造尊重和崇尚工匠精神的良好氛围，构建基于六大核心素养的人才培养目标，贯彻以学习领域为中心的职业教育课程开发理念，实施以项目教学为组织形式的职业教育实践教学，完善职业教育与制造业深度融合的现代学徒制。

在完成了资料收集整理和资料分析编码等环节后，研究者就可以开始撰写研究报告，并针对分析结果提出相应的建议，以促进研究问题的解决。

延伸阅读

[1] 徐光涛, 周子祎, 叶晶双. 乡村教师技术应用影响因素的扎根理论研究 [J]. 开放教育研究, 2020(03):111–119.

[2] 董鲁菲, 苏荟. 高职现代学徒制的主体困境：表征、成因与对策——基于 227 所试点院校的扎根理论研究 [J]. 中国职业技术教育, 2020(15):28–33.

[3] 王文顺, 尚可, 高姝蕾, 等. 企业参与校企合作的动因与障碍分析——基于扎根理论的质性研究 [J]. 高教探索, 2020(05):14–22.

[4] 韩知非, 祁海霞, 王国富. 基于扎根理论的高职教师教育实践合理性研究 [J]. 职教论坛, 2019(12):68-76.

[5] 乔爱玲, 张亦弛. 信息技术与新型职业农民终身学习的实证研究——基于扎根理论的分析和思考 [J]. 中国远程教育, 2019(11):86-91.

[6] 钟嘉月, 李娅玲. 职业教育教师专业素养研究——基于扎根理论的职业教育教师政策分析 [J]. 职业技术教育, 2019(25):29-34.

[7] 李海东, 欧阳翠婷. 我国高职院校创新创业教育发展方向研究——基于扎根理论的国家双创政策编码分析 [J]. 职业技术教育, 2019(16):35-40.

[8] 冯晓英, 宋琼, 张铁道, 等. "互联网+"教师培训 NEI 模式构建——基于扎根理论的研究 [J]. 开放教育研究, 2019(02):87-96.

[9] 井文, 匡瑛. 中职学生核心素养框架初探及培养路径——基于扎根理论的中等职业学校专业教学标准文本分析 [J]. 职业技术教育, 2019(03):14-18.

[10] 叶民, 孔寒冰, 许星. 新工科实践路径探讨: 基于扎根理论的 CDIO 转换平台建构 [J]. 高等工程教育研究, 2018(04):11-17,100.

第六节　行动研究法

作为一种质性研究方法，行动研究在西方已经相当普遍，但在我国才刚刚起步。行动研究是教育实践工作者根据实际工作需要，自行解决此时此地的实际问题，即时自行应用研究成果的一种方法。本节主要论述了行动研究法的起源、定义、特征、理论基础、类型和实施程序等内容。

一、行动研究法概述

1. 行动研究法的定义

关于"行动研究"的概念，学术界有多种观点，不同的学者从不同的角度对其进行解读。英国学者艾略特将其定义为对社会情境的研究，从改善社会情境中行动质量的角度出发，进而开展研究，并将其运用至组织研究、社区研究、医务护理与教育等社会科学领域。在《国际教育百科全书》中，行动研究被认为是由社会情境（教育情境）的参与者为提高对所从事的社会或教育实践的理性认识，为加深对实践活动及其依赖的背景的理解而进行的反思研究。在这个过程中，被研究者成为研究的主体，不再是研究的客体或对象。在研究及行动的双重活动过程中，参与者将研究的发现直接运用于个人的社会实践，从而提高个人改变社会现实的行动能力。研究的目的是唤醒被研究者，使他们觉得更有力量，而不是觉得更加无力，在受到社会体制结构和其他势力的压迫之外还受到研究者权威的进一步压制。在行动研究中，研究者扮演的只是一个触媒的角色，帮助参与者确认和定义研究的问题，对分析和解决问题提供自己的思考角度。

综上所述，教育行动研究是指专业研究者和教育实践工作者对具体教育情境的研究，其目的不再是为了建立理论、归纳规律，而是以改进和解决教育实际问题为取向。由于教育行动研究的主体是教师，因而行动研究能够将改革行动与研究工作相结合，与教育实践的具体改革行动紧密相连。

2. 行动研究的特点

我们可以从下面三个方面来理解行动研究的基本特点：

（1）为行动而研究。传统上，教育研究的旨趣是为了获取真理，这种旨趣假定关于教育真理的知识能够通过教育实践工作者很好地再现于教育实践之中，而教育研究的任务则是直接为这类知识的增加做贡献。虽然直到今天，这种研究观点还是许多研究者甚至许多实践工作者的立场，然而最近几十年来通过对教师的研究，我们越来越清晰地发现：这种观点实质上把教师视为一个简单"中转站"，对教育理论与实践的关系理解不够深入，教师是有着理解能力、认识能力和创造能力，一样有着知识与思想的人，在教育过程中的作用绝不仅仅是某个专家理论的简单执行者。正如哈贝马斯所说，科学概括出来的研究知识并不能直接地驱使社会实践，还必须有一个"启蒙过程"，以便某一情境中的参与者能够对自己的情境有真正的理解，并做出明智而谨慎的决定。

行动研究本身就包含了这个"启蒙过程"，实践者不但直接参与了研究过程，而且在这个过程中，他是"科学共同体"中平等的一员，而不是某种"权威"教诲的聆听者。行动研究的根本旨趣不是为了理论上的产出，而是为了实践本身的改进。如施密斯所说的那样，行动研究的精义在于：它是一种革新的过程，这个过程的目的在于某个人或某团体自己的而不是其他人的实践之改善。因为"改善"是一个难以终结的目标，所以"为行动而研究"的旨趣要求行动研究是一个不间断地上升的过程。

（2）对行动的研究。尽管传统的教育研究也包括对行动的研究，然而行动研究"对行动的研究"要现实得多。如果说行动研究"为行动而研究"的旨趣暗示了这种研究方式是"以实践为中心"的话，那么，"对行动的研究"则表明行动研究是一种"以问题为中心"的研究形式。"问题"（行动中值得研究的对象）在不同的理论流派看来可能并不一样。例如，在有些人看来，行动中值得研究的是这样一些问题，这些问题可以通过数据的收集、分析，通过某种技术的创造或应用而获得解决；而在另一些人看来，实践中最重要的问题是如何让教师了解他的行动"意味着什么"（已经或可能在学生身上产生什么样的实际影响）。这样，问题可能并不是固定的，而是随着研究的深入而不断变化的；另外的观点可能会认为行动研究应该关注的问题是"权力""平等""控制"等相对更为宽泛、更政治化的问题。但不管是哪一种理解，问题的发现与界定都是行动研究的起点。

特定环境中的实践者所面临的问题总是特定的，所以行动研究中作为研究对象的样本往往也是特定的，而不必具有普遍的代表性。这个特点也决定了行动研究应该是有弹性的，而不是僵硬地遵循某一个严格的程序。它不但要求参与研究的教师掌握一定的研究技能，更重要的是，它要求教师有对实践问题的敏感能力，有适时调节研究方法或侧重点的应变能力。

（3）在行动中研究。行动研究既不是在实验室里进行的研究，更不是在图书馆中进行的研究。行动研究的环境就是教师工作于其中的实际环境，从事研究的人员就是将要应用研究结果的人，研究结果的应用者也就是研究结果的产出者（至少是其中之一）。这双重身份整合在同一主体的身上，使得行动研究过程实际上成为教师的一个"学习过程"。正如柯雷在总结自己的行动研究经验之后所说的那样，"行动研究是学习的一种途径"。教师在行动研究过程中通过不间断地对自己教学行为的直接或间接的观察与反思，通过与专业研究人员或其他合作者的交流，不断地加深对自己、对自己实践的理解，并在这种理解的基础上提高自己。这样，行动研究就超越了传统上对"研究"功能的界定即真理知识的增加，而成为"人的发展"的一个过程。正因如此，近年来，行动研究作为一种专业发展途径越来越受到人们的重视。

3. 行动研究的类型

行动研究依照目的的不同，如研究者与成员的参与程度、研究者与学校的关系及实施的结果等而有不同的类型。随着行动研究应用领域的不同，学者尝试以不同的哲学观点发展出不同的研究重点，也对自己所用的方法冠以不同的名称，包括协同行动研究、个人行动研究、合作探究、参与式行动研究、解放行动研究、行动探究等。观诸上述不同名称，有些是针对执行者方式所做的分类，如协同行动研究、个人行动研究、合作探究、参与式行动研究等；有些则是依研究目的所做的区分，如解放行动研究、行动探究等。

本节将从研究主体的角度将行动研究划分为个人行动研究、协同行动研究、全校性行动研究三种类型，从研究目的与过程，外部支援以及读者三个维度来进行说明。

（1）个人行动研究。个人行动研究是一种自我反省的探究，是个别教师在教学的情境中为了改进实务工作，并且解释实务所发生情境的合理性与公平性而产生的一种自我反省探究形式。①研究目的与过程。由个别教师来进行；研究通常会把焦点放在教室情境之中，教师根据教室管理、教学技巧与策略或是学生的认知与社会行为等来找出有兴趣的研究问题，进而寻求解决的答案。②外部支援。个别教师研究常常是因为大学课程的要求，或是受到行动研究文章的激励、校长和教授的鼓励而决定进行行动研究，而这些相关的外部机构通常会提供教师所需的支援，有时也会扮演指导性的角色。③读者。个别教师研究成果最主要的读者便是本身进行研究的教师，至于研究结果是否呈现在其他人面前则由教师自由选择。

（2）协同行动研究。①研究目的与过程。协同行动研究强调民主参与、彼此了解、共同决定与行动的精神，不只是形式上的合作，更强调参与者在民主平等之上进行平等沟通、开放自我并交互反省思考、共享知识经验的过程。由于教师在教学的过程中并不是孤立的，教师可与学术研究工作者、学校中的同僚、主管与教育行政机构有关人员、学生与家长进行协同合作，共同为达成教育目的而努力。②外部支援。教师与行政人员通常与大学的成员、相关的服务机构及教育组织的成员等一起进行协同行动研究。因此协同行动研究具备学校与大学间的伙伴关系，及来自每个参与组织的相互支援。参与协同行动研究的教师通常是自愿加入，或是受到当地大学课程领域专家的影响。大学教授、学区内的教育官员或校长都有可能邀请教师加入实地的探究。③读者。协同行动研究的主要读者是所有参与研究的成员，但协同行动研究通常较愿意公开其研究发现与外界分享，这通常是因为协助教师进行研究的大学成员往往也在拓展自己的学术研究，肯花较多的时间把研究成果予以书写并公开分享经验。

（3）全校性行动研究。①研究目的与过程。全校性行动研究有三个目的：a.企图改善组织，将组织视为解决问题的实体，并通过计划、行动、观察和反省等重复循环过程，希望全体教职员工能具有与他人共事的能力，共同界定问题并解决问题；b.企图改变不公平的现象，期望学校的措施对所有学生都是合理公平的；c.增进学校探究的气氛与具体从事研究的能力，每位教师、学生、家长与社区都可能参与资料的收集及选择采取行动的决定。②外部支援。在国外，学校领导团队或学区教育行政人员常会因为认同行动研究是能促使学校进步的策略而发起全校性行动研究。通过一些教育之组织与学会，学校领导者能阅读到相关的研究并与他人讨论，有助于其行动研究的落实。③读者。研究成果的读者是所有参与全校性行动研究的参与者，学校也可以决定公开分享研究成果给学生、家长或社区。

由以上论述可知，教育行动研究可以粗略分为三类，可以由个别的教师独自进行，也可通过协同的方式集合众人之力来进行，更理想的是可动员全校的资源来对教育问题进行研究并采取行动。

二、行动研究法的实施

行动研究法自产生以来，所有的倡导者都试图寻找一种可以普遍推广的操作程序，以便使行动研究法的执行更为规范和明确。有的认为行动研究法包括"计划、实施行动、观察和反思"四个环节；有的认为应包括"预诊，收集信息，将有关信息反馈到群众中去，领导、群众和专家一起研究有关的信息，拟订行动计划，行动，重新检查行动效果并进行诊断"七个步骤；有的则认为有"发现问题、初步探讨、查阅资料、修正计划、技术处理措施和评价、执行计划、全面评价"七个步骤。目前教育界普遍认同的行动研究法的过程是以"计划—行动—观察—反思"模式为框架的，这四个阶段紧密联系、相辅相成。[177]

1. 计划

制订计划的开端是发现问题，从而分析问题产生的主客观原因，然后设想如何去解决问题。解决问题的前提是要了解学生的想法，然后有针对性地制订一个研究计划，以便有目的、有步骤地开展工作。计划是否符合实际，对工作有无指导意义，取决于对要解决的问题的性质和起因的了解、分析程度。一个好的计划会有助于整个行动的实施，计划要有充分的灵活性和开放性，因为在具体的实施过程中可能有许多变动因素。因此，教师在制订行动计划时，就要考虑到行动的总体设想及每一步行动步骤，还要考虑到学生、家长及学校等种种不可控的因素。

2. 行动

行动是行动研究过程中的关键一环，是落实具体计划的重要一环，也是决定整个研究工作成败的关键。计划制订得再好，没有扎实的操作，计划就无法落实，只能变成纸上谈兵。这里所说的行动，并非原先行动的简单重复，而是在基本设想、总体计划、具体计划指导下，在研究人员、行动人员、教师的共同协助下，在对原先的行动加以干预控制的基础上，代之以研究所要形成的行动的过程。每一步行动结果的评价对整个研究进程都会产生影响。如果评价的结果反馈出的是所有的设想、计划都是可行的信息，则进入第二步具体计划、行动；但如果评价的结果反馈出的是不可行的信息的话，则总体计划甚至基本设想都可能需要修改，整个研究进程将在修改后新的总体计划、基本设想的基础上进行。一切干预行动的执行不是为了检验某一设想或计划，而是为了解决实际问题。

3. 观察

观察即对行动的过程、结果、背景及行动者的观察，指对行动过程的阶段性结果进行考察。观察贯穿整个研究环节，是反思、修订计划和进行下一步的前提条件。观察要科学灵活，要采取不同的观察技术，多视角多层面地进行。观察现象后，要及时记录阶段性现状，为重新制订计划、重新行动提供材料。

4. 反思

在行动的执行过程中，要不断总结反思、完善计划，才能使计划变得有实际指导意义。在行动中，也要考虑实际情况的变化，及时地进行动态调整。研究计划进行一个阶段之后，需要反思计划制订得是否正确，落实得如何，计划实施后效果如何，还存在一些什么问题，这是制订下一步研究计划的基础。

三、行动研究法的应用

下面以《中职德育课程资源开发利用的行动研究》和《高等职业院校旅游管理专业实施职业实用性体育教学的行动研究》两个实例对行动研究法在职业教育领域的应用进行分析，以帮助我们对行动研究法有更具体的理解。

【实例 4-11】中职德育课程资源开发利用的行动研究 [178]

1. 计划

本研究中的 A 学校是国家级重点和中职教育改革发展示范学校，现有专任教师 256 人，在校生 4500 多人……

1.1 本研究行动方案确立的依据

本研究具体行动方案是依据《普通高中思想政治课程标准（实验）》与《职业道德与法律》教学大纲制订而成……

1.2 本研究行动方案实施达成的目标

本课程教学总体目标是帮助学生了解文明礼仪的基本要求、职业道德的作用和基本规范，陶冶道德情操……

1.3 本研究具体行动方案的呈现

根据前期的调查和访谈结果，从中发现 A 学校中的德育课程资源开发利用中的具体问题主要有以下方面……

研究者以 A 学校全体师生为研究对象，利用问卷调查和访谈的方法对学校领导、德育教师和学生就德育课程资源的了解程度和开发利用的情况进行调查，了解到中职德育课程资源开发利用的现状，分析其中存在的问题，以《普通高中思想政治课程标准（实验）》与《职业道德与法律》教学大纲为依据，细化出行动方案实施达成的目标，并制订出具体的行动方案。

2. 行动

本研究具体行动方案的实施过程，按照计划方案的内容开展德育课程资源开发利用的教学活动，包括以学生为主体的德育课程人力资源开发；以《弟子规》为基础的德育课程文字与音像资源的开发；以小品表演为形式的德育课程实践活动资源开发；以视频课件为载体的德育课程信息化课程资源的开发。其中，每次教学活动都遵循教学活动构想、教学活动进程及教学活动反思的步骤……

研究者在掌握中职德育课程资源在开发利用过程中的具体现状和存在问题的基础上，在具体的教学实际活动中以学生为主体、《弟子规》为基础、小品表演为形式和视频课件为载体进行德育课程人力资源、德育课程文字与音像资源的开发、德育课程实践活动资源开发和德育课程信息化课程资源的开发与利用，并严格遵循教学活动构想、教学活动进程及教学活动反思的步骤进行行动研究。在具体的教学实践过程中，根据学生的实际需要和现实情况进行适时调整，及时反思。

3. 观察

3.1 过程实施效果

实施效果是对行动研究方案实施结果的检验，强调每个阶段行动方案实施所产生的影响。对此，针对教学活动中不同德育课程资源开发利用情况分别进行评价。

以学生为主体的德育课程人力资源开发利用效果

......

以《弟子规》为基础的德育课程音像与文字开发利用的效果

......

以小品表演为形式的德育课程实践活动资源开发利用的效果

......

以视频课件为载体的德育课程信息化资源开发利用的效果

......

3.2 总体实施效果

本次行动方案实施之后的效果，主要体现在学生的学习态度、学习成绩、日常表现方面......

在该环节中，研究者针对第二环节的以学生为主体、《弟子规》为基础、小品表演为形式和视频课件为载体的教学活动进行德育课程人力资源、德育课程文字与音像资源、德育课程实践活动资源和德育课程信息化课程资源等的开发与利用，并对这四个部分进行了严谨的课堂观察。除此之外，研究者还对此次行动研究方案实施之后的效果进行了追踪，并通过学生的学习态度与学习成绩、日常表现等方面来评价，从而深度把握中职德育课程资源的开发和利用对受教育者的学业成绩及态度的影响。

4. 反思

反思是在行动和观察之后做出，表示行动研究一个过程的结束，又表示新过程的开始。反思主要包括三个方面……

4.1 行动方案本身的反思

……

4.2 行动方案实施过程的反思

……

4.3 行动方案实施结果的反思

……

在此环节中，研究者首先对行动研究方案本身进行反思，提出计划环节必须对研究对象和明确解决的问题慎重考虑，需要结合实际研究背景和研究依据，进而制订出详细的行动方案。在此过程中，可向其他专业人士寻求帮助，共同制定出具有针对性及合理性的行动方案。其次，研究者对行动方案实施过程的反思，挖掘出每次实践活动对德育课程资源开发利用的促进情况，找出以学生为主体、以《弟子规》为基础、以小品表演为形式和以视频课件为载体进行德育课程人力资源、德育课程文字与音像资源、德育课程实践活动资源和德育课程信息化课程资源的开发与利用的不足之处，并从四个方面提出改进之处。最后，研究者对行动方案实施结果进行反思，即对德育课程资源的开发利用进行反思。研究者发现尽管德育课程的开发利用活动在一定程度上取得了良好的效果，但仍存在短板，特别是开发利用的深度和广度不足。在广度上，此次行动研究只研究了以学生为主体的课程人力资源开发，忽视了以教师、家长及社会人士为主体的研究对象；在德育课程音像与文字资源方面，以《弟子规》为主，没有纳入其他形式的相关资源，而中国传统文化中德育资源形式和内容多样，都是可以被纳入研究过程中来的；在德育课程实践活动资源开发利用的形式上，只以小品表演形式为主，没有发挥教师在课堂教学实践中的作用；在德育课程信息化课程资源的开发与利用方面，采用的是视频课件，没有充分发挥信息技术在此过程中的作用。在深度上，首先教师在开发利用学生课程资源时，没有使所有的学生都参与到课堂活动中来；在进行音像与文字资源开发利用时，未能对资源进行深度挖掘，讲解停留在表面；在开发利用德育课程实践活动资源时，未能积极引导学生进行思考，教育价值降低；在开发利用德育课程信息化资源时，未能根据学生实际需要合理选择课程资源，在根据课程资源承载的内容和信息进行解读方面存在不足。

【实例 4-12】高等职业院校旅游管理专业实施职业实用性体育教学的行动研究[179]

1. 计划

1.1 行动研究的背景资料

……

1.2 参与学校

……

1.3 参与教师

……

1.4 参与学生

……

2.1 行动研究方案的计划

……

研究者在综合考虑研究条件及相关因素的基础上，选择了无锡城市职业技术学院旅游系作为高职院校旅游管理专业实施职业实用性体育教学研究的合作单位，其中在学校体育教研室从事旅游管理专业研究的杨老师和王老师作为合作者参与此次行动研究，另外选定了大一（2010 级）的旅游管理专业 3 个班级共 120 名学生参与研究。在此基础上，研究者制订了具体的行动研究计划，该计划从 2010 年 9 月开始，至 2011 年 1月结束。在研究期间，查阅相关资料并联系学生实际，进而开发出相关教学内容，坚持职业实用性体育的主线，为学生设计出相关培训板块。

2. 行动

2.1　行动研究方案的实施

……

2.2　体验式培训板块的实施过程

体验式培训的理论依据是"努力／放弃"（积极／消极）的心理力学模型，以及"体验、了解、控制、超越"的心理适应规律……

2.2.1 各活动的具体实施

体验式培训并非体育加娱乐，而是对正统教育的一次综合补充……

在此环节中，研究者在教师和学生的配合下，按照研究方案开展相关板块进行实践操作。研究者在心理力学模型，以及"体验、了解、控制、超越"的心理适应规律的理论基础上，运用讲解法、示范法、提示法和带领法等进行具体的活动操作，在此过程中向参与者讲解游戏的相关规则。同时，随着活动的开展，不断建立与修订规则。在游戏结束后，鼓励参与者分享感受与收获，之后需要教师联系专业特点和学生未来职业所需进行总结。

3. 观察

3.1　实施过程中发现问题

在体验式板块实施过程中，教师发现体育课活动中"驿站传书""支援前线"和"万里长城永不倒"的运动量太小，而作为体育课的内容不但要考虑学生的职业需求，还应考虑锻炼的效果……可以得出：学生处于青春期，敏感、腼腆或者强烈的表现欲望等个性通过活动充分地表现出来。

研究者在计划实施过程中作为记录者详细记录参与者在体验式板块实施过程中的表现，具体细化为运动量、学生之间的默契度及活动之后的个人感受与收获。在此过程中发现一系列问题，如部分活动无法同时满足学生的职业需求和锻炼需求，学生之间默契度较低及团队协作能力不强，等等。在观察结果的基础上，研究者进行下一步的反思。

4. 反思

4.1 反思后的再实施

……

4.2 教师的反思和总结

体验式培训是通过一系列精心设计的活动，使同学们在解决问题、应对挑战的过程中，达到"磨炼意志、完善人格、挑战自我、打造团队"的培训目的，在实施的过程中一定要严格遵守规则，联系生活进行分享。体验式培训的环节是体验—分享—交流—整合—应用（循环往复）。

研究者在此环节中不断反思：相关活动的进行是否锻炼了学生的反应能力？是否实现了有效沟通？是否迅速形成有效决议？在行动研究的过程中，参与者的对手是谁？在此次团队行动中，团队骨干的作用力体现在哪些方面？对这些问题，研究者都进行了深刻的反思，提出相关的改进措施，不断地修正计划，并进行再一次的活动实施，从而达到研究的目的。

延伸阅读

[1] 欧用生. 提升教师行动研究的能力 [J]. 教育专业与师资培育,1997:129–154.

[2] 蔡清田 . 教育行动研究 [M]. 台北 : 五南出版社 ,2000.

[3] 陈惠邦 . 教育行动研究 [M]. 台北 : 师大书苑 ,1988.

[4] 王方林 . 在行动研究中成长——中小学教师行动研究的标准及实施步骤 [J]. 北京教育 (普教版),2019(04):17–21.

[5] KEMMIS.Action research in retrospect and prospect[J].The action research reader,1988:27–39.

[6] ELIOTT J.Implication of classroom research for professional development[M]. London:Kogan Page,1980.

[7] EBUTT D.Issues in action research[M].London:Longman,1985.

[8] MCNIFF J.Action research: Principles and practice[M].London:Macmillan,1988.

[9] ALTRICHTER H, POSCH, SOMEKH B.Teachers investigate their work: An introduction to the methods of action research[M].London:Routledge,1993.

[10] ELIOTT J.Action research for educational change[M].UK:Open University Press,1991.

第七节　叙事研究法

叙事研究是一种全新的质性研究方法，叙事研究重视在情境下叙事者对自身经历的讲述。叙事研究由于重视情景化描述，近年来被广泛应用于教育领域，尤其是应用于教师对教学活动及自我教学经验的叙事研究中。本节也分别从叙事研究内涵、特点、类型等方面诠释叙事研究的本质。此外，对叙事研究的基本步骤进行描述，并使用相关教育领域研究文献进一步探讨叙事研究法的应用。

一、叙事研究法概述

1. 叙事研究的内涵

F. Michael Connelly 在其研究中认为叙事研究就是对人类体验世界的方式的研究。[180]叙事研究是一种质化的、实证性的研究，研究者通过倾听、记录研究对象的叙事来分析其个人生活，最后以故事的形式展现。作为一种方法论，叙事研究首先是一种理解经验的方式，同时也是一种研究方法。叙事研究，跨越各种学科与多个专业领域，旨在通过对话和参与研究对象的持续生活来理解经验的意义。叙事研究作为一种研究方法被引入，重塑了质性研究领域，尤其是对一种叙事现象的经验的密切关注和对关系参与的强调。采用叙事研究，其实就是在研究活动中采用一种将体验作为想象的独特观察视角。[181]

2. 叙事研究的特点

叙事研究不会给人们提供准确的答案，而是提供一种特殊的刺激，使人们反思整个过程，这提供了一种参照与可能。因此，整个叙事研究具有以下五个特点。

（1）以质的研究为方法论。质的研究是以研究者本身为研究工具，在自然情境下采用多种方式收集所需要的资料，对社会现象进行整体性研究，使用归纳法分析资源和形成理论，通过与研究对象互动对其行为和意义建构获得解释性理解的一种活动。叙事研究则是质的研究运用的一种表现形式，也是非常重要的一种表达形式。对于教师的叙事研究来说，教育是土壤，质的研究是方法论。质的研究将不仅使教师获得有意义的职业生活，还会改变教师的存在方式。

（2）研究对象具有真实性。叙事研究是以故事的叙述方式为基础，以故事的真实价值为前提，最能体现叙述者的生活世界的研究方法。真实性是指整个叙事研究法是通过对研究对象经验的叙述。通常来说，叙事的来源便是研究对象的生活，这些都具备真实性，能从经验中分析出本质。例如，教育叙事研究旨在分析研究对象经验，如课程、教材及各种情景。而真实性恰巧是教育研究中重要的一部分，教育研究如果缺少真实性成分，研究结果则缺乏基本意义。教师的叙事研究是教师本人在日常工作、教学和生活中的经验诉说，是真实性、情境性的，通过叙事研究的专业分析方法对这些故事再度加工，深层挖掘出易于推动研究的结论。以教师的生活故事为研究对象，意味着，教师的叙事研究所叙之事就是教师的故事，是教师在日常生活、课堂教学、研究实践等活动中曾经发生或正在发生的事件。它是真实的，情境性的。这些生活故事胜过任何说教，具有强大的感染力。

（3）由解说者描述与分析。教师的叙事研究由解说者描述，所谓解说者其实就是研究者，可以是教师本人，也可以是研究教师的人；研究者解说的是教师的故事，故事的主线和研究者的分析交叉出现，使所叙之事通过研究者的解读具有特殊的意义。

（4）反思为其根本特征。叙事研究是一种反思性研究，其根本特征在于反思。双方在进入现场后，先叙述，再回忆，最后反思，在反思中深化对问题的认识，在反思中提升原有的经验。在撰写研究报告中，研究者也需要不断地反思，找寻研究背后深层的意义。叙事研究离不开反思，反思是其根本的特征，不能单纯为了叙事而叙事，过程中需要利用反思进行修正，并不断提出新问题。在研究者对叙事进行再整理的过程中，研究者也是根据研究主题不断进行反思的。所以总体来看，叙事研究的整个过程都是一种反思的过程。

（5）以故事为载体，以叙事为途径。作为一种研究，叙事方法关注故事的建构方式，以及它所使用的文化话语。叙事研究所涉及的叙事是以故事为载体，是真实的、情境性的，是非常丰富的，同时也是包含研究价值的。此外，叙事研究也是以叙事作为途径，挖掘、记录故事中叙事者的丰富的情感变化，这也可能包含叙事者丰富的内心体验，反映一些潜在的问题，这比任何理论讲述都具有更强大的说服力与感染力。

3. 叙事研究的类型

叙事研究有广义和狭义之分。广义的叙事研究可以分为"调查的叙事研究""行动的叙事研究"和"虚构的叙事研究"。调查的叙事研究是对第三方的事件或者故事进行研究，对他人在其生活中的经历或者现实中发生的事件进行考察或者进行调查。行动的叙事研究是指对本体亲身经历的行动进行研究，其中包括实验研究、行动研究、经验总结及自传研究等。虚构的叙事研究指的是对一些虚构的故事进行研究，例如，可以对一些教育小说、电影等进行研究。

狭义的叙事研究总体可分为两个类型：传记的叙事研究和小说的叙事研究。传记的叙事研究实际上是调查的叙事研究的一种特殊形式，而且是最为充分的形式。传记的叙事研究是对他人的事迹、生活史进行叙事研究。在教育领域，传记的叙事研究经常被用来对教育历史事件及现实生活中的教育事件进行考证或调查研究。其往往根植于一些教师的自我叙述，教师阐述自己的教育经历及自己的生活史，包含自己的生命成长、生活感悟。小说叙事研究实际上是虚构叙事研究的一种特殊形式。对小说这一特定的题材进行叙事研究，也是对多主体的整体性叙事。

二、叙事研究法的实施

1. 确定研究问题

叙事研究的前提必须是能够找准研究对象，即有事可叙，这就需要研究者凭借自己的观察、收集、分析，并且对叙事的记录进行研究。研究者不仅要具备研究的基本素质、能力，也要具备叙事研究所需要的专业能力与理性的素质。除此之外，在观察后要选定有意义的研究问题，选定该问题对实际生活、学术研究具有实际意义，可以深入挖掘。

2. 选择研究对象

研究对象的选择是研究得以深入的基本保障。选择研究对象要求研究者要具有敏锐的观察能力、分析能力及对研究与研究对象的把控能力。其中，也要考虑叙事研究中存在的伦理关系，因为叙事研究所涉及的是叙事者与研究者的亲密交流，甚至是一些隐私问题。因此，研究活动要得到叙事者的理解与支持，这是研究者前期要做的准备工作。

3. 进入研究现场

进入研究现场，就意味着，研究走进了叙事者的生活范围。研究者必须认识到研究的必要性与重要性，研究中的每个人都十分重要。叙事研究是研究者与叙事者共同合作的过程，双方讲述自己的故事，然后再复述，这个过程所有参与者都有平等的发言权。此外，研究者在交流自己的经验与看法时，也要观察叙事者的表情、肢体动作，从而解读叙事者当下的心理状况。把握叙事者的心理可以制造和谐的叙事环境，使得沟通更加顺畅。研究现场是教师叙事研究取得第一资料的地方，因此，如何打造更适合叙事的环境也十分重要。

4. 进行访谈观察

访谈是围绕着研究主题进行的。叙事是在叙事者、研究者的沟通中进行，因此，研究者在进行访谈时，力求观察客观，避免刻板印象对研究结果产生影响。同时，叙事研究还需要具备真实性的特征，这要求叙事时探究者分辨故事的真实性程度，并引导叙事者快速进入状态，最全面地展现故事的真实面貌。此外，叙事研究中的访谈力求开放性。访谈设计的问题要能让被研究者轻松参与回答，不涉及晦涩问题。观察访谈要尽量提取一切可用于研究的信息，这也需要研究者具备观察入微的能力。

5. 整理分析资料

人们通常会在回忆中添加并修饰故事的细节，再通过叙事回忆，细节会被模糊化。而叙事研究强调的是对事物本质的分析，是基于资料进行的符合材料实际的分析。在这个过程中，信息是大量的，因此，需要用更多数据收集与分析的方式来对数据进行处理。在整理分析资料的过程中，研究者的一个重要工作就是在资料中找寻本土概念，即叙事者本身所惯常使用的，用来表达他们对世界或者生活经验的看法的词汇。只有这样，该研究才具有个性化的特征，才能在前有经验的基础上创新。

6.撰写研究报告

研究报告的撰写是包含研究者对所观察到的"事"的故事性描述，也包含研究者对"事"的论述性分析，两者相辅相成，构成了研究报告中的情感氛围和叙事风格。因此，在完成研究报告时，首先将收集的文本资料加以重新拆解、组合，将资料中发现的模式、脉络、冲突和主题等变成故事的情节与场景，然后再进一步深入研究，尝试发现背后蕴藏的意义和内涵。叙事研究对象的复杂性决定了叙事材料所具备的多层次与多面性。因此，这也要求研究者具备多方面的专业知识，并需要做"诠释性的现象学式的反思"，以便从资料中获取更深层的理解。在完成研究报告的过程中，也要重视参与者、叙事者对报告的理解与想法，这是一个由多方共同参与的过程。通过互动，能将报告的内容及时、有效地反馈给参与者，并在这期间，保证研究文本的真实性与可行性，从而避免研究可能出现的狭隘理解行为。

三、叙事研究法的应用

下面以《慕课教学中教师角色转换的叙事研究》和《"知识创生的双层螺旋"：一项美国高校教师实践性知识发展的叙事研究》两个实例对叙事研究法在职业教育领域的应用进行分析，以帮助我们对叙事研究法有更具体的理解。

【实例 4-13】慕课教学中教师角色转换的叙事研究 [182]

随着慕课的兴起及普及，教师也面临着从传统课堂到慕课教学的教师角色转换。研究者聚焦于慕课教师 L 的叙事，从四个方面展现她在传统课堂教学与慕课教学的教师角色转换的过程。最后，研究者提出有利于教师在慕课教学中成长的四点建议。

（1）确定研究问题

本文采用叙事研究的方法带领读者进入慕课教师 L 的经验世界，通过讲述其教育经历和心得体验，讨论慕课教学和传统课堂教学中，教师在角色上的差异，解构和重建慕课教学环境下的教师角色，以期加深教师对于"互联网＋"时代下的新兴教学形式中的角色认知，为教师迅速转变角色、实现自我突破提出相关建议，并为慕课教师的专业发展提出指导性建议。

研究者将目光聚焦于慕课教学中传统课堂教师角色定位的变化，选取叙事对象慕课老师 L，通过叙述其个人教学经历，探讨慕课教学中教师角色的变化。

（2）选定研究方法

教育叙事研究，即研究者通过用"局内人"视角"进入参与者的肌肤"，收集和讲述个体教育故事，与教师平等地沟通、对话，描述个体教育生活，在解构和重构教育叙事材料过程中对个体行为和经验建构获得解释性理解的一种活动。教育叙事研究能够激发教师思考与反思，促进教师获得实践知识，获得自我发展和合作发展的理想化方式。本文所研究的主要问题是慕课汉语教学中教师角色的转换。教师行为是"教师的预期社会地位，与其身份相联系的被期望的行为"。

研究者选择的研究方法是应用于教育领域的叙事研究，即教育叙事研究。此外，研究者还对本文所要研究的主要问题进行了说明。

（3）确定研究对象

L 教师是一名国内一流大学的资深教师，其就职的对外汉语教育学院是国内首批对外汉语教学基地之一，同时也是国内最早一批开设慕课课程的单位。L 教师自 1991 年开始从事对外汉语教学工作，累计已教授班级 80 余个，学生 1200 人次，6000 学时，且教学评估优秀，在对外汉语教学方面具有丰富的实践经验。

本文对教育叙事研究的研究对象做了重要介绍，通过研究者的观察与访谈，认为该教师所具备的专业素质、教育经历都具有典型性，能够集中代表慕课教学中教师角色变化特征，具有可推广性。

（4）研究结论

①社会环境及校园文化背景下 L 教师知识结构的完善：传统课堂中，L 老师将自己主要定位于文化知识、语言的"传输者"，通过教育教学方法，将自身的专业知识及丰富的教学经验融入教学中，引导学生进行语言学习。而在信息化教学的社会环境趋势下，L 教师慢慢由传统课堂教学转向慕课教学。

"我越来越清楚，自己不仅需要提高专业水平和技能，更需要适应时代趋势，掌握新的教学模式。线上课程是一个趋势，在这样的大趋势下，抗拒和逃避的态度有点儿消极。"抱着"不学习不如去学习，晚学习不如早学习"的想法，L 教师正式踏上了慕课教学的征程。

这也能够直接看出 L 教师在教育方式大变革的社会背景下逐步走上慕课教学之路，其对于自身的认知与定位也随即改变。此外，在接下来的研究中，研究者又提出学校环境，尤其是学校文化为 L 教师慕课成长提供诸多便利。

L 教师所在学校一直秉承"自由、民主、开放"的大学精神。2014 年，该校适应时代教育潮流，积极倡导各学科开展慕课教学，并设立了一系列详细的慕课相关教育技术培训计划。学校还专门成立了慕课小组负责建课工作，包括指派建课联系人、提供相关技术和经费支持。这些教育教学环境、科研条件和资源为 L 教师从传统的"知识型教师"向"知识＋信息技术型教师"的转型提供了便利的物质条件。

外部因素使 L 教师走上慕课教学，而随着教学实践的深入进行，教师的发展意识也指引教师本人不断进行学习与创新。

②"独角戏"教学模式下 L 教师信念的重构及重整行动：相对传统课堂教学，以学生为主体、教师为辅助引导的教学模式，慕课教学中没有学生，只有教师本体。

慕课课堂没有真实的学生，L 教师面对的是摄像镜头，这需要 L 教师转换为课堂的"主导者"，教学形式从师生互动变成了唱"独角戏"……

这种变化使教师 L 感受到了职业迷茫，本身所具有的教学的认识与经验都被推翻，这也直接使 L 教师对自己的教学能力产生怀疑。此后，L 教师在进行深刻的反省后，逐渐重构慕课教学模式，进行自我调整。

L 教师深刻意识到，在新的教学模式下，原有的教学信念已经不再适用，在对自己的教学观念进行调整后，L 教师积极践行"重整行动"。"重整行动"是社会学者斯托克斯提出的一个概念，指主体在遭遇现实困境之后，通过自我反省而对自己的行为做出调整。

③单向互动模式中 L 教师的反思与实践，相比于传统课堂教学双向互动教学模式，慕课具有在线性、单向互动的特点，师生在时间与空间上彼此隔离。而 L 教师并没有放弃自己的教学，而是成为了"反思的实践者"，在教学中不断地自我调整。

L 教师针对慕课教学缺乏互动和反馈的问题，采取同伴互评、互相分享学习成果的方式。学习者上传自己的作业录音，其余学习者可以互评、打分，并可互相指导发音、词汇和语法等。L 教师就是在不断实践、反思、再实践的过程中，使自己的慕课教学无论在内容还是在形式上都得以不断完善。

④L 教师努力向慕课专家型教师迈进：教师专业成长过程是一个由新手教师到熟手教师再向专家型教师发展的过程。[183] 研究者认为 L 教师的教师成长也是顺应这个过程的。

随着慕课教学实践的逐步深入，L教师开始针对实践中遇到的困难、学习者在评价平台的反馈，对课程进行系统反思，并且及时调整教学行为，控制自身教学活动。在基础汉语的入门级课程中，L教师采用了录播室录像的方式，这对教师自然、平和、得体地面对镜头的能力是极大的挑战，这也是L教师在录制慕课中遇到的最大的困难。

（4）研究建议

研究者根据L教师的叙事，逐步建构该教师在由传统课堂转变到慕课课堂时的发展变化，可以说在教师角色中，该教师也是一个教育成长成果。在研究的最后，研究者提出几点建议。

第一，建立更有针对性和实效性的教师职前慕课教学技能培养体系。……

第二，提供更为完善的在职教师慕课培训。……

第三，教师要树立终身学习的理念。……

第四，教师要成为"反思的实践者"。……

【实例4-14】"知识创生的双层螺旋"：一项美国高校教师实践性知识发展的叙事研究[184]

研究者对美国某高校参加翻转课堂工作坊的六位教师的学习经历及他们的教学实践经验展开叙事研究，以实现知识创生螺旋中的"薛定谔猫悖论"的目的。研究者在研究的开始对知识创生螺旋中的"薛定谔猫悖论"进行解释，实际上也引出了本研究的研究主题。然后，作者按照叙事研究的步骤逐步展现研究进程。

日本学者野中郁次郎和绀野登根据Polanyi的隐性知识理论，用默会知识（隐性知识）和明言知识（显性知识）交互推进所呈现出的"社会化""表征化""联结化""内在化"四种赓续联结的状态说明知识历经个体、团队、组织三个层面最后得以创生的全过程，称之为"知识创生螺旋"（SECI）。

SECI模型知识呈现的不同状态中"非隐非显"的默会知识到底如何实现与明言知识的无缝对接呢？此如量子物理学"薛定谔猫悖论"中处于毒药箱子中生死难辨的"薛定谔猫"一样，令人迷惑。

（1）研究对象

通过研究参加美国高校翻转课堂工作坊的六位教师的教学经历，从默会知识动态发展到顺利对接静态明言知识的过程中，剖析实践性知识的生成发展历程。

（2）研究方法

作为质性研究方法的一种，"叙事"被认为是以故事、个人经历报道等形式，对历时性事件或行为的口头或书面叙述，其中叙事故事是从个体意义切入深刻阐释经历，解读个体寻求自我认同感的传送门，具有相关性（指故事与个人亲身经历、社交联络密不可分）、时态性（指故事言说者个体曾经、现在及未来的经历发展轨迹）、情境性（指故事总是发生在不同的情境场域）的特征。

......

研究者选取叙事研究方法，对叙事研究进行综述解释，并依据本文所要研究的主题，说明叙事研究在教育领域的独特优势。

（3）数据来源

本研究以SECI模型中默会知识和明言知识交互呈现的"社会化""表征化""联结化""内在化"四种状态为维度框架，让六位教师通过邮件叙说至少分享五个故事，重点叙述自身在工作坊学习经历、同行间研讨交流经历、个体对所见所得回顾反思经历、翻转课堂教学实践经历、与学生间互动反馈经历、自我改进课程教学经历中发生的并有助于积累和提升教学实践性知识的主要事件、重要活动及教师对它们的阐释性理解。

　　研究者使用叙事研究方法，数据主要来源于六位教师通过邮件或访谈所述，主要的叙事重点是教师本人在翻转课堂工作坊的教学经历及教师自我的成长经历。

　　（4）叙事访谈

　　研究根据六位教师各自的故事经历分别对每位教师展开2—3次的半结构式深度叙事访谈，每次访谈时间约为45分钟。尽管每位教师的访谈内容不同，但针对各自所分享的故事，访谈提纲均依据叙事的"相关性、时态性、情境性"三个特征维度来设计。……

　　研究者在进行叙事研究访谈之后，对所获取的信息进行了编码，并从默会知识与明言知识交互呈现的"社会化""表征化""联结化"及"内在化"四种状态维度进行编码分析。最后，用Nvivo11对数据进行编码分析。

　　（5）研究结论

　　研究者在数据分析的基础上，构建出教师实践性知识动态生成的"双层螺旋模型"。

　　①"内隐架构"推动教师实践性知识从"社会化"进入"表征化"……
　　②"对话传播"促使教师实践性知识从"表征化"进阶到"联结化"……
　　③"迁移吸纳"激发教师实践性知识从"联结化"发展到"内在化"……
　　④"练习创生"助推教师实践性知识从"内在化"回归"社会化"……

　　综上所述，研究者选取了SECI模型作为知识创生的外螺旋，在"社会化"与"表征化"知识状态之间嵌入"内隐架构"的"量子跃进"过程，在"表征化"与"联结化"知识状态之间嵌入"对话传播"的"量子跃进"过程，在"联结化"与"内在化"知识状态之间嵌入"迁移吸纳"

的"量子跃进"过程，在"内在化"与"社会化"知识状态之间嵌入"练习创生"的"量子跃进"过程，最终构成连贯转动"内螺旋"推力系统。由"内外双层螺旋"共同驱动，默会知识经历"社会化""表征化""联结化""内在化"再回归到"社会化"阶段生成明言知识，由此，教师实践性知识动态创生的"双层螺旋"结构得以形成。

延伸阅读

[1] 高皇伟 . 叙事研究方法论与教育研究 : 特征、贡献及局限 [J]. 教育发展研究 ,2020 (04):24–31.

[2] GARUD R, GEHMAN J, GIULIANI A P.Technological exaptation: A narrative approach[J].Industrial and Corporate Change,2016(01):149–166.

[3] LÖFGREN H, KARLSSON M.Emotional aspects of teacher collegiality:A narrative approach[J].Teaching and Teacher Education,2016(60):270–280.

[4] 方萍 . 我国教育叙事研究之本土化现状分析 [J]. 教学与管理 ,2020(12):16–19.

[5] 李玉明 . 教育叙事情境的构建 [J]. 教学与管理 ,2020(08):1–3.

[6] 朱炳祥 . 事·叙事·元叙事 :"主体民族志"叙事的本体论考察 [J]. 民族研究 ,2018(02):40–53,124.

[7] 蒋联江 , 何琛 , 赵以 . 教师使用教材图片资源的叙事研究 [J]. 全球教育展望 ,2020(04):68–84.

[8] 王青 , 汪琼 . 情感对教师身份发展影响的叙事探究 [J]. 教师教育研究 ,2020 (01):95–102.

[9] 蔡文伯 , 赵彩虹 ."学术促进"还是"制度陷阱"——研究生学术生产的叙事研究 [J]. 研究生教育研究 ,2019(05):31–37.

[10] 李艳红 , 魏变霞 . 乡村微型小学女校长专业成长的叙事研究 [J]. 当代教育与文化 ,2017(06):94–98.

参考文献

[1] 李冀 . 教育管理辞典 : 第二版 [M]. 海口 : 海南出版社 ,1997:336.

[2] 陈向明 . 教育研究方法 [M]. 重庆 : 重庆大学出版社 ,2013:34.

[3] 吴全全 . 论职教教师教学能力的提高 [J]. 中国职业技术教育 ,2007(36):9–11.

[4] 李向红 . 高等职业院校科学研究的内涵与特点 [J]. 广西师范大学学报 (哲学社会科学版),2010(5):22–24.

[5] 周敏娟 , 王玲 . 现代职业教育体系下高等职业教育科研内涵分析 [J]. 职教论坛 ,2013(18):22–25.

[6] 王扬南 . 全面提升职教科研服务高质量发展整体贡献力——基于《2019 中国职业教育科研发展报告》[J]. 中国职业技术教育 ,2020(12):5–15.

[7] 张胜勇 . 反思与建构——20 世纪的教育科学研究方法论 [M]. 济南 : 山东教育出版社 ,1995:29.

[8] 杨晓萍 . 教育科学研究方法 [M]. 重庆 : 西南师范大学出版社 ,2006: 58.

[9] 梁永平 , 张奎明 . 教育研究方法 [M]. 济南 : 山东人民出版社 ,2008:27.

[10] 梁永平 , 张奎明 . 教育研究方法 [M]. 济南 : 山东人民出版社 ,2008: 19.

[11] 李太平 , 刘燕楠 . 教育研究的转向 : 从理论理性到实践理性——兼谈教育理论与教育实践的关系 [J]. 教育研究 ,2014(03):4–10,74.

[12] 顾明远 . 教育大辞典 [M]. 上海 : 上海教育出版社 ,1998:286.

[13] 梁永平 , 张奎明 . 教育研究方法 [M]. 济南 : 山东人民出版社 ,2008: 18-19.

[14] 裴娣娜 . 教育研究方法导论 [M]. 合肥 : 安徽教育出版社 ,1995:65.

[15] 裴娣娜 . 教育研究方法导论 [M]. 合肥 : 安徽教育出版社 ,1995:61-62.

[16] 李方 . 现代教育研究方法 [M]. 广州 : 广东高等教育出版社 ,2004:8.

[17] 梁永平 , 张奎明 . 教育研究方法 [M]. 济南 : 山东人民出版社 ,2008: 19-20.

[18] 徐红 . 现代教育研究方法 [M]. 北京 : 科学出版社 ,2018:222.

[19]MERTENS D M.Transformative mixed methods research[J].Qualitative inquiry,2010(6): 469-474.

[20] 李秉德 . 教育科学研究方法 [M]. 北京 : 人民教育出版社 ,1986:85.

[21] 叶澜 . 教育研究方法初探 [M]. 上海 : 上海教育出版社 ,1999:57.

[22] 阎晓军 . 教育科研方法案例与操作 [M]. 上海 : 上海教育出版社 ,2016:47.

[23] 郑日昌 , 崔丽霞 . 二十年来我国教育研究方法的回顾与反思 [J]. 教育研究 ,2001(06):17-21.

[24] 姚计海 , 王喜雪 . 近十年来我国教育研究方法的分析与反思 [J]. 教育研究 ,2013(03):20-24+73.

[25] 高耀明 , 范围 . 中国高等教育研究方法 :1979-2008——基于 CNKI 中国引文数据库 (新) "高等教育专题" 高被引论文的内容分析 [J]. 大学教育科学 ,2010(03):18-25.

[26] 陆根书 , 刘萍 , 陈晨 , 等 . 中外教育研究方法比较 [J]. 高等教育研究 ,2016(10):55-65.

[27]TASHAKKORI TEDDIC.The past and future of mixed methods

research: From data triangulation to mixed model designs[J].Handbook of mixed methods in social & behavioral research,2003:671-701.

[28]JOHNSON R B, ONWUEGBUZIE A J, Turner L A. Toward a definition of mixed methods research[J]. Journal of mixed methods research, 2007, 1(2): 112-133.

[29]CRESWELL J W, Clark V L P. Designing and conducting mixed methods research[M].Sage publications, 2017:5.

[30] 袁振国 . 教育研究方法 [M]. 北京 : 高等教育出版社 ,2010:149.

[31] 卞新荣 . 用文献研究法研究数学原则与方法 [J]. 湖南教育 (下), 2009(09):56-58.

[32] 徐红 . 现代教育研究方法 [M]. 北京 : 科学出版社 ,2018:57.

[33] 徐红 . 现代教育研究方法 [M]. 北京 : 科学出版社 ,2018:57.

[34] 倪永宏 , 张宏彬 , 王琳 . 高职院校专业设置与调整的文献研究 [J]. 黑龙江高教研究 ,2016(03):109-112.

[35] 王海林 , 卢小慧 , 韩秀景 . 国内外现代学徒制文献研究综述 [J]. 教育与职业 ,2017(11):34-39.

[36] 诺曼·费尔克拉夫 . 话语与社会变迁 [M]. 殷晓蓉 , 译 . 北京 : 华夏出版社 ,2003:93.

[37]DE BEAUGTANDE R A,DRESSLER W U.Introduction to text linguistics[M].London:Longman,1981:257.

[38]李悦娥 , 范宏雅 . 话语分析 [M]. 上海 : 上海外语教育出版社 ,2002:45.

[39]SITZ L. Beyond semiotics and hermeneutics[J].Qualitative Market Research, 2008:283-284.

[40]詹姆斯·保罗·吉 . 话语分析导论 : 理论与方法 [M]. 杨炳钧 , 译 . 重庆 : 重庆大学出版社 ,2011:56.

[41]BARTEL D,ULLRICH P,EHRLICH K.Kritische Diskurs Analyse[J]. Qualitative Market Research,2008:1153.

[42] 陈鹏 , 王辉 . 我国产教融合政策的生产、分配与消费——话语分析的视角 [J]. 教育研究 ,2019(09):110–119.

[43] 傅兆君 , 史纪新 . 经济体制必然是一个动态的演进过程——诺斯的经济史观和制度变迁理论新解 [J]. 江苏社会科学 ,2001(06):34–39.

[44] 梁砾文 , 王雪梅 . 中美教育信息化愿景、关注焦点与实现路径比较研究——基于我国《教育信息化"十三五"规划》和《美国 2016 教育技术规划》话语分析 [J]. 开放教育研究 ,2016,22(06):51–57.

[45] 付雪凌 , 石伟平 . 美、澳、欧盟职业教育教师专业能力标准比较研究 [J]. 比较教育研究 ,2010(12):81–85.

[46] 王鑫 . 教育研究方法全攻略 : 教育研究加速教师教学与科研相长 [M]. 长沙 : 湖南少年儿童出版社 .2013:293.

[47] 陈衍 , 郭珊 , 李阳 . 我国高水平高职院校建设地方政策分析 [J]. 江苏高教 ,2018(02):90–93.

[48] 钟海青 . 教育研究方法概论 [M]. 桂林 : 广西师范大学出版社 ,2011: 178–197.

[49] 吴刚 , 胡斌 , 黄健 , 等 . 新时期产业工人技能形成体系的国际比较研究 [J]. 现代远距离教育 ,2019(02):52–63.

[50] 梁荣华 , 孙启林 . 对历史人文主义的扬弃和对科学实证主义的追寻——贝雷迪的比较教育方法论特性论析 [J]. 东北师大学报 (哲学社会科学版),2010(1):157–162.

[51]KATHLEEN T.How Institutions Evolve: The Political Economy of Skills in Germany Britain the United States and Japan[M].Cambridge University Press,2004:313.

[52] 李俊, 李东书. 职业教育产教融合的国际比较分析——以中国、德国和英国为例 [J]. 高等工程教育研究,2019(04):159–164.

[53] 庄西真. 产教融合的内在矛盾与解决策略 [J]. 中国高教研究,2018(09):81–86.

[54] 李政. 职业教育的产教融合:障碍及其消解 [J]. 中国高教研究,2018(09):87–92.

[55] 夏红雨, 刘艳云. 职业教育校企合作难以深入开展的原因及对策 [J]. 职业技术教育,2018(12):22–24.

[56] 熊明安, 喻本伐. 中国当代教育实验史 [M]. 济南:山东教育出版社,2005(03):1.

[57] 张其志. 教育科学研究法 [M]. 北京:北京师范大学出版社,2015(07):180–187.

[58]CAMPBELL D T, STANLEY J C.Experimental and Quasi–Experimental Designs for Research[M].Chicago:Rand McNally,1963:5.

[59] 金哲华, 俞爱宗. 教育科学研究方法 [M]. 北京:科学出版社,2011: 154.

[60] 弗林克尔, 瓦伦. 教育研究的设计与评估 [M]. 蔡永红, 译. 北京:华夏出版社,2004(01):183.

[61] 杨小微. 教育研究的原理与方法 [M]. 上海:华东师范大学出版社,2010(07):146.

[62] 威廉·维尔斯曼. 教育研究方法导论 [M]. 袁振国, 译. 北京:教育科学出版社,1997(07):134.

[63] 张景焕, 陈月茹, 郭玉峰. 教育科学方法论 [M]. 济南:山东人民出版社,2000(07):188.

[64] 李方. 现代教育研究方法 [M]. 广州:广东高等教育出版社,

2004(05):277-288.

[65] 陈时见 . 教育研究方法 [M]. 北京 : 高等教育出版社 ,2007(03):68.

[66] 梁永平 , 张奎明 . 教育研究方法 [M]. 济南 : 山东人民出版社 ,
2008(02):177.

[67] 张景焕 , 陈月茹 , 郭玉峰 . 教育科学方法论 [M]. 济南 : 山东人民
出版社 ,2000(07):190.

[68] 赵新云 . 教育科学研究方法 [M]. 北京 : 中国人民大学出版社 ,
2009: 95.

[69] 金哲华 , 俞爱宗 . 教育科学研究方法 [M]. 北京 : 科学出版社 ,
2011: 151.

[70] 马云鹏 . 教育科学研究方法导论 [M]. 长春 : 东北师范大学出版
社 ,2001(01):214.

[71]CAMPBELL D T, STANLEY J C.Experimental and Quasi-
Experimental Designs for Research[M].Chicago:Rand McNally,1963:68.

[72] 张景焕 , 陈月茹 , 郭玉峰 . 教育科学方法论 [M]. 济南 : 山东人民
出版社 ,2000(07):200-201.

[73] 杨小微 . 教育研究的原理与方法 [M]. 上海 : 华东师范大学出版
社 ,2010(07):150.

[74] 梁成艾 . 职业教育 "项目主题式" 课程与教学模式研究 [D]. 重庆 :
西南大学 ,2012.

[75] 王文槿 . 校企深度合作教学改革的实验与思考 [J]. 中国职业技术
教育 ,2010(32):47-52.

[76] 赵新云 . 教育科学研究方法 [M]. 北京 : 中国人民大学出版社 ,
2009: 62.

[77] 赵新云 . 教育科学研究方法 [M]. 北京 : 中国人民大学出

社 ,2009:62.

[78] 刘易斯·科恩 , 劳伦斯·马尼斯 , 基思·莫里森 . 教育研究方法 [M].
程亮 , 等 , 译 . 上海 : 华东师范大学出版社 ,2013(12):308–309.

[79] 威廉·维尔斯曼 . 教育研究方法导论 [M]. 袁振国 , 译 . 北京 : 教
育科学出版社 ,1997(07):197.

[80] 刘易斯·科恩 , 劳伦斯·马尼斯 , 基思·莫里森 . 教育研究方法 [M].
程亮 , 等 , 译 . 上海 : 华东师范大学出版社 ,2013(12):324–325,

[81] 弗林克尔 , 瓦伦 . 教育研究的设计与评估 [M]. 蔡永红 , 译 . 北京 :
华夏出版社 ,2004(01):397.

[82] 弗林克尔 , 瓦伦 . 教育研究的设计与评估 [M]. 蔡永红 , 译 . 北京 :
华夏出版社 ,2004(01):398.

[83] 梁晓芳 . 高等职业教育国家精品课程建设与应用现状的调查研
究 [J]. 电化教育研究 ,2016,37(05):87–91.

[84] 高亚春 , 付韶军 . 我国职业教育学生实习政策演变及现状调查研
究 [J]. 中国职业技术教育 ,2016(07):53–61.

[85] 威廉·维尔斯曼 . 教育研究方法导论 [M]. 袁振国 , 译 . 北京 : 教
育科学出版社 ,1997(07):192.

[86] 梅雷迪斯·D. 高尔 . 教育研究方法导论 [M]. 许庆豫 , 译 . 南京 :
江苏教育出版社 ,2002(12):207–208.

[87] 梅雷迪斯·D. 高尔 . 教育研究方法导论 [M]. 许庆豫 , 译 . 南京 :
江苏教育出版社 ,2002(12):208.

[88] 约翰逊 , 克里斯藤森 . 教育研究 : 定量、定性和混合方法 [M]. 马
健生 , 译 . 重庆 : 重庆大学出版社 ,2015(09):323.

[89] 弗林克尔 , 瓦伦 . 教育研究的设计与评估 [M]. 蔡永红 , 译 . 北京 :
华夏出版社 ,2004(01):334.

[90] 弗林克尔 , 瓦伦 . 教育研究的设计与评估 [M]. 蔡永红 , 译 . 北京 : 华夏出版社 ,2004(01):339–341.

[91] 弗林克尔 , 瓦伦 . 教育研究的设计与评估 [M]. 蔡永红 , 译 . 北京 : 华夏出版社 ,2004(01):339.

[92] 刘晓明 , 王金明 . 浙江省高等职业教育与经济发展的相关性分析 [J]. 中国职业技术教育 ,2012(18):48–51.

[93] 黄晓梅 . 高职大学生职业价值观与职业兴趣的相关研究 [D]. 重庆 : 西南大学 ,2008.

[94]ELLEGGARD O,WALLIN J A.The bibliometric analysis of scholarly production: How great is the impact?[J].Scientometrics,2015,105(03):1809–1831.

[95] 邱均平 . 文献计量学 [M]. 北京 : 科学技术文献出版社 ,1988:13.

[96] 张慧 , 查强 . 我国职业教育研究方法之研究——基于 2012—2017 年 CSSCI 期刊文献的计量分析 [J]. 高等工程教育研究 ,2018(03):186–195.

[97] 薛庆水 , 李凤英 . 我国走班制教学文献分析 (2000–2017 年): 困境与发展 [J]. 现代远程教育研究 ,2018(04):59–69,77.

[98] 杨小微 . 教育研究的理论和方法 [M]. 北京 : 北京师范大学出版社 ,2005(05):290–291.

[99] 魏龙渝 . 教育科学研究概论 [M]. 北京 : 石油工业出版社 ,2001(6):229.

[100] 莎兰 .B. 麦瑞尔姆 . 质化方法在教育研究中的应用 : 个案研究的扩展 [M]. 重庆 : 重庆大学出版社 ,2008(01):20–21.

[101]STAKE R E. The art of case study research[M].Thousand Oaks:Sage Publications,1995:259.

[102] 唐本予 . 个案研究法 [J]. 教育科研情况交流 ,1984(05):52–53.

[103] 潘苏东 , 白芸 . 作为"质的研究"方法之一的个案研究法的发

展 [J]. 全球教育展望 ,2002,31(08):62-64.

[104] 黄岩 , 文明超 . 案例研究方法评述 [J]. 江西金融职工大学学报 ,2008(04):137-138,144.

[105] 唐国军 . 案例研究方法及其在国内教育研究中的应用述评 [J]. 教育学术月刊 ,2011(12):14-17.

[106] 罗伯特·K. 殷 . 个案研究的应用 [M]. 周海涛 , 夏欢欢 , 译 . 重庆 : 重庆大学出版社 ,2014(9):58-59.

[107] 钟柏昌 , 黄纯国 . 个案研究的分类及其在教育研究中的应用现状评析 [J]. 教育研究与实验 ,2015(02):13-17.

[108] 李长吉 , 金丹萍 . 个案研究法研究述评 [J]. 常州工学院学报 (社科版),2011,29(06):107-111.

[109]ROBERT K. Case study research:design and methods [J].Journal of Advanced Nursing,2010,44(1):108.

[110] 罗伯特·K. 殷 . 案例研究 : 设计与方法 [M]. 周海涛 , 李永贤 , 李虔 , 译 . 重庆 : 重庆大学出版社 ,2010:37-46.

[111] 罗伯特·K. 殷 . 案例研究 : 设计与方法 [M]. 周海涛 , 李永贤 , 李虔 , 译 . 重庆 : 重庆大学出版社 ,2010:37-46.

[112] 王宁 . 代表性还是典型性 ?——个案的属性与个案研究方法的逻辑基础 [J]. 社会学研究 ,2002(05):123-125.

[113] 周欣 . 教师如何做个案研究 [J]. 学前教育研究 ,2004(04):13-15.

[114] 文军 , 蒋逸民 . 质性研究概论 [M]. 北京 : 北京大学出版社 , 2010(1): 102.

[115] 陆宏钢 , 林展 . 个案研究 : 教育研究范式的新转向 [J]. 中国石油大学学报 (社会科学版),2007(04):93-97.

[116] 梅雷迪斯·D. 高尔 . 教育研究方法导论 [M]. 许庆豫 , 译 . 南京 :

江苏教育出版社 ,2004:449.

[117] 罗伯特·K.殷.案例研究 :设计与方法 [M].周海涛,李永贤,李虔,译 .重庆 :重庆大学出版社 ,2010:37-46.

[118] 陆宏钢,林展.个案研究 :教育研究范式的新转向 [J].中国石油大学学报 (社会科学版),2007(04):93-97.

[119] 常飒飒,王占仁.欧洲高校学生组织创业实践研究——以欧洲青年企业联盟为个案 [J].外国教育研究 ,2018,45(12):44-55.

[120] 谢翌,吴巧玲,邬志辉.合并学校的文化苦旅:从"你和我"到"我们"——一所合并中学"文化冲突"的个案研究 [J].教育发展研究 ,2019,39(06):71-78.

[121] 陈向明.质的研究方法与社会科学研究 [M].北京 :教育科学出版社 ,2000:235.

[122] 陈向明.质的研究方法与社会科学研究 [M].北京 :教育科学出版社 ,2000:237.

[123] 张屹.教育技术学研究方法 [M].北京 :北京大学出版社 ,2010:351.

[124] 马燕芬.社会工作介入职业中学校园暴力防范的策略研究 [D].广州 :华南理工大学 ,2019.

[125] 韩娟.研究型大学本科生课堂发言和沉默行为的质性研究 [D].南京 :南京大学 ,2019.

[126] 李雪.基于慕课的翻译教学设计要素与影响因素研究 [D].南京 :南京邮电大学 ,2019:157.

[127] 倪晓雯.中职学校贫困生的心理问题及对策研究——基于调查访谈法的分析 [J].文化创新比较研究 ,2019,3(17):195-196.

[128]YOUDE A. I don't need peer support: effective tutoring in blended learning environments for part-time,adult learners[J].Higher Education

Research & Development,2020:1–15.

[129] 包月 . 基于胜任力的中医院护士特色实践技能模型构建 [J]. 护理研究 ,2019,33(13):2221–2225.

[130] 高云云 , 侯万里 , 孟君 , 等 . 医疗卫生服务相关因素对深圳市手足口病防治影响的定性研究 [J]. 现代预防医学 ,2018,45(15):2784–2787.

[131] 赵芳娟 . 小组焦点访谈法构建下的集束化护理在肋骨骨折合并血气胸术后中的应用 [J]. 临床研究 ,2019,27(12):175–176.

[132] 张惠芳 , 任军 , 房广梅 . 全面二孩政策背景下高校女教师生育二孩的影响因素及心理分析 [J]. 湖南工业职业技术学院学报 ,2019,19(05):125–128.

[133] 彭竞仪 . 北京市石景山区自行车出行状况调查研究 [J]. 现代园艺 ,2018(05):27–28,132.

[134] 卜宪贵 . 中国拳击教练员胜任特征及其与工作绩效关系研究 [J]. 山东体育学院学报 ,2018,34(02):102–106.

[135] 路俊奇 . 北京市小篮球运动的推广及发展对策研究 [D]. 北京 : 北京体育大学 ,2019.

[136] 王秀红 . 小学创客教育的实施问题与对策研究 [D]. 贵阳 : 贵州师范大学 ,2019.

[137] 马二伟 , 俞倩 . 大数据时代中国广告公司的现实困境与转型路径——基于广告从业人员的深度访谈分析 [J]. 新闻与传播评论 ,2019,72(01):80–90.

[138] 张心雪 , 古兴仙 , 郭明霞 . 响应式访谈 : 聆听与提问的艺术 [J]. 科教文汇 (下旬刊),2018(08):48–49.

[139] 吴玉军 . 深度访谈法在白鹿原田野调查中的运用与反思 [J]. 新西部 ,2019(15):31–34.

[140] 弗林克尔, 瓦伦. 教育研究的设计与评估 [M]. 蔡永红, 译. 北京: 华夏出版社, 2003:525.

[141] 金哲华, 俞爱宗. 教育科学研究方法 [M]. 北京: 科学出版社, 2012: 219.

[142] 伯克·约翰逊, 拉里·克里斯藤森. 教育研究: 定量、定性和混合方法 [M]. 马建生, 译. 重庆: 重庆大学出版社, 2015:380.

[143] 刘易斯·科恩, 劳伦斯·马尼恩, 基思·莫里森. 教育研究方法 [M]. 程亮, 译. 上海: 华东师范大学出版社, 2008:276.

[144] 伯克·约翰逊, 拉里·克里斯藤森. 教育研究: 定量、定性和混合方法 [M]. 马建生, 译. 重庆: 重庆大学出版社, 2015:382.

[145] 刘易斯·科恩, 劳伦斯·马尼恩, 基思·莫里森. 教育研究方法 [M]. 程亮, 译. 上海: 华东师范大学出版社, 2008:277.

[146] 潘慧玲. 教育研究的取径: 概念与应用 [M]. 上海: 华东师范大学出版社, 2004:117.

[147] 刘良华. 教育研究方法专题与案例 [M]. 上海: 华东师范大学出版社, 2007:87.

[148] 马云鹏. 教育科学研究方法导论 [M]. 长春: 东北师范大学出版社, 2003:107.

[149] 伯克·约翰逊, 拉里·克里斯藤森. 教育研究: 定量、定性和混合方法 [M]. 马建生, 译. 重庆: 重庆大学出版社, 2015:89-390.

[150] 威廉·维尔斯曼. 教育研究方法导论 [M]. 袁振国, 译. 北京: 教育科学出版社, 2003:263.

[151] 伯克·约翰逊, 拉里·克里斯藤森. 教育研究: 定量·定性和混合方法 [M]. 马建生, 译. 重庆: 重庆大学出版社, 2015:392.

[152] 辛素飞, 王一鑫, 林崇德. 高职生心理健康水平变迁的横断职

业教育历史研究 :1999—2016 年 [J]. 教育研究 ,2018,39(11):120–130.

[153] 王江涛 , 俞启定 . 职业能力培养的历史研究 [J]. 教育与职业 ,2013(03):18–21.

[154] 李复新 , 瞿葆奎 . 教育民族志 : 理论与问题 [J]. 教育研究 ,2003:3–6.

[155] 李亦园 . 人类的视野 [M], 上海 : 上海文艺出版社 ,1996:12–15.

[156] 袁同凯 , 田振江 . 做教育民族志 : 经历、困惑与反思 [J]. 民族教育研究 ,2014,25(05):10–16.

[157] 周兰芳 . 国外教育民族志研究的新动态——以英国《民族志与教育》(2006—2015) 为中心 [J]. 安顺学院学报 ,2018,20(01):120–124.

[158] 杨圣敏 . 中国民族志 [M]. 北京 : 中央民族大学出版社 ,2003:18–24.

[159] 张东辉 , 黄晶晶 . "我们" 与 "他们" : 内地西藏散插生的社会网络构建——一项教育民族志研究 [J]. 湖南师范大学教育科学学报 ,2015,14(02):86–91.

[160] 邓红 , 高晓明 . "高墙" 里的学校生活 : 一所寄宿制学校的教育民族志研究 [J]. 教育科学研究 ,2010(10):39–42.

[161] 卡斯皮肯 . 教育研究的批判民俗志 [M]. 上海 : 华东师范大学出版社 ,2005:25–28.

[162] 齐尔格特・鲍曼 . 通过社会学去思考 [M]. 高华 , 译 . 北京 : 社会科学文献出版社 ,2002:11–13.

[163] 李复新 . 西方教育民族志研究的历史透视 [J]. 华东师范大学学报 ,1990:6–8.

[164] 潘慧玲 . 教育研究的取径 : 概念与应用 [M]. 上海 : 华东师范大学出版社，2005:151.

[165] 张东辉 , 黄晶晶 . "我们" 与 "他们" : 内地西藏散插生的

社会网络构建——一项教育民族志研究 [J]. 湖南师范大学教育科学学报 ,2015,14(02):86–91.

[166] 张盼盼 . 乡土文化的价值守望[D]. 桂林 : 广西师范大学 ,2016:1–2.

[167] 王兆鑫 . "走出乡土" : 农村第一代大学生的自我民族志 [J]. 北京社会科学 ,2020(05):26–36.

[168] 张东辉 . 微观权力的审视 : 城市流动人口子女的学校生活民族志 [J]. 华中师范大学学报 (人文社会科学版),2019,58(02):168–175.

[169] 陈向明 . 质的研究方法与社会科学研究 [M]. 北京 : 教育科学出版社 ,2000:327.

[170] 文军 , 蒋逸民 . 质性研究概 :Qualitative research method[M]. 北京 : 北京大学出版社 ,2010:101.

[171] 凯西·卡麦兹 , 边国英 . 建构扎根理论 [M]. 重庆 : 重庆大学出版社 ,2009:7.

[172]STRAUSS A.Qualitative analysis for social scientists[M].Cambridge UK:Cambridge University Press,1987:5.

[173] 徐宗国 . 质性研究概商 [M]. 台北 : 台湾巨流图书公司 ,1997:56.

[174] 陈向明 . 扎根理论的思路和方法 [J]. 教育研究与实验 ,1999(04):58–63.

[175] 王文顺 , 尚可 , 高姝蕾 , 等 . 企业参与校企合作的动因与障碍分析——基于扎根理论的质性研究 [J]. 高教探索 ,2020(05):14–22.

[176] 祁占勇 , 任雪园 . 扎根理论视域下工匠核心素养的理论模型与实践逻辑 [J]. 教育研究 ,2018,39(03):70–76.

[177] 王方林 . 在行动研究中成长——中小学教师行动研究的标准及实施步骤 [J]. 北京教育 (普教版),2019(04):17–21.

[178] 何其 . 中职德育课程资源开发利用的行动研究 [D]. 南宁 : 广西

大学 ,2016.

[179] 樊启学 . 高等职业院校旅游管理专业实施职业实用性体育教学的行动研究 [D]. 苏州 : 苏州大学 ,2012.

[180]CONNELY F M, CLANDININ D J.Stories of experience and narrative inquiry[J].Educational researcher,1990,19(05):2-14.

[181]CLANDININ D J.Narrative inquiry:A methodology for studying lived experience[J].Research studies in music education,2006,27(01):44-54.

[182] 王添淼 , 张越 . 慕课教学中教师角色转换的叙事研究 [J]. 课程·教材·教法 ,2017,37(03):110-115.

[183] 连榕 . 新手—熟手—专家型教师心理特征的比较 [J]. 心理学报 ,2004,36(01):44-52.

[184] 肖立 , 黄嘉莉 . "知识创生的双层螺旋" : 一项美国高校教师实践性知识发展的叙事研究 [J]. 大学教育科学 ,2020(01):66-72.

后　记

工欲善其事，必先利其器。针对研究方法，学术界至少有两点共识：一是方法对于研究的重要性怎么强调都不过分，二是学术史上的重要成果和重大突破都伴随着方法和方法论的重大突破。

相应地，欲研究职业教育，就要选择合适的研究方法。这是一个最简单、最纯朴的道理。但是对这个道理，一些人是不懂得的，或者只是停留在表面上的懂得。在我接触的大量的职业教育研究者，以及像职业技术教育学硕士研究生这样的准研究者群体中，大家对研究方法常是不够重视的，因而在认知上也偏于单一化。一个重要的例证是，在职业教育主题项目申报文本和学位论文开题报告中，研究方法常处于可有可无的状态。

从本质上来讲，凡项目研究，不可能没有运用方法，只是研究方法变得简单甚至雷同。在一些场合，我常说，闭着眼睛都能猜出大家所掌握、所运用的研究方法名称，比如仅限文献研究法、调查研究法等。

有鉴于此，对于研究方法，尤其是教育科学研究方法的认知与运用，我和团队都高度重视。作为所供职单位重点学科职业技术教育学学科负责人，我牵头开设《教育科学研究方法Ⅰ》《教育科学研究方法Ⅱ》等课程，以加强对研究生研究方法的训练。所授课程被评定为浙江工业大学研究生核心课程。课程团队注重改变教学思维，在传统传递—接受式教学模式基础上，探索建立"习—讲—评—研"相结合的教学模式，培养学生自主探究意识，使学生形成比较完整的教育研究方法理论体系和扎实的教育科研能力。服务于课程教学，我的团队开通并运营了微信公众号《研究与方法》（Research-Methods）。此公众号致力于研究方法的常识性介绍和专业性分析，目前得到学术界越来越多的关注。我和团队也很欣慰于提供这样的知识服务。

在每年参加全国大量的学术活动和培训中，研究方法也是一个比较聚焦的主题。我曾经和圈内几位好友商议，定期举行职业教育研究方法方面的研讨交流。这次得到浙江省社科联社科普项目资助，也为这种研讨交流进一步奠定了基础。

遍览国内外教育类及社科类研究方法著作，你会发现，对"研究"的分析篇幅偏重，对"方法"的介绍内容则偏轻。如果真正要了解、掌握具体的研究方法，总有"不解渴"的感觉。这也是我下决心要编辑这本《职教科研常用方法与应用实例分析》的重要原因。

本书由浙江工业大学陈衍主编，浙江经贸职业技术学院于海波、浙江工业大学宋永芳副主编，浙江工业大学倪钰荐、魏露、祝叶丹、陈雪洁、裴姗姗等具体撰稿。需特别说明的是，宋永芳在组织项目研究和本书撰写方面做了大量工作。感谢厦门大学教育研究院史秋衡教授主审全书。

编写面向职业教育领域的教育科学研究方法指导用书，在我国并非首创。如前所述，本书的价值在于，遵循教育研究方法的历史考察，尝试按思辨、量化、质性三种类型，专门针对"研究方法"做批量介绍。

职业教育的研究方法是逻辑、历史、价值观与实践的统一。本书偏于方法介绍和实例分析。相信在具体实例的佐证下，读者会有更为深刻的认识。当然，针对方法的理论分析、趋势研判以及系统建构，只能是下一本著作的主题了。

　　这本书在多大程度上满足了研究的需求，在多大程度上对职业教育的研究活动起到了指导作用，只能留待广大读者去评判了。大家的意见与建议，请发邮箱 vetcy@vip.163.com。期待大家的批评。

2021 年 2 月 28 日于上河居